Monika Hanna
Zurück vom Jakobsweg

Monika Hanna

Zurück vom Jakobsweg

Mit 52 Inspirationen durch das Jahr

Mit 53 Fotos von Reinhold und Monika Hanna

nymphenburger

Widmung

Dieses Buch widme ich allen Pilgerfreunden, die uns ein Stück auf dem Jakobsweg nach Santiago begleiteten, die mit uns die Freude an diesem einmaligen Erlebnis teilten und sie dadurch noch verstärkten, vor allem

Monika und Sonja, Helmut und Werner, Regina und Karl-Peter, Trude und Franz Josef, Esther, Joachim, Frank, Hermi, Cathelijne und Arjer, Henk aus Holland, Veerle aus Belgien, Antonio aus Brasilien, den zwei netten Elsässern, die uns in Nasbinals ein Quartier besorgten, Grazyna und René aus der Schweiz, Kevin aus Liverpool, »Korsi« und »Tapsi«. All jenen Freunden, die nach ihrer Rückkehr aus Santiago zeitweise als ehrenamtliche Helfer in den Herbergen am Pilgerweg tätig sind, allen Menschen, die am Pilgerweg wohnen und sich liebevoll um die Pilger kümmern, ihnen Privatzimmer zur Verfügung stellen, verbilligte Pilgermenüs oder Betten anbieten etc., und nicht zuletzt allen Priestern, Nonnen und Mönchen in Klöstern und Kirchen, die sich des seelischen Wohls der Pilger annehmen.

Mehr Informationen unter www.hanna-jakobsweg.de
oder unter www.jakobus-gesellschaften.de
und zum Verlag unter www.nymphenburger-verlag.de

© 2008 nymphenburger in der
F.A. Herbig Verlagsbuchhandlung GmbH, München.
Alle Rechte vorbehalten.
Umschlag- und Innengestaltung: Atelier Sanna, München
Umschlagmotiv: getty images, München
Fotos innen: Reinhold und Monika Hanna
Satz: Birgit Veits
Gesetzt aus: 9,5/13,5 Meta Plus Book
Gesamtherstellung: Print Consult
Printed in Czech Republic
ISBN 978-3-485-01135-8

Inhalt

Vorwort

Dieses Buch möchte ein »Lesebuch« sein. Zum einen für Pilger, die mit vollen Herzen und randvoll mit Eindrücken aus Santiago heimkehren und Schwierigkeiten haben, sich im Alltag wieder zurechtzufinden. Ihnen will es Anregungen geben, sich weiter mit dem Jakobsweg auseinanderzusetzen. Sie waren ja wochen- oder sogar monatelang unterwegs und genauso lange dauert es, bis ihre Seele zurück ist. Es wäre schön, wenn das Buch auch ein wenig dabei helfen könnte, die unterwegs gewonnenen Erkenntnisse zu verarbeiten und gute Vorsätze in die Tat umzusetzen. Die 52 Kapitel ermöglichen es, sich jede Woche mit einem Thema zu beschäftigen. Vielleicht regt es die eine oder den anderen auch an, sich erneut auf einen der Jakobswege zu begeben. Zum anderen soll es Menschen helfen, die den Jakobsweg noch vor sich haben, die ihn gehen wollen, weil sie auf der Suche sind, manchmal auch, ohne genau zu wissen, wonach. Vielleicht werden sie ja durch einige der Gedanken, die auf dem Jakobsweg bereits von vielen Pilgern gedacht worden sind, unterstützt oder angeregt. Außerdem möchte es den Menschen, die vor ihrer Pilgerreise wissen möchten, auf was sie sich einlassen und sich auf die möglichen Themen des Jakobsweges gedanklich vorbereiten wollen, eine kleine Auswahl davon anbieten.

Und nicht zuletzt soll es den vielen Menschen, die zwar gerne pilgern würden, denen es aber aus gesundheitlichen oder anderen Gründen nicht möglich ist, ein guter Wegbegleiter auf ihrer Fantasiereise, ihrem »geistigen Jakobsweg« sein.

Die Motivation für dieses Buch entstand aus der nunmehr zehnjährigen Beschäftigung mit dem Pilgerweg. Die Vielschichtigkeit des Themas Jakobsweg, seine Entstehung und seine Randerscheinungen bringen es mit sich, dass ich auch nach zehn Jahren nicht alles weiß, ganz im Gegenteil, je länger ich mich damit beschäftige, desto mehr neue Felder tun sich auf, die sich zu wissen lohnen ...

Durch die notwendige Begrenzung der einzelnen Kapitel auf wenige Seiten sind die Themen teilweise nur »angerissen«. Zudem enthalten sie manchmal provokative

Annahmen, die aus Geschichte und Legenden resultieren. Welche Auswirkungen auf uns – das sind mein Mann Reinhold und ich – der Pilgerweg zu Fuß von München nach Santiago hatte, ist im letzten Kapitel ausführlich beschrieben.

Fast alle Urlaube der vergangenen zehn Jahre verbrachten wir zwischen Deutschland und Spanien. Zu Fuß oder mit einem alten VW-Bus, mit dem wir auch die Strecke nach Andalusien mühelos überwinden konnten. Dabei sind wir manch spannender Spur nachgegangen und brachten so manches »Aha-Erlebnis« hinter uns. Wir können Europa mit seiner Vielfalt an Kultur und Landschaften allen Pilgern nur wärmstens ans Herz legen.

Meinem Mann, der meine Begeisterung teilte, viele der in diesem Buch abgedruckten Fotos aufnahm, den VW-Bus chauffierte und geduldig alle meine Bitten erfüllte, auch entlegenste Orte zwischen München und Südspanien anzufahren oder dahin zu pilgern, gebührt mein ganz besonderes »Dankeschön«.

Ich würde mich freuen, wenn Sie Lust darauf verspürten, uns auf unserer langen Pilgerreise und den vielen »Umwegen« gedanklich zu begleiten, und noch mehr, wenn Sie dabei neugierig auf den Pilgerweg werden, um in Zukunft selbst etwas von der Faszination des Pilgerns in unserer Zeit zu erleben.

Und es wäre schön, wenn bei denen, die den Weg bereits gegangen sind, die Erinnerungen an die eigenen Erlebnisse wieder aufleben würden. Ich wünsche Ihnen, dass Sie Jakobus begleitet auf seinem Weg durch unser schönes Europa und auf Ihrer Entdeckungsreise ins eigene Herz.

Monika Hanna

Der heilige Jakobus, wer ist das eigentlich?

»Als er am Ufer des Sees von Galiläa entlangging, sah er Simon und Andreas, wie sie die Netze auswarfen im See; sie waren nämlich Fischer. Und Jesus sprach zu ihnen: >Kommt, folgt mir nach, und ich werde euch zu Menschenfischern machen.< Sie verließen sogleich ihre Netze und folgten ihm nach. Als er ein wenig weiterging, sah er Jakobus, den Sohn des Zebedäus, und Johannes, seinen Bruder, wie auch sie im Boot die Netze zurechtmachten. Sogleich rief er sie, und sie ließen ihren Vater Zebedäus mit den Taglöhnern im Boot und folgten ihm nach.«

Die ersten Jünger (Markus 1, 16–20)

Apostel Johannes und Jakobus

Wie oft haben wir – unterwegs auf »seinem« Weg – mit Jakobus Zwiesprache gehalten, ihn ganz selbstverständlich um Rat, Schutz oder Hilfe gebeten, doch was wissen wir wirklich über ihn? Was steht in der Bibel, was berichten die Legenden? Der Sohn des Zebedäus und der Salome, Bruder des Johannes und Freund von Petrus und Andreas, war Fischer, bevor er Jesus nachfolgte. Im Markus-Evangelium heißt es dazu: »So bestellte er die Zwölf: den Simon, dem er den Beinamen Petrus gab, den Jakobus, des Zebedäus Sohn, und Johannes, des Jakobus Bruder, denen er den Beinamen gab Boanerges, das heißt Donnersöhne.« (Markus 3, 16–17)

Später gehörten er und sein Bruder Johannes zu den engsten Vertrauten von Jesus, die auch bei seiner Verklärung dabei waren: »Nach sechs Tagen nahm Jesus den Petrus, Jakobus und Johannes mit sich und führte sie hinauf auf einen hohen Berg, ganz für sich allein. Da wurde er vor ihnen verwandelt.« (Markus 9, 2) Jakobus und sein Bruder befolgten

streng die Lehren ihres Meisters, waren aber auch von heftigem Charakter.

Wie sie zu dem Namen »Boanerges« kamen, erzählt ein Absatz aus dem Lukas-Evangelium (9, 52–54): »Jesus schickte Boten vor sich her, und sie gingen hin und kamen in ein Dorf der Samariter, um für ihn Vorbereitung zu treffen. Doch sie nahmen ihn nicht auf … Als die Jünger das sahen, sagten Jakobus und Johannes: »Herr, willst du, dass wir sagen, es solle Feuer vom Himmel fallen und sie verzehren, wie das auch Elias tat?« Er aber wandte sich um, verwies es ihnen streng und sprach: »Ihr wisst nicht, wessen Geistes ihr seid. Der Menschensohn ist nicht gekommen, Menschenleben zu vernichten, sondern zu retten.« Auch Salome, die Mutter der beiden Brüder, wollte eine Sonderstellung für ihre beiden Söhne erbitten: »Sag, dass von diesen meinen zwei Söhnen einer zu deiner Rechten und einer zu deiner Linken sitze in deinem Reiche!« (Matthäus 20, 21). Wieder wies sie Jesus zurecht, was seiner Liebe zu ihnen offensichtlich keinen Abbruch tat.

Jakobus hatte daneben noch den Beinamen »Major« (der Ältere), im Gegensatz zu Jakobus »Minor« (der Jüngere), der später berufen wurde.

Nach dem Tod von Jesus erfahren wir

aus der Bibel nicht mehr viel von Jakobus. In der Apostelgeschichte fand ich nur eine Aussage (12, 1–2): »Zu jener Zeit legte der König Herodes Hand an, um in böser Absicht gegen Angehörige der Gemeinde vorzugehen. Er ließ Jakobus, den Bruder des Johannes, mit dem Schwerte hinrichten.« Das ist der kurze Hinweis auf die Enthauptung von Jakobus.

Umso mehr erzählen die unzähligen Legenden und Mythen, die sich um ihn ranken. Die wichtigsten davon sind den meisten Jakobspilgern geläufig. Im 13. Jahrhundert schrieb Jacobus de Voragine die »Legenda aurea«, die Goldene Legende, in der er das seit einem Jahrtausend angesammelte Wissen christlicher Legenden zusammenfasste: Nach der Himmelfahrt von Jesus zogen die Apostel aus, um allen Völkern die frohe Botschaft zu predigen. Jakobus dem Älteren soll Spanien zur Missionierung zugefallen sein. Er predigte dort, doch er war nicht sehr erfolgreich und konnte nur neun Jünger gewinnen. Deshalb kehrte er nach Jerusalem zurück, wo es noch schlimmer war, er bekehrte nur einen einzigen Menschen. Die Pharisäer verehrten zu dieser Zeit den Magier Hermogenes, der seinen Schüler Philetus zu Jakobus schickte, um ihm zu be-

weisen, dass seine Predigt falsch sei. Doch Jakobus konnte Philetus von der Richtigkeit seiner Lehre überzeugen. Hermogenes rief alle Teufel zusammen, aber Jakobus trieb sie zurück und gab sogar dem Magier seinen Pilgerstab, damit er sich künftig damit schütze. Hermogenes war beeindruckt, warf sich dem Apostel zu Füßen, und verkündete von nun an das Wort Gottes.

Das war den Juden ein Dorn im Auge, sie ließen Jakobus einen Strick um den Hals werfen und zu König Herodes Agrippa schleppen, der seine Enthauptung befahl. Auf dem Weg zum Richtplatz heilte Jakobus einen Lahmen, ein Schriftgelehrter, der ihn begleiten musste, ließ sich daraufhin taufen und wurde deshalb mit ihm zusammen enthauptet. Jakobus war der erste Märtyrer unter den Aposteln. Erst im Dunkel der Nacht wagten die Jünger, den Leichnam ihres Meisters in ein Boot zu legen, ein Engel begleitete sie über das Meer. Das Boot landete an der Ulla-Mündung bei Padrón im Nordwesten Spaniens. Als sie den Leichnam am Ufer auf einen Stein legten, schloss sich dieser wie Wachs um seinen Körper. Von diesem berühmten Stein schlugen sich die Wallfahrer des Mittelalters so lange kleine Stücke ab, bis er verschwunden war. Die Jünger baten die Königin Lupa (»Wölfin«) um einen würdigen Begräbnisplatz, doch sie erwies sich als tückische Wölfin und hielt sie immer wieder hin. Sie versprach, Jakobus in einem »Leichenwagen« zum Begräbnisplatz bringen zu lassen, ließ aber bösartige Stiere vor den Karren spannen. Doch die ungezähmten Stiere zogen den Wagen wie brave Ochsen – die erschrockene Königin nahm den christlichen Glauben an. Jakobus soll im Jahr 44 in der Nähe einer römischen Siedlung, die später unter dem Namen Compostela bekannt wurde, bestattet worden sein.

Das Grab sank in tiefe Vergessenheit – bis zum Jahr 813, als ein Einsiedler namens Pelagius eine Erscheinung hatte, bei der ihm Engel die Anwesenheit des heiligen Jakobus in dieser Gegend offenbarten. Der Eremit meldete dies dem Bischof Theodemir. Dieser ließ den Hügel aufgraben, über dem Pelagius seltsame Lichter gesehen hatte, und legte dort ein Marmorgrab frei. König Alfons II. ließ über dem Grab eine erste kleine Kapelle bauen und Papst Leo III. verkündete die Nachricht der ganzen Christenheit. Der Ort wurde mit Sternenfeld übersetzt, die Geschichte der Stadt Santiago de Compostela setzte ein. Dreißig Jahre später kam es zu einem Konflikt mit den Mauren. Der Tribut von hundert Jungfrauen war nicht an den Kalifen von Córdoba abgeliefert worden und es kam zwischen den christlichen Fürsten und den Mauren in Clavijo zu einer Schlacht. Der Ausgang schien ungewiss, als plötzlich auf der Seite der Christen Jakobus erschien, furchterregend und mit dem Schwert in der Hand. Santiago Matamoros – Sankt Jakob der Maurentöter – schlug die Sarazenen in die Flucht. Soweit die »Legenda aurea«.

Nach dem vierten Buch des »Codex Calixtinus«, auch »Liber Sancti Jacobi« (Jakobsbuch) genannt, soll Karl der Große das Grab entdeckt haben. Der Apostel sei ihm im Traum erschienen, habe ihm die Fundstätte seines Grabes genau beschrieben und ihn aufgefordert, den Jakobsweg gegen die »Ungläubigen« zu beschützen und für die Christen freizukämpfen. Es folgen Geschichten über die Heldentaten Karls und seiner Ritter im Kampf gegen die Mauren, allen voran Roldán – Roland. Hier nahm das »Rolandslied« seinen Anfang, es ist etwa in der gleichen Zeit entstanden wie die Geschichte vom Heiligen Gral, die Wolfram von Eschenbach in seinem »Parzival« erzählt.

Viele weitere Legenden ranken sich um den heiligen Jakobus. Ob es sich in

Santiago de Compostela wirklich um das Grab des Apostels handelt, ziehen viele Historiker und Kritiker aus der Kirche in Zweifel. Manche behaupten, man habe ein Grab für diesen Heiligen gesucht, um ein Pilgerziel und einen Pilgerweg in Nordspanien zu schaffen. Um die Menschen aus anderen europäischen Ländern anzuziehen, sich Unterstützung aus dem Norden zu holen im Kampf gegen die Mauren. Was auch gelungen ist. Vielleicht ist die Wahl deshalb auf Jakobus gefallen, weil der »Donnersohn« unter den Jüngern für die Verteidigung des Glaubens besonders gut geeignet erschien. Wahrheit und Legenden sind teilweise schwer auseinanderzuhalten. Die Grundlagen für die große Jakobsverehrung waren weniger die Überlieferungen aus der Bibel, sondern mehr die der Legenden. Weil die Menschen sie glauben wollten. Weil sie nach Erlösung strebten und dafür ungeheure Mühen auf sich nahmen, unterwegs durch eine Art »Fegefeuer« gingen. Jeder für sich allein.

Was der Legende nach dem Apostel zu seinen Lebzeiten schwerfiel, nämlich Menschen zu missionieren, zur Umkehr und Lebensänderung zu bewegen, gelingt ihm nach seinem Tod mühelos und erfolgreich. Seit über tausend Jahren pilgert ein unabreißbarer Menschenstrom zu seinem Grab. Menschen des Mittelalters genauso wie Menschen von heute brechen aus unterschiedlichsten Motiven nach Santiago auf. Was sie vereint, ist die gemeinsame Suche – nach vielleicht verschiedenen Dingen, doch die Suche nach Erkenntnis, nach dem eigenen Weg oder dem Sinn des Lebens ist fast immer dabei. Und es scheint, als ob Jakobus jeden Einzelnen an die Hand nimmt, begleitet und unmerklich an die Antworten auf seine individuellen Fragen heranführt. Mit uns selbst allein beginnen wir, Einstellungen zu überdenken und uns zu wandeln. In Santiago kommen die meisten als Pilger an, haben verstanden, dass Glück nicht nur von Besitz und Geld abhängt, sondern von vielen kleinen Dingen und vom menschlichen Miteinander. Jeder, der sich auf den Weg macht, nimmt etwas für seinen eigenen Lebensweg mit und Jakobus müsste eigentlich stolz auf sich sein. Aber das ist sicher menschlich gedacht, oder sollte er auch im Himmel noch ein »Donnersohn« sein? Jedenfalls ist er doch noch ein guter »Menschenfischer« geworden, wie es ihm Jesus prophezeit hat. Ist es da wirklich so wichtig, ob sein menschlicher Leichnam in »seinem Grab« in Santiago liegt?

15

Pilgerzeichen — Wegzeichen durch die Jahrhunderte

Wer das Elend bauen will
(wer in die Fremde gehen will)
der heb sich auf und sei mein Gsell
wohl auf Sankt Jacobs Straßen!
Zwei par Schuh, die darf er han,
ein Schüssel bei der Flaschen.
Ein breiten Hut, den sol er han
und ohne Mantel sol er nit gahn
mit Leder wol besezet,
es schneit oder regn' oder weht der Wind,
dass ihn die Luft nicht netzet.

Wallfahrerlied, 14. Jahrhundert

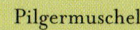

Pilgermuschel

»Nehmt diese Muschel!

Von alters her wurde sie von den Pilgern zum Schöpfen und Trinken frischen Wassers benutzt. Möge euch der heilige Jakobus zu den Quellen Gottes führen, damit ihr ganz von Gottes Liebe erfüllt selbst zum Brunnen für andere werdet.«

Immer wieder beobachten wir fasziniert das Aussendungsritual für die Jakobuspilger in der Kirche St. Jakob am Anger in München, das auch unserem Aufbruch nach Santiago vorausging. Die Armen Schulschwestern nahmen 1989 den alten Brauch wieder auf und senden seitdem Jakobspilger aus. Neben Rucksack, Pilgerstab und Pilgergeleitbrief bekommen die Pilger vom Priester mit obigem Text eine Jakobsmuschel überreicht und nehmen sie freudig in Empfang. Wochen- und monatelang werden sie nun eine große Muschel am Rucksack mit sich führen, heute das einzige unmissverständliche Zeichen dafür, dass sie als Jakobspilger unterwegs sind.

Bereits im Mittelalter schmückte die Jakobsmuschel den breitkrempigen Hut oder Mantel der Pilger. Es handelt sich um die schon im Altertum bekannte Venusmuschel. Ihre Kalkschalen sind gut geeignet zum Durchbohren und Anheften. Während heutige Pilger bereits mit einer Muschel am Rucksack aufbrechen, wurde sie einstmals erst in der Nähe von Padrón gesucht oder in Santiago käuflich erworben und diente als Beweis für die vollbrachte Pilgerfahrt. Vom Pilgersymbol entwickelte sie sich allmählich zum Sinnbild für die Verehrung des heiligen Jakobus und war während der großen Zeit der Wallfahrt das ausschließliche Privileg der Jakobspilger. Als die Wallfahrt ab dem 14. Jahrhundert ihren Höhepunkt überschritten hatte, wurde ihr Name missbraucht durch falsche Santiagopilger, die »Muschelbrüder« – Coquillards –, unter denen sich auch Bettler, Diebe, Huren und heruntergekommene Herumtreiber aller Art befanden, die sich auf dem Jakobsweg tummelten.

Doch wie kam es, dass die Muschel zum Symbol der Jakobspilger wurde? Wieder einmal weiß es die Legende: »Ein junger Adeliger ritt in der Nähe von Padrón dem Schiff mit dem Leichnam des Apostels Jakobus entgegen. Als sich das Schiff näherte, erschraken Pferd

und Reiter so sehr beim Anblick des hellen Scheins, der vom Himmel auf den Apostel fiel, dass Ross und Reiter in den Fluten versanken. Doch Jakobus rettete sie auf wundersame Weise, der Ritter erreichte das Ufer. Sein Körper war über und über mit Muscheln bedeckt.« Seither wurde die Muschel als magisches Zeichen getragen. Sie gewährte Schutz, denn es war eine Todsünde, einen Pilger mit einer Muschel zu töten. Und natürlich erzählen alte Legenden auch von Wundern und Heilungen durch die Jakobsmuschel.

Die Muschel gilt auch als Symbol für Geborgenheit. Auch konnte sie von den Pilgern zum Wasserschöpfen und Trinken oder sogar als Schale zum Essen benutzt werden. Symbolisch steht sie auch dafür, dass wir nicht nur den Durst des Körpers, sondern auch den unserer Seele löschen müssen, dass wir also lernen, aus der eigenen Tiefe zu schöpfen.

Von alters her ist die Muschel ein weibliches Symbol und steht für Geburt, Glück und Aufstehung. Die griechisch-römische Symbolik meint damit die Göttin Aphrodite, die »aus dem Schaum Geborene«, die römische Venus. Im Gemälde von Botticelli »Die Geburt der Venus« aus dem Jahr 1482 entsteigt sie einer Muschel. Auch als Symbol für ein

Geheimnis ist die Muschel bekannt, und die Christen griffen das Symbol neu auf. Die Perle, die sich in ihr befindet, gilt als ein Bild für die Menschwerdung. Im Mittelalter erhielten auch die Taufbecken eine Muschelform. Könnte sie uns heutigen Pilgern als Symbol dafür dienen, durch die Pilgerreise ein neuer Mensch zu werden?

Auf dem französischen Jakobsweg kommen wir durch ein hübsches Klosterdorf – Conques –, dessen Abteikirche mit dem berühmten Tympanon auf dem wunderbaren Platz der »conque« (lat. concha, die Muschelschale) steht. Hier werden die Gebeine der heiligen Fides verehrt, einer jungen Christin, die zur Märtyrerin geworden war, weil sie sich weigerte, die heidnischen Götter anzubeten.

Neben der Muschel gehört zwangsläufig der Pilgerstab zur wichtigsten Ausrüstung der Pilger. Wie heißt es doch in der Aussendung der Pilger in Sankt Jakob am Anger: »Nehmt diesen Pilgerstab! Er sei euch Stütze und Halt bei den Beschwernissen des Weges nach Santiago und ein Zeichen eurer Pilgerschaft zu Gott. Möget ihr auf eurem Weg nicht achtlos an den Menschen vorübergehen, die eure Hilfe und Zuwendung brauchen, und unter der gütigen Führung unseres Herrn Jesus Christus sicher und voll Freude von Santiago nach Hause zurückkehren.« Der Pilgerstab als Hilfe für die Beine, symbolisch auch als geistige Stütze, ist bei heutigen Pilgern nicht wegzudenken, auch wenn viele mit modernen Teleskopstöcken aufbrechen. Die streunenden Hunde lassen sich davon ebenso beeindrucken.

Der Ursprung des Pilgerstabes ist auf vielen mittelalterlichen Bildern zu erkennen. Die Pilger halten einen »bourdon«, einen fast zwei Meter hohen Wanderstab, in der Hand, ein »geistliches Schwert« besonderer Art, das nicht nur zur Verteidigung bei leiblichen Gefahren half, sondern auch, um Dämonen abzuwehren, die sie vom Weg abbringen wollten. Meist war an ihm auch eine Kürbisflasche angebracht, um etwas Wasser oder Wein mit auf den Weg zu nehmen. Dieser Pilgerstab wurde möglicherweise bereits von älteren Vorgängern abgeleitet, wie zum Beispiel vom magischen Druidenstab der keltischen Priester. In ähnlicher Form war er im Mittelalter auch bei den Angehörigen der Baubruderschaften zu sehen, welche die prächtigen Kathedralen am Pilgerweg schufen. Der Pilgerstab war also immer ein wesentliches Attribut eines Pilgers.

Nicht wegzudenken ist auch die Pilgertasche (besace), die vor allem Proviant, Pass und Pilgerausweis enthielt. Heute wird sie durch einen ebenso praktischen Rucksack ersetzt, dessen einzige Gefahr in der »Überladung« besteht. Schon in einer alten Chronik ist zu lesen: »Ihr, die ihr nach Santiago geht, nehmt wenigstens im Sommer keine große Bürde mit. So geht ihr leicht. Denn man ermüdet schon von wenigem; ich spreche zu Leuten, die zu Fuß gehen.« Dem ist auch heute nichts hinzuzufügen. Nur der Aussendungstext der Armen Schulschwestern: »Nehmt diesen Rucksack! Die Last, die ihr während der Wallfahrt auf dem Rücken tragt, sei euch Zeichen für alle Lasten, die Menschen heute drücken. Tragt sie auf eurer Wallfahrt vor Gott und seid gewiss: ›Er trägt unsre Last; Gott ist unsre Hilfe.‹ (Psalm 68, 20) Möget ihr gut nach Santiago gelangen und wieder froh heimkehren mit der Hilfe Gottes.«

Auf den mittelalterlichen Pilgerdarstellungen tragen die Pilger als Schutz vor Regen und Sonne einen breit geränderten Hut, über der Stirn zu einem breiten Band gedrückt, in der Mitte die Muschel. Sein Rand ist über den Mantelkragen geschlagen. Heute variieren die Hutformen, doch Nutzen und Wirkung

sind unbestritten, auch wir wählten einen breitkrempigen Hut und durften uns damit als »von Gott behütet« fühlen. Dazu einen Umhang, der vor Wind und Regen schützen sollte, früher die Pelerine, heute zumeist ein Anorak. Was fehlte dem Pilger noch? Ein Empfehlungsschreiben des zuständigen Pfarrers oder Bischofs und ein Schriftstück, in dem alle angelaufenen Stationen ausgewiesen werden mussten. In St. Jakob am Anger bekommt man einen solchen »Pilgergeleitbrief«. Er enthält die Bitte, die Pilger freundlich aufzunehmen und mit einem entsprechenden Stempel zu bestätigen, dass sie an diesem Ort Station gemacht haben: »Empfangt nun noch diesen Geleitbrief mit dem Pilgersiegel! Der Brief möge euch helfen, dass ihr als Pilger dort freundlich aufgenommen werdet, wo ihr Station macht. Er sei euch auch ein Zeichen dafür, dass ihr selbst ›ein Brief Christi‹ seid, geschrieben mit dem Geist des lebendigen Gottes.« (2 Kor 3,3) Der nachfolgende priesterliche Segen entlässt die Pilger auf ihren langen Weg nach Santiago.

Dermaßen ausgestattet, begeben sich Pilger seit dem Mittelalter im Vertrauen auf Gott und den heiligen Jakobus auf den Weg. Da es früher kaum Pilgerführer gab, orientierten sie sich an den Klöstern und Kathedralen entlang des Jakobsweges, an berühmten Marienheiligtümern und vor allem auch an den Geschichten und Legenden entlang des Weges.

Ein Pilger wusste zum Beispiel: Wenn man die Legende vom Hühnerwunder erzählte, war er in Santo Domingo de la Calzada: »Ein Ehepaar pilgerte mit seinem Sohn nach Santiago. Im Wirtshaus versuchte die Magd, den jungen Mann zu verführen, aber er wies sie zurück. Die Magd war beleidigt und versteckte einen silbernen Becher in seinen Kleidern. Am nächsten Morgen bezichtigte sie ihn des Diebstahls. Der Richter verurteilte den Burschen zum Tod am Strang. Man hängte ihn auf und stellte später fest, dass er noch quicklebendig war. Rasch trug man die Kunde dem Richter zu, der sich gerade zum Mahl gesetzt hatte. Höhnisch stieß er aus, dass Hahn und Henne von seinem Bratspieß flögen, wenn die Geschichte wahr wäre. Die Tiere flogen auf und davon.«

So wanderte man von Ort zu Ort, von Legende zu Legende, und viele der Geschichten werden heute noch genauso lebendig erzählt wie in längst vergangenen Zeiten.

Initiationsweg Jakobsweg

Die Mythen sind die Träume der Völker.

Friedrich v. d. Leyen

Kapitell in Eunate

»Der Jakobsweg ist nicht einfach nur ein schöner Wanderweg, nein – er ist etwas ganz Besonderes!« Wie oft schon haben wir diesen Satz gelesen, gehört oder selbst von uns gegeben! Und wie häufig bekamen wir nach mühsamen Erklärungsversuchen die Antwort: »Aber es gibt doch viele einsame Wege in wunderschönen Landschaften, auf denen man gut wandern – und dabei nachdenken und meditieren kann! Und Kulturdenkmäler gibt es woanders auch. Das muss doch nicht unbedingt auf dem Jakobsweg sein, den inzwischen so viele Menschen gehen!« Zugegeben, ja, das stimmt alles! Nur warum zweifeln wir und all diejenigen, die ihn gegangen sind, keine Sekunde daran, dass er doch etwas Besonderes ist?

Ich wollte es ganz genau wissen und recherchierte vor allem über den Camino de Santiago in Nordspanien, auch Camino francés genannt, also den Hauptweg ab Puente la Reina, in den alle anderen einmünden. Im Mittelalter mag das Apostelgrab ja ausreichend gewesen

sein, um so viele Menschen anzulocken, aber heute? Und warum treibt es auch so viele Anders-Gläubige und Atheisten auf den Weg? Dieses »Besondere«, was ist es eigentlich? Trägt zu diesem einmaligen »Erlebnis Jakobsweg« vielleicht noch mehr und anderes bei als das, was uns sofort präsent ist? Da ist zum einen die Erfahrung des Gehens – nicht umsonst heißt es, dass man sich beim Gehen den Kopf »freilaufen« kann, es scheint eine enge Verbindung zwischen Kopf und Beinen zu bestehen, denn beim Gehen kann man am besten nachdenken. Der gleichmäßige Rhythmus ist dazu angetan, Körper und Seele in Einklang zu bringen, das tägliche Wandern in frischer Luft und Natur hilft mit, zur Ruhe zu kommen, den Ballast des Alltags abzuwerfen und wieder Platz für neue Gedanken und Ideen zu schaffen. Hinzu kommt das einfache, überschaubare Leben unterwegs. Als Pilger quälen uns keine beruflichen Probleme und keine Termine, wir sind nur auf unser Ziel ausgerichtet, leben völlig im Jetzt, nur der einzelne Tag mit seinen Aufgaben zählt: Schaffe ich die Etappe, wem werde ich heute begegnen, bekomme ich einen Platz in der Herberge? Nach einigen Anfangsproblemen funktioniert das mühelos. Plötzlich ist Zeit dafür

vorhanden, sich an der Landschaft zu erfreuen, die Kunst des Mittelalters zu genießen und sich mit den Menschen aus aller Welt auszutauschen, die zur gleichen Zeit diesen Weg gehen.

Liegt das Besondere vielleicht darin, dass der Weg schon seit mehr als tausend Jahren von Menschen begangen wird und die Empfindungen und Gebete der Vorausgegangenen auf diejenigen überträgt, die gerade unterwegs sind? Oder kommt die Ausstrahlung auch vom Weg selbst, ist er nicht zufällig entstanden, sondern eigens angelegt worden, um bestimmte Orte von Ost nach West miteinander zu verbinden? Schon im Mittelalter gingen die Pilger nach dem Besuch des Apostelgrabs weiter westlich bis ans Meer, zum Ende der Alten Welt, nach Finisterre (finis terrae). Und auch heute noch wandern sie zum Leuchtturm am Meer, führen einen alten Brauch weiter: Als symbolisches Zeichen der Erneuerung verbrennen sie ihre gebrauchte Kleidung, der alte Mensch wird abgelegt und ein neuer Mensch geboren. Ein uraltes Ritual der Initiation?

Dass der Weg seit mehr als tausend Jahren als Pilgerweg zum Grab des heiligen Jakobus begangen wird, ist hinreichend bekannt. Doch gab es vielleicht vorher schon einen Pilgerpfad? In der Herberge in Rabanal del Camino hatten uns Mitpilger erzählt, dass am Cruz de Ferro schon in vorchristlicher Zeit Steine abgelegt wurden. War der Jakobsweg ein uralter Initiations- und Mysterienweg? Rolf Legler vermutet die Wurzeln dieses Weges schon in der Megalithzeit im 4. Jahrtausend v. Chr. Später führte er als »Lugweg« zu einem Heiligtum des Sonnengottes. Vom keltischen Gott Lug könnten auch die Städtenamen Logrono und Lugo, vielleicht auch Lyon, abstammen. Auch das heilige Tier der Kelten, die Gans, kommt am Jakobsweg öfters vor, zum Beispiel in Montes de Oca oder El Ganso. »Einweihungswege« gibt es ja in allen Naturreligionen, sie begleiten den Übergang in einen neuen Lebensabschnitt, wie zum Beispiel vom Kind zum Erwachsenen, und sind immer mit Ritualen, mit Initiations-Zeremonien versehen. Bei den Indianern werden die Jugendlichen von zu Hause weggebracht, aus ihrer vertrauten Umgebung herausgerissen. Sie müssen körperliche und seelische Strapazen erleiden, werden eingeführt in die Welt der Erwachsenen, in die Rituale der Gemeinschaft und ihres Glaubens. Durch körperliche Askese und seelische Grenzerfahrungen gelangen sie zu spirituellen Einsichten,

die sie reifen lassen. Dabei wird die Reihenfolge Körper – Seele – Geist immer eingehalten. Die Jugendlichen kehren nach dieser Initiation als Erwachsene zurück, mit neuer Reife, neuer Freude und können ihr Leben gestalten.

Für die Ureinwohner Australiens, die Aborigines, ist das Leben eine einzige Initiationsreise. Den Frauen werden aufgrund ihrer Natur die schöpferischen Kräfte zugeschrieben, sie stehen für die Macht des Lebens. Die Männer verkörpern die Macht des Todes, sie haben engen Kontakt mit der Welt der Toten und der Tod ist notwendig, um das unkontrollierbare Wachstum des Lebens zu verhindern. Während bei den Frauen die Aufgaben mehr vorgegeben sind, speziell das Geben von Leben, müssen die Männer immer wieder initiiert werden, um ihren Weg zu finden, und sie werden dabei mit Angst und Tod konfrontiert. Der Knabe stirbt, um als Mann wiedererweckt zu werden. Bei den Aborigines scheint also das Zusammenspiel der weiblichen und der männlichen Kräfte und Eigenschaften noch intakt.

In vielen Religionsgemeinschaften werden Initiations-Zeremonien praktiziert. Eine Initiation bezieht sich auf die Einführung eines Anwärters in den engeren Kreis einer Gemeinschaft oder seinen Aufstieg innerhalb dieser Gruppe. Immer ist sie mit Veränderungen verbunden, mit dem Übergang von einer Lebensphase in eine andere, das alte Ich wird abgelegt, aus dem Kind wird ein Erwachsener, aus dem Heiden ein Christ.

Auch auf dem Pilgerweg bedeutet Initiation Wandlung, die zunächst verbunden ist mit dem Aufbruch, dem zumeist schmerzhaften Abschied von geliebten Menschen und vertrauter Umgebung. Die zweite Phase beinhaltet die Suche, den »Schrei nach der Vision«, die Suche nach dem Sinn des Lebens. Danach folgt die Läuterung der eigenen Motive sowie Wandlung und Veränderung des Menschen. Und letztendlich die Rückkehr in die Gemeinschaft mit anderem Namen, neuer Identität.

Auch das Alte Testament berichtet über Initiationen und die Geschichte Israels beginnt mit Pilgern. Abraham, der von Gott gerufen wurde und für ihn alles verließ, ist das Urbild eines Pilgers. Der alttestamentarische Jakob war ein unfreiwilliger Pilger, ein Mensch auf der Flucht. Er kämpfte heftig mit Gott, der ihm seinen neuen Namen gab: »Israel, der Kämpfer«. Er hatte alle Phasen der Initiation eines Pilgers durchlaufen, von der Trauer des Aufbruchs über das Nach-

26

denken, die Läuterung, Versöhnung und Heimkehr.

Es gibt eine ganze Reihe von Hinweisen darauf, dass der Jakobsweg einstmals ein Initiationsweg war, auf dem die Kelten ihre Priester ausbildeten. Möglicherweise hatten sie diese »Sternenstraße« und bestimmte religiöse Bräuche bereits von europäischen Vorfahren aus vorgeschichtlicher Zeit übernommen. Bis zu zwanzig Jahre und länger soll die Ausbildung zum Druiden gedauert haben. Folgten die Novizen auf diesem Pfad den Sternen der Milchstraße und wurden so zu geweihten Stätten geführt, die ganz bewusst an speziellen Orten mit besonderer Erdstrahlung angelegt waren? Wir würden das heute Orte der Kraft nennen – auf der Pilgerreise nach Santiago überkommt viele Pilger öfters das Gefühl, an einem solchen Ort zu stehen und »Kraft auftanken« zu können. Lernten die Schüler unterwegs alles, was sie über Astronomie, Medizin, die Natur und ihre Götter wissen mussten? Dann wäre unsere ›Sternenstraße‹ viel älter als das Christentum.

Viele Hinweise deuten darauf hin, dass die heiligen Stätten der Kelten später von den Christen übernommen wurden, die mächtige Kirchen und Kathedralen darüber erbauten. Und welcher Pilger hat nicht schon erlebt, wie er beim Eintritt in eine romanische Basilika am Weg erschauerte und von einem kraftvollen Gefühl der Wärme durchflutet wurde? Wie sich Körper, Seele und Geist zu nie geahnter Harmonie vereinten und er sich in völligem Einklang mit Natur und Schöpfung fühlte? Beim Bau dieser Kirchen wurde nichts dem Zufall überlassen, von den Proportionen des Grundrisses über den Lichteinfall in den verschiedenen Jahreszeiten bis hin zu den Symbolen von Malerei und Plastik. Wie lange der Weg von den Kelten als Initiationsweg genutzt wurde, konnte nicht eindeutig geklärt werden. Es ist jedoch wahrscheinlich, dass es durch die Christianisierung ihrer Priester einen allmählichen Übergang gab zum Jakobsweg als ›Pilgerweg der Christen‹, zum Grab des Apostels Jakobus.

Der Jakobsweg — ein Weg der Wandlung und Erneuerung

Jeden Tag folgen wir dem Lauf der Sonne von Ost nach West.
Irgendwann unterwegs erfasst uns eine Ahnung von dem,
was über unser Menschsein hinausgeht.
Keiner kommt so zurück, wie er weggegangen ist.

Himmel über Finisterre

Auslöser für die Wallfahrt zum heiligen Jakobus nach Santiago de Compostela war die »zufällige« Entdeckung des Apostelgrabes im 9. Jahrhundert und deren Verkündigung durch Papst Leo III. In dieser Zeit war Spanien noch weitgehend von den Mauren besetzt, die Reconquista – die Rückeroberung Spaniens für das christliche Abendland – hatte begonnen. König Alfons II. ließ Jakobus zum Schutzpatron und Nationalheiligen ausrufen. Durch Legenden von Jakobus als Anführer der Christen in der Schlacht gegen die Mauren wurde er zur Zeit der Kreuzzüge zum »Matamoros«, zum Maurentöter. Der Mythos »Santiago« war geboren und schon bald setzte der Pilgerstrom ein.

Die damals weit verbreitete Reliquienverehrung trug das ihre dazu bei. Millionen von Menschen machten sich auf den Weg, Jakobus im fernen Spanien zu besuchen. Die ersten waren Fürsten, Bischöfe und Könige, wie im Jahr 950 Godescalc, der Bischof von Le Puy. Seit etwa dieser Zeit sind ständige Pilgerfahrten nach Santiago de Compostela nachgewiesen. Doch die Mehrzahl der Pilger waren einfache Menschen mit überwiegend religiösen Motiven: Viele wollten aus Furcht vor dem Jüngsten Gericht auf den Weg des Heils gebracht werden, oftmals war der Grund ein abgelegtes Gelübde oder eine überstandene Krankheit.

Von allen Seiten Europas kamen sie, strebten den Pyrenäen zu. Die Jakobsverehrung nahm in Europa immer mehr zu, im 11. und 12. Jahrhundert erreichte Santiago seine größte Bedeutung und gehörte neben Rom und Jerusalem zu den bedeutendsten Wallfahrtsorten der Christenheit. Erste Pilgerführer wurden geschrieben, der »Codex Calixtinus« von Aimeric Picaud aus der Mitte des 12. Jahrhunderts beschreibt französische und spanische Jakobswege, ihre Orte und Menschen sowie Empfehlungen von Heiligtümern, die die Pilger unterwegs aufsuchen sollten. In den Städten am Jakobsweg blühten Handel und Gewerbe auf, ehemals abgelegene Gebiete wurden miteinander verbunden. Der Weg führte die Menschen zusammen. Die Völker Europas lernten sich auf ihm kennen und konnten ein Zusammengehörigkeitsgefühl, Toleranz und Verständnis füreinander entwickeln.

Baumeister und Handwerker aus allen Ländern tauschten ihr Wissen aus und hinterließen ihre Spuren entlang des Pilgerweges. Ihre unvergänglichen Kunstwerke bewundern wir noch heute. Man denke allein an das romanische Tympanon der Klosterkirche von Conques, das zu den eindrucksvollsten Werken der romanischen Plastik gehört und die religiösen Vorstellungen der damaligen Zeit vor Augen führt.

Spanien wurde – auch dank der Pilger – für das Christentum und Europa zurückgewonnen. Viele Pilger kehrten nicht in ihre Heimat zurück, sondern blieben irgendwo am Jakobsweg hängen und führten dort ihr Leben weiter. Durch den regen Gedankenaustausch konnte sich ein »europäisches Gemeinschaftsbewusstsein« bilden. Der Jakobsweg wird daher als ein Ausgangspunkt für das heutige Europa verstanden, das im Glauben wurzelt. Wohl auch deshalb wurden vom Europarat im Jahr 1987 die gesamten historischen Jakobswege nach Santiago de Compostela zur ersten europäischen Kulturstraße erklärt. Und es galt vor allem, das durch das Pilgerwesen entstandene Erbe zu schützen: ein historisches, literarisches, musikalisches und künstlerisches Erbe.

Neben den vielen Legenden liefert die Geschichte von Priscillianus, einem reichen und gebildeten Spanier, noch einen zusätzlichen, etwas delikaten Aspekt. Priscillianus gehörte einer Schicht von Neu-Christen an, war Führer einer Bewegung mit christlich-asketischer Lebensweise und gründete eine gnostisch anmutende Sekte. Obwohl er zum Bischof von Avila gewählt worden war, wurde er als Ketzer angeklagt und im Jahr 385 mit dem Schwert hingerichtet. Nicht einmal der heilige Martin von Tours, der sich sehr für ihn eingesetzt haben soll, konnte seinen Tod verhindern. Besonders in Galicien wurde er noch lange als Märtyrer verehrt. Manche Forscher behaupten, die in Santiago de Compostela gefundenen Reliquien stammen nicht von Jakobus, sondern seien die von Priscillianus …

Gibt es einen vergleichbaren Pilgerweg, der heute noch begangen wird und Jahrtausende alt ist wie der Jakobsweg? Auf dem seit Menschengedenken in ununterbrochener Kette Pilger unterwegs sind, die sich austauschen und um den sich so unendlich viele Geschichten und Legenden ranken? Mit einem vorchristlichen, christlichen und künstlerischen Erbe, das Pilger, die sich die Zeit nehmen, ihn »menschengemäß«, also zu Fuß zu begehen, so stark in seinen

Bann zieht, dass sie der Jakobsweg nie mehr loslässt?

Könnte es sein, dass durch die Mischung der unterschiedlichsten Kulturen und Menschen auf dem Weg – von den Kelten zu den Christen und »Ketzern« bis hin zu Atheisten – diesen »Sternenweg« eine ganz spezielle Aura umgibt, ein Konglomerat von Gedanken und Erkenntnissen, die durch Nachdenken, Gebete und Meditationen der vielen »Geher« entstanden sind, auf ihrer Suche nach sich selbst oder nach Gott und der unbestimmten Sehnsucht, die wir Menschen in uns tragen, seit es uns gibt? Dass der Jakobsweg mit all dem bereits Gedachten, der Spiritualität, den Lösungsansätzen und Lebensweisheiten »gepflastert« ist, greifbar für alle Pilger, die danach suchen? Sodass jeder Mensch das finden kann, was für ihn hilfreich ist, und Anregungen für sein ganz persönliches Leben mitnimmt. Das würde hinreichend erklären, warum nicht nur gläubige Pilger diesen Weg begehen, sondern Suchende aller Couleur: religiöse, spirituelle, Atheisten, Freidenker, die im Mittelalter als Ketzer verurteilt worden wären, Menschen aus allen Berufen und Gesellschaftsschichten. Es war faszinierend festzustellen, dass Pilgerfreunde, die wie wir wochen- oder monatelang unterwegs waren und denen wir immer wieder begegneten, in den letzten Tagen vor dem Ziel Santiago ähnliche Gedanken hegten, dass Meinungen, die vorher auseinandergedriftet waren und in den Herbergen ausgiebig diskutiert wurden, plötzlich in einem vorher nicht gekannten Ausmaß übereinstimmten und ganz unterschiedliche Menschen zu einer familienähnlichen Gruppe zusammengewachsen waren. Lagen vielleicht die dafür verantwortlichen Gedanken und Einsichten auf dem Weg, der uns vereinte, für uns bereit? Wir selbst erreichten im Verlauf der Pilgerwanderung allmählich eine unbeschwerte Leichtigkeit, auch durch das Wissen, dass der Weg eigentlich keine für uns unüberwindlichen Schwierigkeiten bereithielt, sondern mit ein wenig Durchhaltevermögen, Mut und Kreativität zu bewältigen ist. Und wir uns nicht so ernst nehmen sollten. Zuweilen überkam uns eine ausgelassene, kindliche Fröhlichkeit, wir ertappten uns immer häufiger dabei, mit Jakobus Zwiesprache zu halten, uns bei ihm für alle Annehmlichkeiten zu bedanken. Als eines Morgens meine Sehnenschmerzen wie weggeblasen waren, machten wir ihn und unsere guten Schutzengel dafür verantwortlich und malten uns aus, dass

alle Jakobspilger nach ihrem Tod als Schutzengel für die Pilger auf dem Jakobsweg eingesetzt werden. Bei dem Ansturm der letzten Jahre dürfte da ja wohl kein Mangel herrschen ... Einer unserer Mitpilger, überzeugter Atheist und aus sportlichen Gründen auf dem Jakobsweg unterwegs, überraschte uns plötzlich mit der Ankündigung, im nächsten Jahr eine andere Teiletappe des Jakobsweges gehen zu wollen, was er anfangs vehement abgelehnt hatte. »Vielleicht ist ja an eurem Jakob doch etwas dran!« Dieses Kompliment gaben wir natürlich sofort an Jakobus weiter.

Ich konnte auf diesem Weg öfters miterleben, wie Pilger, die als Suchende auf den Jakobsweg gingen und sich auf ihn einließen, Läuterung erfuhren oder eine Lösung ihres Problems fanden, und glaube deshalb, dass der Ausspruch »Im Wandern sich Wandeln« wirklich zutreffend ist. Auf einem langen Pilgerweg zu gehen, bedeutet zwangsläufig, zur Ruhe, zu sich selbst zu kommen und neue Kraft zu schöpfen. Dadurch ist es leichter möglich, eingefahrene Geleise zu verlassen und nötige Veränderungen »anzugehen«. Auf den langen Tagesetappen wurden teilweise neue Lebenskonzepte entworfen, mit Pilgerfreunden durchgesprochen und nach der Pilgerreise in die Tat umgesetzt.

Der Pilgerweg öffnet vielen Menschen wieder die Augen für Werte, die in der Hektik des Alltags oder durch vermeintliche Zwänge des Geschäfts verloren gegangen sind. Sie denken darüber nach, ob sie das von Werbung und Geschäft suggerierte »Konsumieren« wirklich zufriedenstellt – oder ob doch eher die kleinen Freuden glücklich machen, die man nicht kaufen, sondern nur mit Anstrengungen erringen kann. Wenn sie den ersten Schritt gegangen sind, können sie auf die Kraft und Macht des Weges und des heiligen Jakobus vertrauen.

Aufbruch ins Unbekannte

E ultreïa! E sus eïa! Deus aïa nos!
Los! Auf geht's! Gott steh uns bei!

Sammelruf der Pilger nach Santiago im Mittelalter

Wahlspruch der Pilger: »Gott hilf und St. Jakob«

»Gesund an Leib und Seele und danach verlangend, ins spanische Königreich und an andere Orte außerhalb meiner jetzigen Heimat zu pilgern, bekunde ich hiermit meinen letzten Willen ...« Mit diesen Worten im Testament begannen oftmals die umfangreichen Vorsorgemaßnahmen der mittelalterlichen Jakobspilger, die sie für ihre Angehörigen vor ihrem Aufbruch nach Santiago de Compostela trafen. Sie hatten ihre geschäftlichen Angelegenheiten zu regeln, mussten genügend Geld auftreiben für Unterkünfte, Wegzölle und Almosen und verkauften dafür zuweilen alles, was sie und ihre Familien irgendwie entbehren konnten. Denn wer nichts hatte, war unterwegs völlig auf die Nächstenliebe der Menschen am Weg angewiesen. Auch Kleidung und feste Schuhe benötigten sie, Pelerine und Pilgerhut wiesen sie als Santiago-Pilger aus und verhalfen zu Gastfreundschaft unterwegs. Eine Bescheinigung des Pfarrers oder Bischofs bezeugte ihren guten Ruf sowie ihre religiöse

Gesinnung und diente, wie bereits erwähnt, neben der speziellen Kleidung auch dazu, unterwegs eine Unterkunft zu finden. Nach Beichte und Pilgersegen machten sie sich auf ihren ungewissen Weg. Gerne brachen sie im Frühjahr auf, in der Hoffnung, vor dem Winter wieder zu Hause zu sein. Denn sie waren ein halbes Jahr und länger unterwegs auf einer gefahrvollen Reise. Ob sie je wiederkehren würden oder ob es ein Abschied für immer war, blieb ungewiss.

Aus allen Ländern des Abendlandes kamen sie, um das Grab des heiligen Jakobus zu besuchen, auch in Deutschland brachen viele auf. Aus den Dörfern begaben sie sich zu den nächstgrößeren Orten oder zum nächstgelegenen Wallfahrtsort. Dort sammelten sie sich, um nicht allein unterwegs zu sein und sich gegenseitig zu schützen. Häufig blieben Landsleute unter sich, so konnten sie sich besser verständigen, helfen oder verteidigen. Anfangs waren es mehr Adelige und Privilegierte, die dem Ruf nach Santiago folgten und zu Pferd aufbrachen. Doch schon bald pilgerten auch die einfachen Menschen, die es ungleich schwerer hatten und unterwegs nicht selten hungern oder für ihr Essen arbeiten mussten. Doch Frömmigkeit und tiefer Glaube waren in den ersten

Jahrhunderten der Santiago-Wallfahrt eine weitverbreitete Motivation. Das Verlangen, Gott zu finden, durch das Pilgern zu einem neuen, gereinigten Menschen zu werden und das ersehnte Seelenheil zu erlangen, war sehr stark. Und natürlich spielte manchmal auch Neugierde eine Rolle oder ein wenig Abenteuerlust sowie das Verlangen, dem mühsamen Alltagstrott zu entrinnen. Doch nach den schwierigen Vorbereitungen und dem schmerzlichen Abschied von ihren Angehörigen mag sich auch bei den mittelalterlichen Menschen das Hochgefühl des Aufbruchs eingestellt haben. Die Freude darauf, andere Länder, andere Menschen und Gebräuche kennenzulernen, beflügelte sie sicherlich in den ersten Pilgertagen.

In unserer Zeit den Jakobsweg zu gehen ist sehr viel einfacher und vor allem sicherer. Die Wege nach Santiago sind gut markiert, nicht nur in Frankreich und Spanien, sondern zunehmend auch in Deutschland und der Schweiz. In speziellen Pilger- und Wanderherbergen, Klöstern, Pensionen, Gasthäusern und privaten Unterkünften kümmert man sich um die Pilger. Am Jakobsweg interessierte Menschen können sich in zahlreichen Büchern, Internetseiten, Jakobusgesellschaften oder bei zurück-gekehrten Pilgern umfassend über den Weg informieren. Dennoch: Wer ihn wie die mittelalterlichen Pilger in seiner ganzen Länge und von der »eigenen Haustür aus« gehen will, hat auch heutzutage einiges vorzubereiten. Vor allem muss man über die nötige Zeit verfügen, unser kostbarstes Gut.

»Schon seit Langem interessiere ich mich für den Jakobsweg. Eine Zeit lang ist er aus meinem Blickfeld verschwunden, nun drängt er sich wieder verstärkt in mein Leben« – viele der an uns gestellten Anfragen beginnen mit diesem Einleitungssatz. Noch häufiger allerdings ist der Satz: »Ich möchte gerne den Jakobsweg gehen, habe aber nicht viel Zeit.« Das ist zwar schade, denn »das Ganze ist mehr als die Summe seiner Teile«. Doch wichtiger, als den Weg in einem Stück zu gehen, ist, den Aufbruch überhaupt zu wagen. Auch wir hatten nicht die Möglichkeit, den Jakobsweg »auf einmal« zu gehen. Wir entschieden uns trotzdem dafür, in München loszuwandern und eben einige Jahre zu benötigen. Die einzelnen Etappen fügten sich am Ende wunderbar zu einem Weg zusammen! Und die Freude, wieder aufbrechen zu können, steigerte sich von Jahr zu Jahr! Denn Aufbruch ist etwas ganz Besonderes! Es ist Ausbrechen aus dem Alltag, sich auf Unbekanntes einlassen, einen neuen Weg beginnen: Ich weiß mir nichts Schöneres!

Unterwegs sein, das bedeutet, voll in der Gegenwart leben, ganz ins Jetzt eintauchen. Nur der heutige Tag ist wichtig, nur der Augenblick zählt. Was wird mich heute erwarten? Welche Begegnungen werde ich haben, mit Menschen, Tieren, Blumen und Bäumen? Befreit von allen Zwängen des Alltags begebe ich mich auf den Weg, als Pilger fordern mich keine beruflichen Themen, keine Zeitung, die gelesen werden will, keine neuen Hiobs-Nachrichten im Fernsehen, die mich beunruhigen, und der sonst randvolle Terminkalender enthält über mehrere Wochen hinweg nur einen einzigen dicken Balken: »Jakobsweg«. Dieses herrliche Gefühl wäre allein schon die Reise wert! Unvergesslich sind die ersten Kilometer des Weges! Nie erscheint der Himmel blauer, die Luft milder und die Landschaft schöner als am ersten Pilgertag. Der Alltag ist weit weggerückt, Gedanken und Sinne beschäftigen sich nur mit den nächsten Stunden und Tagen.

Und schon beim Aufbruch drängen sich Vergleiche auf: Der Pilgerweg wird ja häufig mit dem Lebensweg verglichen, die Geburt als Beginn der Pil-

gerfahrt. Erinnern die ersten Schritte auf dem langen Weg nicht an die ersten unbeholfenen Schritte eines Kindes, noch unsicher zwar, aber doch schon voller Freude darüber, aufrecht gehen zu können, auf ein selbstbestimmtes Ziel zu? Und auch ein Kind lebt zunächst nur im Jetzt und Heute, bevor es die Erfahrungen zu den nächsten Entwicklungsstufen auf seinem Lebensweg führen, die es prägen und formen.

Mit all den Pilgern vor uns, die bereits seit tausend Jahren diesen Weg gegangen waren, verbinden uns viele Gemeinsamkeiten: Neugier auf das Kommende, Freude am Aufbruch, Sehnsucht nach Santiago, das Bedürfnis, für uns selbst Zeit zu haben, um uns besser kennenzulernen, und eine unbestimmte Sehnsucht, die Erich Legler so wunderbar formulierte: »Es gibt eine Sehnsucht, die größer ist als alles, was das Leben verspricht.« Und in die Vorfreude auf die abwechslungsreichen Landschaften Europas und die Kunst und Kultur entlang des Pilgerweges mischt sich eine besondere Freude auf die Menschen, denen wir begegnen werden – und auch auf diejenigen, die ihre Spuren auf dem Weg hinterlassen haben: Beispielsweise der Servitenmönch Hermann Künig von Vach aus Vacha an der Werra, der im

15. Jahrhundert einen deutschen Pilgerführer verfasste, in dem er mögliche Wege, Orte, Herbergen und Hospize empfahl und seine Meinung zu Land und Leuten zum Besten gab. Haben sich manche Orte oder Zustände erhalten, verhalten sich Menschen in bestimmten Regionen noch so, wie er sie beschrieb? Oder Aimeric Picaud, ein Mönch aus dem französischen Poitou, der im 12. Jahrhundert voller Eifer nach Santiago wallfahrte und ein Kenner wertvoller Reliquien war. Ihm schreibt man auch Teile des »Liber Sancti Jacobi« zu, eine der bedeutendsten Schriften des Mittelalters. Oder dem Nürnberger Kaufmann und Patrizier Peter Rieger, welcher der von Hermann Künig beschriebenen Oberstraße folgte?

Vielleicht sprechen uns die Baumeister der großen Kathedralen am Pilgerweg durch ihre Symbole direkt an. Oder gar die keltischen Novizen, die auf diesem Weg zum Druiden ausgebildet wurden, werden wir ihre Zeichen finden oder erahnen? Welche Bilder, welche Erkenntnisse wird der Weg preisgeben? Unbefangen wie Kinder auf ihren ersten Schritten ins Leben, sind viele Pilger begierig darauf, es zu erfahren. Und nicht zuletzt – welche Spuren wird jeder Einzelne den »nach ihm Kommenden« hinterlassen?

Pilgern von der eigenen Haustür aus

Grüne Isar, blauer Himmel, warme Sonne.
Unterwegs sein nur mit Rucksack – welche Wonne.
Richtung Westen loszuwandern, voller Freude.
Ganz als Pilger leben nur im Jetzt und Heute.

Das Wahrzeichen Münchens: Die Türme der
Frauenkirche mit der Patrona Bavariae

Als wir bei der Recherche für den Münchner Jakobsweg ein Lineal auf die Landkarte legten, um eine möglichst gerade Route in Richtung Westen zu finden, ergab sich eine zügige Wegführung, die landschaftlich und kulturell besonders reizvoll ist. Interessanterweise liegt im Abstand von jeweils einer Tagesetappe ein Kloster: Schäftlarn, Andechs, Wessobrunn, Rottenbuch, Steingaden. Und alle existierten bereits im Mittelalter! Was wäre für einen mittelalterlichen Pilger naheliegender gewesen, als dem Klosterweg zu folgen und abends im nächstgelegenen Kloster um Herberge zu bitten? Hinter Steingaden stießen wir auf alte Römer- und Salzstraßen, die von den Pilgern im Mittelalter benutzt wurden und die auch zum Bodensee führten. Ab dort ist der Jakobsweg durchgängig bis nach Santiago markiert.

Anderthalb Jahre später wurde der Münchner Jakobsweg eingeweiht. Doch die Beschilderung allein machte ihn noch nicht zum Jakobsweg, das konnte er erst durch die Pilger werden. Ob sie diesen Weg wohl annehmen würden? Und ob sich die Menschen, die am Weg wohnen, ähnlich gastfreundlich und hilfsbereit verhalten würden wie die Menschen an den »etablierten« Jakobswegen in Frankreich und Spanien? Schließlich gibt es in Deutschland keine so durchgängige Tradition wie in diesen Ländern, wo die Einheimischen an die durchziehenden Pilger gewöhnt sind und ihnen helfend zur Seite stehen.

Die Bedenken erwiesen sich als völlig unbegründet: Die Anzahl der Pilger, die sich in St. Jakob in München aussenden lassen, stieg schlagartig an, bereits im ersten Jahr nach der Einweihung brachen viele Menschen auf »unserem« Jakobsweg auf. Ihre Rückmeldungen sind fast durchwegs positiv. Noch mehr überraschen die »Menschen am Weg«. Pilger berichten, dass sie auf der Straße angesprochen, mit nach Hause genommen und liebevoll versorgt werden. Andere Familien stellen Privatzimmer zu günstigen Preisen zur Verfügung, Gasthäuser bieten verbilligte Pilgermenüs an. Auch in den Klöstern am Weg erinnern sich Schwestern und Mönche an die alte Benediktusregel: »Alle Fremden, die kommen, sollen aufgenommen werden wie Christus; denn er wird sagen: ›Ich war fremd, und ihr habt mich

aufgenommen‹ (Mt 25, 35).« Pilger, die sich vorher anmelden, dürfen in den Klöstern übernachten und haben die Möglichkeit, neben der körperlichen Stärkung durch die Teilnahme an Gebeten oder Gottesdiensten auch geistige Nahrung zu sich zu nehmen. Es war schön, mitzuerleben, wie sich der neu ausgewiesene Weg, der teilweise auch auf bestehenden Wanderwegen verläuft, von einem Wanderweg in einen viel begangenen Pilgerweg wandelte. Dass sich dies alles so schnell entwickelte, hat viele überrascht und lässt fast an ein neues Jakobus-Wunder glauben.

In allen Teilen Deutschlands wurden inzwischen neue Jakobswege ausgewiesen und erfreuen sich zunehmender Beliebtheit. Wenn möglich, orientieren sie sich an historischen Routen. Im Mittelalter gab es bei uns keine speziellen Jakobswege, die Pilger benutzten das bestehende Straßensystem aus Reichs-, Heeres- und Handelsstraßen. Die wichtigsten Verbindungen bildeten die Nord-Süd-Achse durchs Rheinland, die Wege von Osten nach Westen, die auch von Pilgern aus osteuropäischen Ländern benutzt wurden, und der Alpenraum im Süden mit dem Anschluss zur Salzburger Route sowie die Straßen zum Bodensee und in die Schweiz. Die Sammel-

punkte am Rhein dienten auch den Pilgern aus skandinavischen Ländern oder von den Nord- und Ostseeküsten als Durchgangsstationen. Heilige Orte nahe der Pilgerroute wurden gerne besucht, wie Köln mit dem Dom und dem Reliquienschrein der Heiligen Drei Könige – auf dessen goldener Deckplatte eine doppelte Sternenstraße abgebildet ist.

Ab Flensburg zog ein alter Weg Richtung Hamburg oder Stade, von dort über Bremen nach Köln. Heute ist diese historische Verbindung als Radfernweg ausgeschildert, Teile davon als Jakobsweg.

Auf der Via Baltica kommt man von Usedom über Lübeck und Osnabrück nach Köln; auch von Berlin aus wird man über Magdeburg ins Rheinland geleitet, wo mehrere neue Jakobswege existieren: über Aachen nach Belgien und Paris, angelehnt an den Verlauf der alten »Niederstraße«, die Hermann Künig im 15. Jahrhundert beschrieb. Oder durch die Eifel nach Trier und über Metz nach Vézelay. Auch die linke Rheinseite war und ist eine beliebte Nord-Süd-Achse, beispielsweise von Speyer nach Straßburg und Richtung Mühlhausen.

Besonders erwähnenswert ist der ökumenische Pilgerweg von Görlitz über Leipzig und Erfurt nach Vacha an der Verra. Nicht nur, weil er so liebevoll ange-

legt ist und Pilgerherbergen aufweist, sondern weil der Endpunkt an Hermann Künig erinnert, der vermutlich in einem Kloster nahe Vacha gelebt hat.

Der Weiterweg führt über Fulda – im Dom werden die Reliquien des heiligen Bonifatius verehrt und Abt Ruthard gehörte wahrscheinlich 1076 mit zu den ersten deutschen Santiago-Pilgern – und Würzburg nach Rothenburg und Ulm.

Wege aus Osteuropa orientieren sich mehr in die Mitte und den Süden Deutschlands, streben über Augsburg, Ulm oder München zum Bodensee. Nach Nürnberg gelangt man von Leipzig und durch Oberfranken oder auch von Prag aus, weiter geht es nach Ulm oder über den Schwarzwald nach Freiburg.

Auch Regensburg war und ist ein zentraler Ort für Jakobspilger, von Prag kommend leitet der Weg über Donauwörth zum Bodensee und in die Schweiz nach Einsiedeln und zur »Oberstraße« des Hermann Künig.

Der längste Jakobsweg Österreichs zieht sich von Wolfsthal an der slowakischen Grenze über Wien, Linz und das Salzburger Land nach Innsbruck und Feldkirch.

Die als Teilstrecken entstandenen deutschen Jakobswege wachsen mehr und mehr zusammen, führen zum Rhein, der Rhone oder dem Bodensee und von dort aus zu einem der vier weiterführenden französischen Pilgerwege.

Diese wenigen Beispiele zeigen, dass heute fast von jedem Wohnort aus Jakobswege erreichbar sind, und es mag für viele spannend sein, sich ihren eigenen Weg zum nächstgelegenen »Jakobsweg« zusammenzustellen.

Wenn man von der »eigenen Haustür« aus aufbricht, bleibt der Jakobsweg kein Weg im fernen Spanien, den man nur ein einziges Mal im Leben gegangen ist. Da in Deutschland noch nicht so viele Menschen unterwegs sind, kann man sich langsam ans Pilgern gewöhnen. Man hat Zeit, zuerst mit sich allein zu sein und über das eigene Leben nachzudenken, bevor man in die viel stärker frequentierten Pilgerwege Frankreichs und Spaniens eintaucht. Die notwendige Ruhe und Gelassenheit, die man zumindest auf der spanischen Strecke benötigt, ist dann ausreichend vorhanden.

Es ist wichtig, sich auf den Weg einzulassen und nicht alles vorzureservieren wie bei einem Pauschalurlaub, sondern sich in die Obhut der Menschen am Weg zu begeben. Die Infrastruktur ist bei uns so gut, dass man auch einmal ein paar Kilometer weitergehen kann, wenn kein Quartier frei ist. Durch dieses kleine

»Risiko« kommt man eher in den Genuss des Zufalls, zum Beispiel als Pilger erkannt und mit nach Hause genommen zu werden. Sich darauf einlassen zu können bedingt eine gewisse Unabhängigkeit: Erwarten kann man solche »Zufälle« natürlich nicht, aber ein Pilger weiß, dass er auf die Menschen am Weg angewiesen ist. Das unterscheidet ihn von einem Touristen.

Ein weiterer Vorteil des Gehens »von der eigenen Haustür aus« ist, dass man nach der Rückkehr immer wieder einmal ein Stück auf dem nahen Jakobsweg gehen kann, um sich dabei in die Stimmung der Pilgerreise zurückzuversetzen, Gedanken und Gefühle von unterwegs wieder lebendig werden zu lassen und sich dadurch auch im Alltag schnell zu entspannen.

»Da kenne ich doch schon alles, das ist doch nichts Neues«, mögen manche einwenden, »warum denn zu Hause aufbrechen?« Als Pilger stellt man fest, dass es etwas völlig anderes ist, einen Ort oder eine schöne Kirche bei einem Tagesausflug kennenzulernen, als zu Fuß dort anzukommen. Wer nach stundenlanger Wanderung, bei der er Zeit hatte für sich selbst, für die Menschen am Weg und die Schönheit der Natur, eine Kirchentür öffnet und in die Stille

eintritt, erlebt schlagartig ein Gefühl der Geborgenheit. Es ist anders, als wenn man aus dem Auto aussteigt, um die Kirche zu besichtigen.

Das Gehen in der uns Menschen gemäßen Geschwindigkeit ermöglicht es, alles bewusst wahrzunehmen, und man lernt auch vermeintlich Bekanntes neu kennen. Vielleicht trägt ja das »Immer-Weitergehen« zu diesem Wohlfühlen bei. Es macht einen Unterschied, ob man sich abends müde in einer Herberge an den Tisch setzt, mit Freunden redet oder auch allein den ereignisreichen Tag an sich vorbeiziehen lässt – oder ob man nach Hause zurückkehrt und einem schon auf der Rückfahrt wieder die Probleme des nächsten Tages durch den Kopf gehen. Im einfachen Leben, das sich auf das Nötigste beschränkt, erschließt sich Menschen, die es zulassen, auch in vertrauter Umgebung plötzlich das Leben im Hier und Jetzt und das Glück des Augenblicks, das wir uns alle wünschen.

Und vielleicht reicht das Gehen auf einem heimischen Teilstück des Jakobswegs für viele aus, um sich mit dem »Virus Jakobsweg« zu infizieren und dann weiterzugehen bis nach Santiago. Es könnten die schönsten Wochen und Monate des Lebens daraus werden.

45

Pilgerbeschwerden

Das Ziel nicht vergessen,
den Weg nicht verlassen,
den Mut nicht verlieren.

Hermann Gmeiner

Sehnenschmerzen

»Nach zwei Meilen folgt ein Städtchen, in dem Nägel gemacht werden, die sich die (Jakobs)-Brüder in ihre Schuhe schlagen. Danach sollst du eine Meile weiter gehen, dann findest du ein Spital, das du dir merken sollst.«

So die Empfehlung von Hermann Künig in seinem Pilgerführer. Solche und ähnliche Hinweise über Schuhe oder Sandalen sowie die Preise für neue finden sich in alten Pilgerführern und Reiseberichten zuhauf. Und darüber, in welchen Orten es Schuster oder Ordensbrüder gibt, die Stiefel oder Sandalen reparieren. Ein deutlicher Hinweis darauf, unter welchen Beschwerden auch die mittelalterlichen Pilger am häufigsten litten. Sie übten sich zwar in Demut und erduldeten vieles, denn sie betrachteten die Pilgerreise als Buße für ihre Sünden, doch irgendwann ging es nicht mehr und sie mussten sich helfen lassen. Neben Blasen und offenen Füßen, Nasenbluten oder Lungenentzündung plagte die ärmeren Pilger der Hunger, nicht überall bekamen sie genug zu essen für ihren beschwerlichen Weg, litten nicht selten unter Auszehrung. Und natürlich musste das Wasser unterwegs trinkbar sein. Noch heute erzählt man sich die Geschichte vom todbringenden Wasser für Pferde und Menschen im Fluss Solado nahe der Ortschaft Lorca. Aimeric Picaud warnt in seinem Pilgerführer ausdrücklich davor und rät, keine Fische aus den Gewässern zwischen Estella und Logrono zu essen. Er schreibt: »Wagt nicht, aus ihm zu trinken, nicht du und nicht dein Pferd, denn er ist ein todbringender Fluss! Auf dem Weg nach Santiago, an seinem Ufer sitzend, trafen wir zwei Navarreser, die ihre Messer schliffen, mit denen sie die Pferde der Pilger enthäuteten, die von diesem Wasser tranken und starben. Wir fragten sie und sie belogen uns; sie antworteten, das Wasser sei trinkbar, sodass wir unsere Pferde davon tränkten, von denen sofort zwei starben, die von den Navarresern unverzüglich enthäutet wurden.«

Außerdem lauerten überall auf dem Pilgerweg die Räuber, um die Pilger auszurauben und manchmal auch zu töten. Die kleinen Friedhöfe am Wegrand zeugen davon. In Spanien versuchte man, die Pilger zu schützen. Im Konzil von León 1114 wurde verfügt: »Die Pilger

können, wie auch die Kaufleute, in den spanischen Königreichen frei herumreisen, ohne dass irgendjemand Hand an sie oder ihr Hab und Gut legen darf.« Und in der königlichen Kanzlei wurde der Schutz auch auf die Begleiter der Pilger ausgeweitet. Doch ob diese Papier-Verordnung die Pilger auch wirklich schützte? Wirksamer waren gewiss die Hospize und Herbergen, die entlang des Pilgerwegs entstanden und von Mönchen oder Ritterorden geführt wurden; Augustinerchorherren, Johanniter, Templer, später auch der Santiagoorden kümmerten sich um kranke Pilger. Die Hospize wurden zunächst in einsamen Gegenden errichtet, wo sie die Pilger am nötigsten brauchten, weil dort die Gefahren am größten waren. Eines davon lag im Massif Central, in der Einsamkeit der damals tiefen Wälder der Hochfläche; die Dômerie Aubrac besaß acht Zellen für Schwache und Kranke und einen Pilgerfriedhof. Die dort tätigen Ritter hatten den Auftrag, die Pilger gegen Banditen und Wölfe zu verteidigen.

Mit der Zeit bildete sich ein weitverzweigtes Netz von Hospizen und Herbergen heraus, in denen man sich der Pilger annahm. Auch diverse Rezepte, die Heilung versprachen, kursierten unter den Pilgern und wurden in den Herbergen weitergegeben. Ein weiteres Heilmittel waren die Geschichten, die sich die Pilger unterwegs erzählten. Wie die von der Frau, die wegen ihres krummen Rückens nur auf den Knien nach Santiago unterwegs war. Jakobus richtete sie jeden Tag ein wenig mehr auf – bald schon konnte sie aufrecht ihren Weg fortsetzen. Solche Erzählungen gaben müden Pilgern neue Kraft.

Neben den Gefahren und Schwierigkeiten, die auf die Pilger des Mittelalters lauerten, nehmen sich unsere heutigen Wehwehchen winzig aus. Doch noch immer ist so eine Pilgerreise etwas Außergewöhnliches. Wir dürfen nicht vergessen, dass wir Entbehrungen nicht mehr so gewöhnt sind und deshalb viel empfindlicher reagieren ...

Mindestens einen Tag lang verleiht uns das wunderbare Gefühl des Aufbruchs, der »Auszeit«, die wir uns nahmen, um Tage und Wochen in freier Natur unterwegs zu sein, Flügel. Es dauert allerdings nicht lange, bis der vermeintlich leichte Rucksack zentnerschwer auf dem Rücken hängt, bis uns das ungewohnt lange Gehen niederdrückt und den Nacken verspannt. Muskelkater und Kreuzschmerzen plagen uns, Blasen oder Sehnenbeschwerden machen sich bemerkbar, der Körper

49

rebelliert. Das »Immer-Weitergehen« wird zur Qual, zur Willensanstrengung. Hunger brauchen wir zwar heute unterwegs nicht mehr zu leiden, in jedem Dorf gibt es Lebensmittel, doch natürlich unterscheidet sich das Angebot von dem bei uns zu Hause. Wir müssen uns umstellen, sowohl bei den ungewohnten Essenszeiten als auch bei den Speisen. Für Vegetarier und Menschen, die spezielle Kost benötigen oder möchten, ist die Versorgung in den ersten Tagen schwierig. Und Blasen an den Füßen sind auch in unserer Zeit trotz aller Fortschritte noch ein weitverbreitetes Übel. Pilgerhospize gibt es leider keine mehr, in ein Krankenhaus begibt man sich nur ungern. Wir begleiteten einmal einen Pilger mit einem vermuteten Ermüdungsbruch im Unterschenkel in Frankreich in die nächste Klinik. Nach einer Woche begegnete er uns wieder, humpelte kaum mehr. Ein Wunder? Jakobus und einige Tage Ruhe hatten wohl geholfen. In den Herbergen tummeln sich alle möglichen Arten von »Heilern und Fußdoktoren«, die sich um Linderung der diversen Beschwerden bemühen, doch eine Zeit lang gehören sie zu einem Pilgerweg vielleicht einfach dazu.

Viele Pilger packen zu Hause auch zu viel in ihren Rucksack. Durch das Gewicht ermüden sie beim Wandern schneller und haben so Schwierigkeiten, ihr Tagespensum zu schaffen. Es erfordert einen gewissen Leidensdruck und kostet einige Überwindung, bis sie Verzichtbares nach Hause zurückschicken und mit leichterem Gepäck weiterziehen. Mehr als 8–10 kg sind auf jeden Fall von Übel.

Hat sich der Körper einigermaßen stabilisiert, melden sich die Bilder der Seele. Verdrängte Erlebnisse aus der Vergangenheit, im Alltag unterdrückte Ängste und Sorgen drängen sich an die Oberfläche, wollen abgearbeitet werden. Tausend Gedanken auf einmal schwirren durch den Kopf, lassen ihn nicht zur Ruhe kommen. Sie halten uns auch einen Spiegel vor: Stimmt das Bild von mir, so wie ich mich gerne sehe? Oder muss ich etwas korrigieren, »zurechtrücken«? Und selbst dann, wenn ich freudig und ohne bewusstes Anliegen aufgebrochen bin, muss ich mich unterwegs ständig an neue Gegebenheiten anpassen. Wie komme ich zurecht, wenn ich müde bin – und nicht weiß, wo ich heute schlafen soll? Wenn es ständig regnet und die Kleider nicht mehr trocken werden? Wenn ich mit vierzig Menschen in einem Raum schlafen muss, mich über die Schnarcher ärgere und nicht zur Ruhe komme? Kann ich es hinnehmen und wegstecken oder bin ich häufig verzagt, möchte am liebsten aufhören? Sehr schnell lerne ich unterwegs mich und meine Grenzen kennen. Möglicherweise muss ich meine frühere Selbsteinschätzung korrigieren – was nicht ganz einfach ist.

Auch die Frage nach dem Sinn des Daseins beschäftigt viele Pilger. Soll das bisher alles gewesen sein, was das Leben zu bieten hat? Was habe ich falsch gemacht, was kann ich ändern, verbessern? Viele suchen einen Ausweg aus innerer Not. Mit einer Distanz zum Alltag, aus größerer Perspektive betrachtet, finden sich Lösungen leichter. Doch es erfordert viele kleine Schritte auf dem Weg.

Und zunächst kaum merklich, später immer deutlicher, nehmen wir wahr, wie unser Schritt fester, schneller wird, wie wir uns jeden Morgen auf das Losgehen freuen und auf den vor uns liegenden Tag. Wie wird die Wegstrecke sein, wem werden wir begegnen, welche Dörfer, welche Klöster liegen am Weg? Wir nehmen unsere Umgebung und die Menschen um uns stärker wahr, sind nicht mehr so sehr mit uns selbst beschäftigt, haben endlich den Zustand der »Auszeit« erreicht, den wir uns so sehr wünschten. Die erste Phase, die Durststrecke der Pilgerschaft, die Körper und Seele anfangs durchleiden müssen, ist überwunden. Eine unbändige Freude am Gehen stellt sich ein, wir haben unseren Gleichklang mit der Natur gefunden und einen beschwingten Rhythmus der Schritte. Am liebsten möchten wir ewig so weitergehen, besitzen jetzt genug Kraft und Kondition, um beim unbeschwerten Wandern die Besonderheiten des Jakobsweges aufzunehmen, unsere Sinne weit zu öffnen und den Geist voll zu entfalten. Und sind glücklich. Einfach so!

Zeitreise rückwärts — Barock und Rokoko

Wo sind die Stunden
der süßen Zeit,
da ich zuerst empfunden,
wie deine Lieblichkeit
mich dir verbunden?
Sie sind verrauscht.
Es bleibet doch dabei,
dass alle Lust vergänglich sei.

Christian Hofmann von Hofmannswaldau

Wieskirche: Deckengemälde mit dem »Tor zur
Ewigkeit« von Johann Baptist Zimmermann

»Schönheit entsteht überall dort, wo das Chaos in die Ordnung oder wo die Ordnung in das Chaos mündet ...« Die Autoren des Buches »Die Natur der Schönheit« definieren, dass sich alles, was wir als »schön« oder »vollkommen« empfinden und uns begeistert, in einem Zustand des Übergangs befindet. In der Natur kann dies ein Wasserfall sein oder ein Sonnenuntergang, bei dem uns die Fantasie schon im Voraus die Farben vorgaukelt, die er zwischen Gelb, Rot und dem Blau des Nachthimmels annehmen wird. Auch bei Bildern ist es so – im bereits erwähnten Gemälde von Sandro Botticelli wird durch die »Geburt der Venus« ebenfalls ein Übergang dargestellt. Auch Verse, die wir als schön empfinden, beschreiben häufig Übergangszustände, wie zum Beispiel: »Seht ihr den Mond dort stehen, er ist nur halb zu sehen und ist doch rund und schön.« Zwangsläufig erinnert uns das auch an die Zeitform, die den Übergang bestimmt, an die Gegenwart, das Jetzt – den Augenblick als Brücke zwischen Vergangenheit und Zukunft, in dem nur Veränderung geschehen kann.

Unwillkürlich stellt sich die Frage, ob man auch das Unterwegssein auf einer Pilgerreise zu diesen Übergangsphasen rechnen kann. Die Bedingungen dafür wären erfüllt: Ausbrechen aus der Ordnung des Alltags, vorübergehendes »Hineinfallen-Lassen« in einen völlig anderen Rhythmus, Suchen und Finden einer neuen Ordnung, bis hin zur Lebensänderung nach der Heimkehr. Empfinden wir auch deshalb eine Pilgerreise als schön und bereichernd? Weil sie nur »vorübergehend« ist und dadurch den Blick auf das wahrhaft Schöne und Sinnvolle lenkt? Das »Vorübergehende« im Gehen zu erfassen, setzt das Leben im Hier und Jetzt voraus. Als Pilger geht man im Einklang mit der Natur und sie erschließt sich besser. Man wird aufnahmefähiger, wandelt sich, befindet sich in einem »Zustand der Gnade«, in dem man zur Erkenntnis kommen kann, erfährt also eine Art Initiation. Und ganz allmählich, mit jedem Schritt vorwärts, erschließen sich einige Symbole des Jakobswegs: in der Natur, in der Kunst und Kultur und wir können sie leichter erkennen und verstehen.

Je nachdem, wo jemand seinen Pilgerweg beginnt, begibt er sich auch in

die Fußstapfen europäischer Kultur. Von Bayern aus traten wir sozusagen eine »Zeitreise rückwärts« an, die uns von der modernen Nachkriegskirche Sankt Jakob in München über die in Bayern und der Schweiz häufigen Barockkirchen immer weiter zurück in die Vergangenheit führte, über die gotischen Kathedralen Frankreichs und Spaniens zu den westgotischen, romanischen und mozarabischen Kirchen in Spanien. Sie alle werden in diesem Buch noch zum Leben erweckt.

Die Kirchen und Klöster entlang des Münchner Jakobsweges sind vorwiegend vom Zeitalter des Barock und Rokoko geprägt. Von Italien ausgehend, hatte sich dieser Stil in den Ländern Europas ausgebreitet. Dabei bedeutet Barock im eigentlichen Wortsinn »absurd« oder »grotesk«. Kaum eine Epoche der europäischen Kulturgeschichte ist so widersprüchlich und zerrissen wie die des Barock. Nach dem Ende des Dreißigjährigen Krieges, der sehr vielen Menschen das Leben kostete, brach das mittelalterliche Weltbild endgültig zusammen. Man wusste, dass Freude und Schönheit keinen Bestand haben, hatte erlebt, wie wechselhaft irdisches Glück ist und wie allgegenwärtig der Tod. Das Spannungsfeld dieser Zeit reichte daher von einem ungeheuren Bedürfnis nach weltlichen Genüssen und nach Lebensfreude bis hin zur Sehnsucht nach dem Jenseits. Dieses Lebensgefühl drückte sich überall aus, in der Literatur – wie etwa im Gedicht von Christian Hofmann von Hofmannswaldau über die Vergänglichkeit der Schönheit; in der Malerei mit ihrem Farbenreichtum und ihrer starken Betonung von Licht und Schatten; und in der Musik, wo alle Möglichkeiten ausgeschöpft wurden, um diese Gegensätze und Spannungen auszudrücken.

Das erinnert an die eingangs erwähnte Definition der Schönheit am Übergang von Chaos in Ordnung, der Schönheit in der Vergänglichkeit.

Rührt daher auch die eigentümliche Spannung, die den Kirchen des Barock und Rokoko eigen ist? Mit ihrer überschäumenden Lebensfreude einerseits und der gleichzeitigen Erinnerung an unsere Endlichkeit?

In der berühmtesten Wallfahrtskirche Oberbayerns zum »Gegeißelten Heiland auf der Wies« kommt das wunderbar zum Ausdruck. Sie besitzt eine der originellsten Raumschöpfungen und stellt den Innbegriff bayerischen Kirchenrokokos dar. Betritt man die Kirche, kommt man sich vor wie in einem lichtdurchglänzten, in vielen Farben strahlenden

Festsaal. Das Deckenfresko erscheint einem in seinem strahlenden Blau wie der Himmel selbst, darin der auferstandene Christus, Maria und die Apostel. Doch bei genauerem Hinsehen entdeckt man, dass die Engel ihre Posaunen bereithalten, mit der sie die Endzeit künden werden, der Thron steht schon bereit zum Weltgericht. Christus sitzt jedoch noch nicht auf dem Richterstuhl, sondern thront auf einem Regenbogen und deutet auf sein Herz: Er will uns sagen, dass die Liebe das Wichtigste ist. Seinem Richterthron gegenüber das Tor zur Ewigkeit. Es ist noch verschlossen, ein Schriftband darüber verkündet das Zukünftige: »Tempus non erit amplius«, »Zeit wird nicht mehr sein«. Chronos, die Symbolfigur der Zeit, liegt zusammengebrochen am Boden. Die Ewigkeit beginnt, symbolisch durch einen Schlangenring ohne Anfang und Ende dargestellt. Da sind sie wieder, die Gegensätze, Schönheit und Spannung gleichermaßen; der Mensch als Wanderer zwischen Zeit und Ewigkeit wird erinnert an das Ziel seiner Pilgerfahrt auf Erden. Die Baumeister versuchten, den Sinnsuchenden Antworten zu geben, die sowohl den Geist als auch die Seele ansprechen. Und es ist geglückt. Abt Marianus II. drückte es nach der Einweihung im Jahr 1754 auf seine Weise aus. Er schrieb mit seinem Diamantring in ein Fensterglas: »Hier wohnt das Glück, hier findet das Herz Ruhe.« Die Kirche ist vor allem eine Stätte des Gebets und ein Ort der Gnade, wohin die Menschen immer wieder kommen, um sich zu stärken für die Aufgaben des täglichen Lebens.

In diesem »Festsaal« auch noch barocker Orgelmusik lauschen zu dürfen, wenn sie sich zu ihrem typischen Dur und Moll aufschwingt, und dabei in den lichten Himmel der Wies zu schauen, mit seinen weißen Wölkchen, den farbenprächtigen Figuren aus der Heilsgeschichte und den liebreizenden Putten allüberall, bedeutet eine weitere Steigerung. In jedem von uns klingt dabei etwas vom barocken Lebensgefühl auf – von diesem wunderlichen Gefühl zwischen Glück und Traurigkeit, das auch erkennen lässt, wie nahe Schönheit und Melancholie beieinanderliegen und dass Höhen und Tiefen zusammengehören im Spannungsbogen des Lebens.

Ob der italienische Barockstil deshalb zuerst in den katholischen Ländern Europas Eingang gefunden hat, weil die feierliche Liturgie, die kostbaren Messgewänder und die weihrauchgeschwängerte Luft, die sich an hohen Festtagen

im Raum ausbreitet und sich auf alles niederlässt, dieses durchgeistigte Lebensgefühl noch verstärken? Sodass sich Katholiken, selbst jene, die sich später vom Glauben abwenden, der Faszination solcher Kirchen nicht mehr entziehen können? Weil das in unserer kopfgesteuerten Welt vermeintliche Brimborium an Überflüssigem und Entbehrlichem es dennoch vermag, sich wie ein Schutzschild um die Seele zu legen und sie zu stärken und zu trösten?

Die meisten Kirchen dieses Baustils verzaubern ihre Betrachter durch eine verschwenderische Fülle von Weiß und Gold und viele von Stuck eingerahmte Fresken, welche die Augen verwöhnen und an das Bühnenbild eines Theaters erinnern.

Im Kloster Wessobrunn beeindrucken vor allem der mit prachtvollen Deckenstuckaturen versehene Tassilo-Saal sowie das Treppenhaus und die Gänge des Fürstentrakts mit ihren barocken Stuckverzierungen. Der Wessobrunner Stuckatorenschule gehörten im 17. und 18. Jahrhundert fast tausend Baumeister und Stuckateure an, sie schmückten über 3000 Kirchen und Schlösser im In- und Ausland mit ihrer Kunst.

Auch die Benediktinerkirche des Klosters Schäftlarn war nach dem Ende des Dreißigjährigen Krieges baufällig und musste neu gebaut werden. Die Innenausstattung ist vom Rokokostil geprägt. »Rokoko« leitet sich ab vom Muschelornament, franz. Rocaille, dem Leitmotiv, das Pilgern natürlich gefällt. Die Stilrichtung wird auch als Spätbarock bezeichnet, die prunkvollen Formen des Barock haben sich bereits in die zarteren und zierlichen Formen des Rokoko gewandelt.

Die Schönheit dieses Stils kann man auf dem Pilgerweg unbeschwert genießen. An volkstümlichen Wandmalereien an den Häusern oder am Bauernbarock der Dorfkirchen spiegelt sich seine ganze Farbenpracht und Vielfalt wider. Auch die hübschen Zwiebeltürme gehören dazu, deren unterschiedlichste Formen von der unerschöpflichen Fantasie ihrer Baumeister zeugen. Die größte Turmzwiebel Mitteleuropas ist im Nachbarland Österreich zu bewundern, sie krönt den Turm der Martinskapelle in Bregenz.

Ein engmaschiges Netz von Klöstern und Kirchen bildet den Schwerpunkt des Münchner Jakobsweg. Wir verließen ihn in der Überzeugung, mit den glanzvollen Barock- und Rokokokirchen den schönsten Baustil des Jakobswegs bereits hinter uns zu haben. Doch irren ist menschlich.

Durch die Schweiz

So ziehen wir durch Schweizerlant ein,
sie haißen uns gottwillkommen sein
und geben uns ire speise,
sie legen uns wohl und decken uns warm,
die straßen thun sie uns weisen.

Wallfahrerlied, 14. Jahrhundert

Über dem Rhonetal

Die Schweiz. Wie gut, dass es sie gibt. Europa im Kleinen! Und doch kein Europa?! Grenzübergang, Passkontrolle, andere Währung! Wie hatten wir uns früher immer gefreut: An der Grenzstation wurden die Ausweise geprüft, immer die gleiche Frage gestellt: »Haben Sie etwas zu verzollen?«, Geld musste eingetauscht und die Uhr wegen der Sommerzeit umgestellt werden – wir waren im Ausland, hatten Urlaub. Und heute? Woher das Urlaubsgefühl nehmen? Alles einheitlich, keine Besonderheiten mehr in den von uns meist besuchten Ländern Europas, wenn – ja wenn es die Schweiz nicht gäbe. Für Pilger unverzichtbar, denn schon im spanischen Peregrino, Pilger, steckt ja, dass er ein »Fremder unter Fremden« ist! Allerdings fanden wir bei unserem Grenzübergang über das Schweizer Tor nur ein verlassenes kleines Steinhäuschen vor und einen Grenzstein, auf der einen Seite ein eingemeißeltes »A« für Austria, auf der anderen ein »S« für Schweiz. Keine Grenzbeamten. Welche Enttäuschung!

Am Jakobsbrunnen in Rorschach am Bodensee startet einer der Jakobswege durch die Schweiz. Und schon die erste Station Sankt Gallen ist wohlbekannt, da von dieser Abtei aus das Westallgäu missioniert wurde. Das Wahrzeichen der Stadt, die Kathedrale mit ihren zwei Türmen, verdankt ihren Ursprung dem irischen Wandermönch Gallus, der Anfang des 7. Jahrhundert eine Mönchszelle auf dem Platz der heutigen barocken Klosterkirche erbaute. Hundert Jahre später wurde über dem Grab von Gallus das erste Benediktinerkloster gebaut, das sich zu einem geistigen Zentrum des Abendlandes entwickelte. In der Stiftsbibliothek hütet man unschätzbare Zeugnisse – etliche der zweitausend Handschriften sind über tausend Jahre alt, darunter auch das Nibelungenlied aus dem 13. Jahrhundert.

Über Herisau gelangt man nach Sankt Peterszell, wo ein alter wiederbelebter Wallfahrtsweg einmündet, der von Bregenz aus durch Vorarlberg führt. Pilger können Jakob in seiner Kapelle in Neuhaus begrüßen und dem Weg nach Schmerikon und über den Etzelpass ins Klosterdorf Einsiedeln folgen. In diesem berühmtesten Schweizer Marien-Wallfahrtsort sind Pilger genau richtig – schon Hermann Künig empfahl ihnen, zuerst in Einsiedeln um Ablass zu bitten, bevor sie auf der Oberstraße weiter nach Santiago zogen. Im 9. Jahrhundert wurde der heilige Meinrad hier ermordet, ein Reichenauer Mönch. Die Legende berichtet, dass zwei vom Einsiedler aufgezogene Raben die Mörder verfolgt und durch ständiges Krächzen ihre Gefangennahme erreicht hätten. Aus seiner Zelle entstand 934 ein Benediktinerkloster. Die erste Kirche wurde der Muttergottes und dem Märtyrer Mauritius geweiht und bald schon setzte die Wallfahrt ein. Die barocke Klosterkirche ragt über einem weiten Vorplatz auf, in dessen Zentrum der Liebfrauenbrunnen steht, mit einer vergoldeten Marienstatue in der Mitte. Entsprechend den vierzehn Nothelfern spendet er aus vierzehn Röhren heilendes Wasser. In der Kirche bildet die Gnadenkapelle mit dem holzgeschnitzten Bild der »Schwarzen Madonna« den Mittelpunkt. Viele Wallfahrer besuchen mit Bussen den Gnadenort, wer Ruhe sucht, benötigt etwas Glück.

Vom calvinistisch-reformierten Glauben der Schweiz ist im katholischen Einsiedeln nichts zu spüren. Dabei war der Zürcher Reformator Huldrych Zwingli hier von 1516 bis 1519 als Priester tätig. Er begann, gegen Wallfahrten

und andere Missbräuche zu predigen. Und während Luther lediglich die Missstände in der Kirche entfernen wollte, akzeptierte Zwingli allein das, was in der Bibel steht. Für ihn galt nur das Wort, durch das der Mensch zu Gott finden sollte, kein Kirchenschmuck, keine Glaubensbekenntnisse, nur Bibeltexte. Außerdem engagierte er sich gegen den Zölibat und die Eucharistie.

Mit seinem Nachfolger, dem Zürcher Heinrich Bullinger, arbeitete Johannes Calvin zusammen, der mit seiner besonders strengen Auslegung der Bibel den Calvinismus begründete. Sein Vater verwaltete das Kirchengut des Domkapitels von Noyon in Nordfrankreich, wo er geboren wurde.

Während seines Studiums in Paris kam Calvin mit den Lehren Martin Luthers in Berührung. Er bekehrte sich zum Protestantismus und musste deshalb Frankreich 1535 verlassen. Seine Hauptwirkungsstätte wurde Genf. Interessanterweise waren also beide Reformer in Orten am Jakobsweg tätig, Zwingli in Einsiedeln und Zürich und Calvin in Genf.

Einen zentralen Punkt in Calvins Lehre bildete die Prädestinationslehre – der Mensch hat keinen freien Willen, sondern für jeden ist von Gott vorausbestimmt, ob er auf dem Weg zum Heil oder zur Verdammnis ist. Calvin arbeitete in Genf eine strenge Kirchenordnung aus und verfasste den »Genfer Katechismus«. 1559 gründete er die Genfer Akademie, die heutige Universität. Durch diese Hochschule des Calvinismus breitete sich der Glaube europaweit aus. Während der Gegenreformation konnten große Gebiete für den katholischen Glauben zurückgewonnen werden, doch immer wieder erschütterten Religionskriege die Eidgenossenschaft und erst 1803 kehrte durch das Eingreifen Napoleons langsam Ruhe ein.

Heute ist die Religionsfreiheit ein in der Verfassung verankertes Grundrecht und jeder Kanton bestimmt selbst, ob Religionsgemeinschaften einen Status als Landeskirche erhalten oder nicht. Die Schweiz ist weder sprachlich noch konfessionell eine Einheit, die römisch-katholische und evangelisch-reformierte Kirche halten sich mit jeweils etwa 40 % die Waage. Und so begeben sich Eidgenossen aller Konfessionen auf den Jakobsweg. Auf ihm durchwandert man die Schweiz vom eher katholisch dominierten Nordosten und durch die traditionell konservative Urschweiz in den mehr reformierten Südwesten. Dabei gibt es viel Gelegenheit, darüber nach-

zudenken, warum sich Reformation und Calvinismus entwickelten. Waren es nur die Verkrustungen und Missstände in der Kirche – oder schon der Geist der Renaissance, die mit Philosophen wie Erasmus von Rotterdam oder Naturwissenschaftlern wie Kopernikus oder Galilei zu einem sich langsam verändernden Selbstbewusstsein der Menschen beitrugen?

In der Architektur kam es zu klareren Strukturen, die Kirchen wurden dadurch allerdings auch kühler und ärmer an Spiritualität und Intimität. Die Menschen veränderten sich allmählich, sie trauten sich zu, Gott ohne Vermittlung und aus eigener Kraft zu suchen – für Jakobspilger ein schöner Gedanke, der auch daran erinnert, dass es keinen Nachteil ohne Vorteil gibt. Bei tolerantem Verhalten können die Unterschiede durchaus zu gegenseitiger Befruchtung führen. Der Protestantismus mit seinem starken Bezug auf die Bibel ist eine Religion aktiv handelnder Menschen, hat aber mit der Messe und den Ritualen viel an Spiritualität verloren – die Gotteserfahrung in der Eucharistie ist nur ein Beispiel dafür. Aus welchem gemeinsamen Wertepotenzial könnte man bei einer Zusammenführung schöpfen!

Der Weiterweg führt von St. Gallen

über Schwyz zum Vierwaldstätter See. Hier könnte man auch einen Abstecher nach Küssnacht unternehmen, dabei steht Pilgern vielleicht die Sage von Wilhelm Tell vor Augen: Der habsburgische Landvogt Gessler zwingt Tell, einen Apfel vom Kopf seines eigenen Sohnes zu schießen. Das gelingt Tell auch, doch er gesteht, dass sein zweiter Pfeil für den Vogt bestimmt gewesen wäre, wenn er sein Kind getroffen hätte. Da lässt ihn dieser gefesselt in seine Burg nach Küssnacht überführen. Auf dem Vierwaldstätter See wird Tell von seinen Fesseln befreit, um das Boot im aufkommenden Sturm zu lenken. Geschickt steuert er zum Ufer und springt dort auf eine hervorspringende Felsplatte, die heute noch Tellsplatte heißt. Er eilt nach Küssnacht, erwartet den Vogt in der ›hohlen Gasse‹ und erschießt ihn mit seiner Armbrust.

Ähnlich wie bei der Jakobuslegende ist hier vor allem die Wirkung auf die Menschen wichtig, die heldenhafte Tat von Tell stärkte die Freiheits- und Unabhängigkeitsbewegung in der Schweiz, die sich daraufhin von ihren Vögten befreite und unabhängig und frei wurde.

Ob sich die Schweizer auch deshalb vor einer Eingliederung in die Europäische Union scheuen?

Von Küssnacht aus kann man mit dem Schiff nach Luzern fahren und die Route über Bern nach Fribourg fortsetzen. Eine weitere Variante leitet von Brunnen über Stans nach Flüeli Ranft, wohin sich der Nationalheilige der Schweiz, Bruder Klaus, im 15. Jahrhundert zurückgezogen hatte. Die untere Ranftkapelle enthält Fresken, auf denen sein Leben dargestellt ist, auch sein Eremitenhäuschen ist zu besichtigen.

Auf dem Pilgerweg hoch über dem Thunersee liegen die Beatushöhlen mit den Ruinen der einstigen Pilgerherberge. Hier soll der heilige Beatus, ein Wandermönch aus Südfrankreich, im 6. Jahrhundert Heiden zum Christentum bekehrt haben.

Mit dem Schiff oder zu Fuß geht es nach Spiez und Thun, weiter nach Fribourg und über Romont nach Lausanne und zum Genfer See. Von Genf aus ist es nicht mehr weit zur französischen Grenze – Europa hat uns wieder – , über Grenoble erreichen wir Le Puy-en-Velay und die Via Podiensis.

Das Glück des Gehens

»Wer geht, sieht mehr, als wer fährt. — Überfeine und unfeine
Leute mögen ihre Glossen darüber machen nach Belieben;
es ist mir ziemlich gleichgültig. Ich halte den Gang für das
Ehrenvollste und Selbständigste in dem Manne und bin der
Meinung, dass alles besser gehen würde, wenn man mehr ginge.
Man kann fast überall bloß deswegen nicht recht auf die Beine
kommen und auf den Beinen bleiben, weil man zu viel fährt.«

Johann Gottfried Seume, >Spaziergang nach Syrakus<, 1802

Unterwegs auf dem Camino francés

Vor uns schwankt eine schmale Gestalt, geht extrem langsam und doch irgendwie tänzelnd – langsam holen wir sie ein: Es ist der kleine Brasilianer Antonio, dem wir schon öfters begegnet sind; er singt leise ein Lied vor sich hin, ist aber nicht ansprechbar. Wir gehen an ihm vorbei, winken ihm zu, er lächelt zurück, ein tiefes Strahlen in den Augen, und wir erkennen, er befindet sich gerade in einer anderen Welt.

So geschehen auf einer extrem langen Tagesetappe des Jakobsweges in Spanien. In einen so tiefen tranceähnlichen Zustand zu fallen, ist nicht jedem vergönnt, doch das tiefe Glück, das der Brasilianer wohl dabei verspürte, können wir gut nachvollziehen. Es stellte sich auch bei uns gerne ein, wenn wir nach stundenlangem Gehen den toten Punkt überwunden hatten und weiter vor uns hin gingen, ohne Müdigkeit zu verspüren, uns als Teil der uns umgebenden Natur empfanden und uns immer wohler fühlten. Vielleicht ist es ähnlich wie bei einem Marathonlauf, wo der

Körper Glückshormone freisetzt. Als Pilger freut man sich darüber, stellt fest, wie die Kondition mit jedem Tag zunimmt und die kleinen Beschwerden, die sich am Ende eines Tages einstellen, am nächsten Morgen wie weggeblasen sind. Dankbar und demütig nehmen Pilger wahr, was für ein Wunder der Körper doch ist, wie er sich nachts immer wieder regeneriert und zu welchen Leistungen er mit etwas Übung fähig ist!

Schon Friedrich Nietzsche riet, »keinem Gedanken Glauben zu schenken, der nicht im Freien geboren ist und bei freier Bewegung«. Wie er wohl darauf kam? Ob er ähnliche Erfahrungen machte wie der Wanderer Johann Gottfried Seume oder die Pilger auf dem Jakobsweg? Dass Gehen freier macht? Dass der Geist erst so richtig in Schwung kommt, wenn sich die Beine in Bewegung setzen? In unserem Alltag bemerken wir das nicht so sehr, meist fahren wir mit dem Auto, dem Bus, der Bahn, um Zeit zu sparen. Wir gehen, um eine schnelle Besorgung zu machen und ohne uns des Gehens bewusst zu werden. Doch wer sich auf den Jakobsweg begibt und sich dafür entscheidet, ihn zu Fuß zu gehen, besitzt oftmals schon ein wenig von der »Erfahrung des Gehens«. Beim Wandern in den Bergen, langen Spa-

ziergängen am Meer oder in Wald und Wiese hat er bereits entdeckt, dass der Mensch nicht nur mit den Füßen, sondern auch mit dem Kopf läuft.

Doch das Gehen auf dem Jakobsweg ist etwas anderes als das Gehen im Alltag, hat eine andere Dimension. Es ist nicht das Gehen nur um des Gehens willen, sondern ein zielgerichtetes Gehen, das den Weg mit einschließt. Es hat auch nichts mit Spazierengehen zu tun, ist kein »Sich-treiben-lassen«, denn Santiago ist weit. Deshalb schreitet ein Pilger in der Regel zügig aus, möchte sein selbst gesetztes Tagesziel erreichen. Das Hochgefühl des Aufbruchs, das ihn in den ersten Tagen trägt, lässt sich natürlich nicht konservieren und nach ein paar Tagen fordern das lange Gehen und der schwere Rucksack ihren Tribut. Es dauert etliche Tage, bis sich ein Pilger an das tägliche Laufen gewöhnt hat und der Rucksack zu ihren festen Bestandteil seines Körpers wird, der dazugehört und gar nicht mehr wahrgenommen wird. Und es braucht weitere Tage, bis sich die Bilder der Seele, die anfangs auf ihn einstürmen und nicht zur Ruhe kommen lassen, klären und weniger werden.

Das alles passiert, während die Füße Schritt für Schritt den Pilgerweg gehen, stundenlang, tagelang, in der Einsamkeit der weiten Landschaft, schweigend, jeder für sich allein. Der Weg beginnt zu wirken, der äußere Weg führt langsam nach innen, denn Spiritualität beim Pilgern beginnt von unten her – von den Füßen. Wir lernen auch, dem richtigen Weg zu folgen. Aufmerksam zu sein. Wenn wir abweichen, uns verlaufen, müssen wir umkehren, wieder den richtigen Weg einschlagen. Andere Menschen helfen uns dabei.

Und langsam wird der Weg zum Ritual. Unsere äußere Bewegung zieht eine innere nach sich. Wochen- und monatelang unterwegs zu sein, erzeugt Einheit von Körper, Seele und Geist. Läuterung setzt ein. So manch starre, unbewegliche Einstellung und Verkrustung, die sich im Alltag immer weiter gefestigt hat, lockert sich durch das Gehen, verflüchtigt sich schließlich ganz. Wir entspannen uns, sind plötzlich frei für neue Impulse und Ideen. Im wahrsten Sinn des Wortes »wandeln wir uns im Wandern«. Der Geist beginnt die Außenwelt stärker wahrzunehmen und einzubeziehen. Plötzlich haben wir alle Zeit der Welt, mit offenen und staunenden Augen die Natur wahrzunehmen, die vielfältigen Landschaften Europas und die einzigartigen Kunstschätze dieses Weges zu genießen. Beeindruckt stehen wir vor den herrlichen Kathedralen und Klöstern, die unsere Vorväter erbauten, versuchen, die Symbole der Tympanons zu enträtseln und entdecken viele Zeichen des unerschütterlichen Glaubens der Menschen des Mittelalters.

Im Zen-Buddhismus dient der Weg sinngemäß als Lehre zur menschlichen Vervollkommnung. Schon seit Urzeiten ist der Weg Symbol für menschliches Handeln, Pilgerweg und Lebensweg haben vieles gemeinsam. Die Geburt wird oft symbolhaft als »Beginn der Pilgerfahrt« bezeichnet, und der Mensch, zum Gehen geboren, hat ein Leben lang damit zu tun, den »aufrechten Gang« zu erlernen. Auf dem Weg kann er Erfahrungen sammeln – das Wort »erfahren« ist ein uraltes Wort für »Weg«. Wer auf dem Weg ist, ist auf der Suche – ich gehe sehen, gehe wissen, gehe glauben – ich suche Gott.

Ich gehe sehen – und anders, als wenn die Landschaft beim Fahren an meinem Auge vorbeizieht und ich keine Einzelheiten erkennen kann, beschäftige ich mich mit jeder Blume am Wegrand. Mit dem leuchtendroten Klatschmohn, der seine wildrosenähnlichen Blütenkelche weit öffnet und den Schmetterlingen entgegenstreckt, überwuchert von den großen Dolden des wilden Fenchels oder dem blauen Natternkopf. Kein Gärtner könnte diese Mischung so harmonisch anordnen. Auch die Bäume am Weg sind etwas Besonderes, vor allem in Galicien fällt ihr linksdrehender Wuchs auf. Sie schauen aus, als wären sie etliche Jahrhunderte alt, und werden mit jedem Jahr schöner und charaktervoller. An einigen Exemplaren in der Nähe von Triacastella kommt kaum ein Pilger vorbei: Ihre großen Augen scheinen ihn anzusehen, oft ist ein Kreuz angebracht und ein kleiner Bach in der Nähe – uralte Kultplätze.

Ich gehe wissen, gehe glauben – gehe nicht nur durch eine wunderschöne Landschaft, sondern auch in die vielen Kapellen und Kirchen des Weges, die zu Stein gewordenen Zeugnisse seiner tausendjährigen Geschichte. Ob es das achteckige Templerkirchlein in Eunate ist, eine unscheinbare Kapelle am Wegrand oder die herrliche gotische Kathedrale in León – wir spüren überall den gleichen Geist, der uns berührt, uns ruhig werden lässt und glücklich.

Ich suche Gott – und wie können wir als Christen diese Suche angehen? Jesus hat die Frage auf seine Art beantwortet: »Ich bin der Weg, die Wahrheit und das Leben« (Joh. 14, 6). Ist er also Anfang und Ende, Weg und Ziel in einem? Dann wäre der Weg auch das Ziel, und wir benötigen beides: Weg und Ziel.

Im Markus-Evangelium fordert er uns auf, wenig mitzunehmen auf dem Weg durchs Leben – wie seine Sendboten: Nur einen Stab, kein Brot, keine Vorratstasche, kein Geld im Gürtel, kein zweites Hemd, nur Sandalen an den Füßen, damit wir wenig Lasten mit uns herumtragen müssen. Für uns Pilger gilt das mehr im übertragenen Sinn, nämlich so wenig wie möglich im Rucksack zu tragen, sich unterwegs von überflüssigen Lasten befreien und sich über den Wanderstab von Gott leiten lassen.

Wir erfahren auch, dass uns der Himmel an bestimmten Orten näher ist, dass wir Gott dort mehr spüren. Vertrauensvoll begeben wir uns in seine Hände, ruhen in unserer Mitte, gehen und gehen, immer weiter, unserem Ziel entgegen …

Rainer Maria Rilke bringt dieses Gefühl in seinem Stundenbuch auf den Punkt:

Ich lebe mein Leben in wachsenden Ringen,
die sich über die Dinge ziehn.
Ich werde den letzten vielleicht nicht vollbringen,
aber versuchen will ich ihn.
Ich kreise um Gott, um den uralten Turm,
und ich kreise jahrtausendelang;
und ich weiß noch nicht, bin ich ein Falke, ein Sturm
oder ein großer Gesang.

Auf der Via Podiensis durch Frankreich

Tous les matins nous prenons le chemin,
tous les matins nous allons plus loin.
Jour après jour la route nous appelle,
c'est la voix de Compostelle.
Ultreia, Ultreia, et Suseia,
Deus, adjuva nos!

J. Claude Bénazet

An jedem Morgen nehmen wir die Straße,
an jedem Morgen gehen wir weiter.
Tag für Tag ruft uns die Route,
Es ist die Stimme von Compostelle.
Ultreia, Ultreia und Suseia,
Gott, helfe uns.

Pilgerdenkmal vor Saugues, Via Podiensis

Hügel aus schwarzem Vulkangestein ragen bizarr aus den Dächern der Altstadt heraus, seltsam und unwirklich anmutend. Auf den Spitzen prangen riesige Heiligenfiguren, Kirchen oder Kapellen. Nah beieinander liegen Kunst und Kitsch im mittelalterlichen Städtchen Le Puy. Hier beginnt die Via Podiensis, eine der vier historischen Pilgerstraßen, die bereits im Liber Sancti Jacobi erwähnt werden und die sich durch Frankreich zu den Pyrenäen ziehen: von Paris, Vézeley, Arles und Le Puy aus. Vor allem Burgunder und Deutsche sollen über diese Straße nach Santiago gezogen sein, sie ist von Genf aus am schnellsten zu erreichen.

Frankreich hat die historischen Wege in das nationale Fernwanderwegenetz der »Sentiers de Grande Randonnée« integriert. Ein weiterer Weg führt die Küste entlang und wurde von Pilgern aus England, Holland, der Normandie und der Bretagne bevorzugt, für sie war das der kürzeste Weg zu den Pyrenäen.

Die Via Podiensis ist eine der interessantesten Strecken durch Frankreich – und die anstrengendste. Trotzdem sind auf ihr im Laufe der Jahrhunderte unzählige Pilger gewandert, Gelehrte, Fürsten und Könige; sogar Karl der Große soll diesen Weg benutzt haben. Und natürlich Bischof Godescalc aus Le Puy. Seit seiner Zeit besuchen Pilger die Frühmesse in der Kathedrale, holen sich in der Sakristei den Pilgerstempel und begeben sich auf den achthundert Kilometer langen Weg. Er klettert über das Hochland der Margeride und die Berge des Aubrac zum Kloster Conques; weiter nach Moissac und durch die Gascogne bis nach Saint-Jean-Pied-de-Port am Fuß der Pyrenäen.

Auf Asche und schwarzen Steinbrocken, die der Vulkan vor Zeiten ausgespien hat, wandert man durchs Massif Central. Die rot-weißen Markierungen der GR 65, ab und zu durch eine Jakobsmuschel ergänzt, leiten zuverlässig gen Westen.

Bereits nach drei Tagen erreicht man eine der ältesten Wanderherbergen, die den meisten Pilgern besonders gut gefällt: den Gutshof Domaine du Sauvage. Er gehörte im 13. Jahrhundert zu einem nahegelegenen Hospiz der Templer. Heute lebt das Pächterehepaar von der Landwirtschaft und vom Betrieb der

Herberge. In dem großen und urgemütlichen Raum finden wir alles, was wir zum Ausruhen und Wohlfühlen brauchen. Einen großen Kamin mit offenem Feuer, an dem man sich wärmen kann und einen riesigen Herd, wo sich »Meisterköche« aus allen Ländern tummeln. Von deftigen Speisen bis zum französischen Gourmet-Menü wird alles gezaubert, was Küche, Keller oder Rucksack hergeben. Beim gemeinsamen Essen erholen sich alle vom anstrengenden Wandertag.

Das Bergland der Aubrac steigt bis in eine Höhe von fast 1400 m hinauf. Wo man heute durch endlose Weidegebiete wandert, bedeckte früher ein tiefer und dunkler Wald das Bergland. Er bot ein ideales Versteck für Räuberbanden, denen viele Pilger zum Opfer fielen. Die Legende berichtet, dass im 12. Jahrhundert ein flandrischer Graf über die Aubrac pilgerte. Im Unwetter verlor er bei einbrechender Nacht die Spur, entdeckte eine Höhle im Wald und kroch unter. Er machte einen grausigen Fund: Überall in der Höhle verstreut lagen abgeschnittene Köpfe von Pilgern. Nach dem ersten Erschrecken legte er ein Gelöbnis ab: Wenn er mit heiler Haut davonkäme, wollte er hier eine Schutzstation für Jakobspilger gründen. Durch dieses Versprechen entstand im 12. Jahrhundert die Dômerie Aubrac, ein einmaliges Herbergs- und Wehrkloster. Das Kloster erhielt die augustinische Ordensregel und die Pilger wurden nun beschützt und versorgt. Vom ehemaligen Kloster blieben nur ein Turm und die Kirche erhalten, in der sich die Einfachheit und Strenge des damaligen Klosterlebens widerspiegeln.

Wenn der höchste Punkt des Zentralmassivs überschritten ist, führt der Pilgerweg durch eine lieblicher werdende Landschaft tausend Meter tiefer ins Tal des Lot. An seinem Ufer liegen verträumte Dörfer und der Adelssitz der Familie Giscard d'Estaing im gleichnamigen Städtchen.

Wie eine mittelalterliche Kulisse tauchen an den waldreichen Hängen die Türme der Basilika von Conques auf und dann das ganze, dicht in den engen Talkessel gedrängte Dorf. Die Geschichte dieses Benediktinerklosters beginnt im 4. Jahrhundert in Agen, wo die heilige Fides den Märtyrertod erlitt. Als fünf Jahrhunderte später ihre Reliquien nach Conques gebracht wurden, ereigneten sich bald viele Wunder und die Gläubigen strömten herbei. Schon im 11. Jahrhundert musste ein größeres Gotteshaus erbaut werden, das heutige. Für

73

die Jakobspilger wurde Conques eine wichtige Station auf dem Weg nach Santiago.

Nicht nur sie, sondern viele Besucher stehen sprachlos vor dem berühmten Portal der Abteikirche: Im Zentrum der überdimensionale Christus, inmitten des jüngsten Gerichts. Auf der linken Seite die Auserwählten, darunter auch Karl der Große, ein Gönner des Klosters. Von einem Engel werden sie ins Paradies geführt. Auf der rechten Seite sind die Todsünden dargestellt und die Strafen, die dafür drohen. Teufel martern mit großem Vergnügen ihre Opfer: Einem Verleumder wird die Zunge herausgerissen, einem Geldfälscher das eingeschmolzene Metall zum Trinken eingeflößt, einem anderen zieht man bei lebendigem Leib die Haut ab, die ein Teufel genüsslich verzehrt, eine Frau mit nacktem Busen und ihr Liebhaber warten am Hals zusammengebunden auf ihr vermutlich schreckliches Urteil. In der Mitte thront Satan und überwacht die Folterungen. Da kann einen ja noch heute das Grausen packen und man fragt sich, wie das Portal früher, in Gold und Farbe gefasst, auf die Pilger gewirkt haben mag. Der Fantasie der Steinmetze waren keine Grenzen gesetzt! Auch das Innere der Kirche fasziniert sofort. Ist es der Ge-sang der Mönche am Mittag – oder das seltsame Licht, das durch die hohen Pfeiler geistert? Der leicht dunkle Raum hat etwas Mystisches, Verheißungsvolles! Man spürt, diese Kirche ist lebendig, atmet heute noch Pilgergeist.

Am Morgen werden die Pilger von den netten Mönchen mit dem Pilgersegen verabschiedet und jeder erhält ein Stück geweihtes Brot mit auf den Weg. Wegen seiner familiären Atmosphäre wird dieses Kloster von vielen als beeindruckendste Station am französischen Pilgerweg empfunden. Das »Ultreia«-Lied von Conques schleicht sich in die Herzen und wird zum ständigen Begleiter.

Die Landschaft wechselt allmählich und erste wärmeliebende Mittelmeerpflanzen, Flaumeichen, tauchen auf. In der karstigen Hochebene der Causses gibt es noch zahlreiche Dolmen. Perlen und andere Funde dieser keltischen Grabstätten wurden im Museum von Cahors untergebracht. Die Stadt wurde bereits von den Kelten gegründet, ihnen waren Orte heilig, an denen lebensspendendes Wasser aus der Tiefe sprudelte. Der Lot legt sich wie eine große Schleife um die Stadt, vom wuchtigen Pont Valentré beherrscht, eine der schönsten Wehrbrücken Europas. Über sie verlassen Pilger die hübsche Stadt.

Ein weiteres Juwel romanischer Baukunst ist die Abteikirche von Moissac. Ihr Tympanon zeigt die apokalyptischen Visionen des heiligen Johannes. Auch im Kreuzgang aus dem 11. Jahrhundert könnte man Tage zubringen, um all die Tiere, Pflanzen und Ornamente an den Pfeilern und Kapitellen zu betrachten. Dennoch hat diese Abtei mehr Museumscharakter, es gibt keine Mönche mehr.

Nach Überquerung des breiten Flussbettes der Garonne betreten Pilger anderes Land: die Gascogne, die sie mehr von ihren Produkten her kennen, vom berühmten Armagnac und der Gänseleberpastete. In großen Markthallen kann man die köstlichen Spezialitäten probieren. Durch alte Bischofsstädte zieht sich der Weg nach Aire sur l'Adour. Durch eine wechselvolle Geschichte ist hier fast alles Romanische untergegangen, viele Pilgerspuren sind verweht. Der Süden Aquitaniens war immer wieder in Kriege verwickelt, im Hundertjährigen Krieg kämpften Franzosen gegen Engländer, als sich der Calvinismus ausbreitete, wurde in den Hugenottenkriegen vieles vernichtet – das Wort »Hugenotten« ist eine Anspielung auf das französische Wort für »Eidgenossen« – und auch die französische Revolution setzte der Region zu.

Ein geschichtsträchtiges Land also, aus dem allmählich die blaue Gebirgskette der Pyrenäen auftaucht. Ebenso unerwartet steht man im kleinen Dorf Hiriburia vor dem Stein von Gibraltar, dem Brennpunkt der Wege, in Form eines baskischen Grabsteins. Hier vereinen sich die Wege von Paris, Vézelay und Le Puy. Welch ergreifender Moment: Seit mehr als einem halben Jahrtausend sind hier Millionen von Pilgern durchgekommen.

Der Treffpunkt der Wege war der Stein von Gibraltar, der Treffpunkt der Pilger aber war Ostabat, der legendäre Ort ist in allen Pilgerführern verzeichnet. Mehr als fünftausend Pilger konnten hier unterkommen – heute ein eher verschlafenes Nest. Nur noch ein paar Kilometer sind es bis Saint-Jean-Pied-de-Port, der letzten Pilgerstation auf französischem Boden. Als früher die Pilgergruppen einzogen, läuteten feierlich alle Glocken, nun galt es, die Pyrenäen zu überschreiten. Auch heute überkommt Pilger ein feierliches Gefühl, wenn sie durch das alte Jakobstor gehen. Sie streben zum Mittelpunkt der alten Stadt, der gotischen Kirche Notre Dame aus dem 14. Jahrhundert, um Danke zu sagen für alles, was sie bisher auf diesem Weg erleben durften. Zwei Drittel der Wegstrecke sind geschafft!

75

Begegnungen

Jede Begegnung,
die unsere Seele berührt,
hinterlässt in uns eine Spur,
die nie ganz verweht.

Lore–Lillian Boden

Schäfer in der spanischen Meseta

Warum können wir Pilger so leicht von Wanderern unterscheiden, auch wenn sie keine Muscheln an Rucksack oder Kleidung tragen?

Da ist zum einen ihr Gang, der zielgerichtet wirkt: langsam und stetig setzen sie einen Fuß vor den anderen, erst wenn man versucht, mit ihnen Schritt zu halten, bemerkt man das zügige, effektive Gehen, das man nur nach längerem Unterwegssein erreicht. Doch am besten sind Pilger an ihren Augen erkennbar, am Blick: Wie sich ihre Augen wandeln, wie sich in den nachdenklichen, in sich gekehrten Blick sekundenschnell ein tiefes Strahlen von innen heraus schleicht, voller Freude und Leben, ein Blick, wie wir ihn nur von Pilgern kennen, die den Weg und ihr Ziel vor Augen haben, sich weder von schlechtem Wetter noch von Blasen oder den Anstrengungen des Weges unterkriegen lassen, sondern immer weitergehen.

Vor allem solche Begegnungen sind es, die den Jakobsweg von anderen Weitwanderwegen unterscheiden.

Es sind zum einen die Menschen, die am Weg wohnen und sich liebevoll um die Pilger kümmern. Um ihr leibliches und um ihr seelisches Wohl. Das erste Mal überraschte uns diese spontane Hilfsbereitschaft schon auf unserem Weg durch die Schweiz: Müde von den Anstrengungen des steilen Abstiegs vom Furka-Pass genossen wir das fast ebene Dahinwandern entlang der jungen Rhône. In einem Dorf sprang uns ein liebevoll hergerichtetes Holzhäuschen mit einem Mini-Gärtchen ins Auge, in dem ein Pärchen auf einer runden Steinbank die letzten Sonnenstrahlen genoss. Unser spontaner Ausruf »Ihr habt aber ein hübsches Häuschen« war für die beiden Anlass genug, uns nach dem Woher und Wohin zu fragen. Sofort luden sie uns in ihr gemütliches Häuschen ein und bei einer Flasche Wein plauderten wir bis in den späten Abend hinein. Die Pilgernacht geriet etwas zu kurz, aber diese paar Stunden genügten, um aus der zufälligen Begegnung eine Herzensverbindung entstehen zu lassen. Seit damals vor zehn Jahren schreiben wir uns, erzählen uns wie alte Freunde aus unseren so ganz unterschiedlichen Leben und die innige Verbundenheit der ersten Begegnung blieb bestehen.

Diese spontane und selbstverständliche Gastfreundschaft, die wir auf dem Jakobsweg erleben durften, war neu für uns: Wird man als Pilger anders wahrgenommen; hat sich die Erinnerung an die früheren Jakobspilger erhalten – oder bekommt man die Freude, die man selbst ausstrahlt, gleich wieder zurück? Wenn wir mit offenem Herzen auf andere Menschen zugehen, öffnen sich diese auch, werden wir darum so gerne eingeladen? Jedenfalls wiederholten sich solche Erlebnisse oft auf dem Pilgerweg, sogar dort, wo wir uns wegen dürftiger Sprachkenntnisse nur schwer verständigen konnten. Und nicht nur in den Wander- und Pilgerherbergen, sondern auch in Hotels und Pensionen. Als wir in St.-Jean-Pied-de-Port kurz vor Mitternacht nach einem Quartier fragten, gab uns eine nette Hotelbesitzerin nicht nur eines ihrer hübschesten Zimmer, sondern sorgte auch dafür, dass uns noch ein spätes Abendessen zubereitet wurde. Auch die einfache Bäuerin in Galicien, die uns Paprika und Kartoffeln schenkte, als wir an ihrem Garten vorbeikamen und uns zu sich ins Haus einlud oder der Pfarrer in San Juan de Ortega, der für die Pilger Knoblauchsuppe kocht, werden uns unvergessen bleiben.

Um das seelische Wohl bemühen sich vor allem Priester, Mönche und Herbergseltern. Nie werde ich den Pfarrer von Granón vergessen, der sich jeden Tag die Namen »seiner Pilger« und ihren voraussichtlichen Ankunftstag in Santiago notiert und abends mit den Pilgern für diejenigen betet, die an diesem Tag ankommen! Oder der Mönch in Conques, der nach dem gemeinsamen Abendessen auf der Kirchenorgel Meditationsmusik für die Pilger spielt – die Beispiele ließen sich beliebig fortsetzen.

Zum anderen sind es die Mitpilger, die uns so viel geben. Menschen, die zu Fuß unterwegs sind, finden leicht zusammen. Alle haben das gleiche Ziel. Auch wenn jeder seinen Weg allein gehen muss, abends tauscht man die Eindrücke aus und wird schnell vertraut miteinander. Die Grenzen, die sonst unser Leben bestimmen, sind aufgelöst. Es ist nicht wichtig, welchen Beruf die anderen ausüben, wie alt sie sind oder wie sie heißen. Wichtig sind nur das Gehen und der Weg, die Tagesetappe, die nächste Herberge. Um sich über andere Mitpilger zu verständigen, werden gerne »Fantasienamen« vergeben: »der Sonnenverbrannte« oder »die mit den großen Hüten« – das waren wir. Wegen seines vergeistigten Gangs hatten wir einen Franzosen »Tapsi« getauft, er-

kannten ihn an den etwas ungelenken Schritten schon von Weitem. Jedes Mal, wenn wir ihm begegneten, fragte er strahlend: »Café?«, wir nickten, tranken in der nächsten Bar Espresso mit ihm. Es wurde ein Ritual daraus und obwohl wir uns mangels Sprachkenntnissen nicht so gut unterhalten konnten, fühlten wir uns wohl miteinander. Tapsi lief über weite Strecken zusammen mit »Korsi«, wie wir Pilger den einzigen Korsen in unserer Runde nannten. Korsen und Franzosen hegen ja nicht gerade brüderliche Gefühle füreinander, in den abendlichen Gesprächen kam das offen zur Sprache. Es war schön zu erleben, wie sich allmählich ihre Ansichten annäherten und sie Verständnis füreinander entwickelten. Beim Abschied in St.-Jean-Pied-de-Port erzählte Korsi plötzlich, dass er im nächsten Jahr nochmals den Weg gehen und versuchen werde, möglichst viele seiner »Ministerkollegen« zum Mitgehen anzuregen. Sie sollten als Pilger die Franzosen kennenlernen, vielleicht würde dadurch so manche Entscheidung anders fallen. Und unser Pilgerfreund aus Aachen, der als überzeugter Atheist gestartet war, erklärte in Santiago nachdenklich, dass er jetzt das Gefühl habe, dass es da doch etwas gebe, was er bisher nicht zugelassen habe ...

Viele menschliche Begegnungen haben uns auf diesem Weg bereichert, unseren Horizont erweitert, uns ein neues Lebensgefühl geschenkt.

Dennoch wäre das Kapitel »Begegnungen« unvollständig ohne die Pilgerhunde, die einen in vielen Dörfern erwarten. Manche böse oder laut bellend, die meisten aber freundlich mit dem Schwanz wedelnd, einige begleiteten uns ein Stück; ich hatte gemischte Gefühle dabei – bis wir auf »Rotti« trafen. Auf einem schmalen Pfad in Südfrankreich strich plötzlich wie aus dem Nichts etwas Schwarzes um meine Beine: ein junger Rottweiler. Aufgeregt sprang er zwischen uns hin und her. Ich hielt den Atem an, dachte unwillkürlich an den Norweger, den gestern ein Hund in die Wade gebissen hatte. Der Rottweiler rannte weiter, stoppte plötzlich, schaute sich schwanzwedelnd nach uns um, lachte er? Er kam zurück, blieb ein paar Meter hinter uns, begann das gleiche Spiel von vorn. Diesmal stupste er uns beim Vorbeirennen mit seinem Hinterteil an die Beine, sollte das eine Freundschaftserklärung sein? Sah ganz so aus! Nein, gefährlich war der nicht, im Gegenteil, er schien ausgerechnet uns zu seinen Freunden erkoren zu haben, schloss sich einfach an. Was tun? Alle

Versuche, ihn loszuwerden, scheiterten. Treuherzig schaute er uns aus klugen Augen an, rührte sich nicht von der Stelle, heftiges Schwanzwedeln war seine einzige Reaktion. Er folgte uns zur Herberge, begleitete uns ins Restaurant. Wir sperrten ihn aus! Geduldig wartete er, lief mit uns zurück, erst am nächsten Morgen war »unser Hund« verschwunden. Leider! Seither habe ich keine Angst vor Rottweilern mehr. Und wie gerne denke ich an diese nette Begegnung zurück.

Nicht nur mit Menschen und Hunden, auch mit anderen Tieren, Blumen und Bäumen, mit der ganzen Palette der Schöpfung eben kommen Pilger in innigen Kontakt. Und neben den Besonderheiten des Weges und seiner Kultur tragen vor allem diese Begegnungen zum einzigartigen »Abenteuer des Herzens« bei, das Pilger auf diesem Weg erleben dürfen und das ihnen als »Erinnerungen der Seele« für immer erhalten bleibt.

Paradiesgarten Europa

Geh' aus mein Herz und suche Freud
in dieser schönen Sommerzeit
an deines Gottes Gaben, schau an der schönen Gärten Zier
und siehe wie sie mir und dir
sich ausgeschmücket haben.

Die Bäume stehen voller Laub, das Erdreich decket seinen Staub,
mit einem grünen Kleide, Narzissen und die Tulipan,
die ziehen sich viel schöner an
als Salomonis Seide

Erwähle mich zum Paradeis, und lass mich bis zur letzten Reis
an Leib und Seele grünen;
so will ich dir und deiner Ehr allein und sonstern Keinem mehr
hier und dort ewig dienen.

Paul Gerhard, 1656

Alhambra, Generalife

Europa – ein Paradiesgarten? Pilger lassen sich von den schönen Landschaften des Weges in euphorische Stimmung versetzen. Doch wie sieht Europa im Alltag und nüchtern betrachtet aus? Wir holzen Wälder ab, um Häuser und Autobahnen zu bauen, sprühen Gift auf unsere Felder und Weingärten – in einem Paradiesgarten scheinen wir nicht mehr zu leben.

Theologisch ist mit dem Paradies der »Garten Eden« gemeint, im Hebräischen heißt das »Anmut, Lieblichkeit und Wonne«.

Das kommt unserer Vorstellung schon ziemlich nahe. In der lateinischen Bibelversion wird der Garten Eden gar »Paradisus voluptatis« genannt, also »Garten der Wollust« oder Garten als Ort der Lust. Haben sich deshalb schon im 12. Jahrhundert die assassinischen Kämpfer des »Alten vom Berg« so bedenkenlos in den Tod gestürzt, weil sie die Hoffnung in sich trugen, dadurch zu den sofortigen Freuden dieses Paradieses zu gelangen?

In der Schöpfungsgeschichte des Alten Testamentes heißt es: »Darauf pflanzte Gott, der Herr, einen Garten in Eden, gegen Osten, und versetzte dorthin den Menschen, den er gebildet hatte. Und Gott der Herr ließ aus dem Erdboden allerlei Bäume aufsprießen, lieblich zum Anschauen und gut zur Nahrung, den Lebensbaum aber mitten im Garten und auch den Baum der Erkenntnis von Gut und Böse. Ein Strom entsprang in Eden zur Bewässerung des Gartens ... Gott der Herr gebot dem Menschen: ›Von allen Bäumen des Gartens darfst du essen, nur vom Baum der Erkenntnis von Gut und Böse darfst du nicht essen; denn am Tage, da du davon isst, musst du sterben.‹« (Moses 2, 8–17).

Solange sich Adam und Eva an dieses Gebot hielten, lebten sie friedlich in diesem Garten voller Schönheit und Harmonie. Doch als sie verbotenerweise vom Baum der Erkenntnis gegessen hatten, wurden sie von Gott aus dem Paradies vertrieben, damit sie nicht auch noch vom Baum des Lebens aßen und damit unsterblich würden.

Paulus legte in seinen Briefen an die Römer dieses Vergehen von Adam und Eva so aus, dass »durch einen einzigen Menschen die Sünde in die Welt kam«,

daraus entwickelte sich die christliche Lehre von der Erbsünde. Ohne Jesus Christus müssten die Menschen in dieser Erbsünde leben und sterben, durch den Glauben an seine Erlösungstat und die Taufe wird der Mensch erlöst.

Im Islam wird dieses Sündenfall-Konzept abgewiesen, die Vertreibung als Neubeginn gedeutet. Auch das Judentum kennt keine vererbbaren Sünden, jeder Mensch ist nur für seine eigenen Sünden verantwortlich. Es kennt auch keinen Teufel oder grundsätzlich böse Neigungen der Menschen, wie sie im Christentum von der Erzählung von Adam und Eva im Garten Eden abgeleitet werden.

Gehörte es mit zur Strafe, dass man in den drei Religionen der Bibel die Vertreibung unserer Stammeltern aus dem Paradies so unterschiedlich auslegt? Dennoch haben Menschen aller Religionen und Weltanschauungen eines gemeinsam: Die Sehnsucht nach dem Paradies! Ein archetypisches Bild? Hat sich möglicherweise in unseren Seelen eine Erinnerung an das Paradies erhalten? Die menschliche Seele wird ja häufig mit einem Garten verglichen, der sorgsam und mit Hinwendung gepflegt werden muss, damit gute Früchte, schöne Blumen und gesunde Bäume gedeihen.

Viele Blumen haben schon von alters her symbolische Bedeutung: Das Weihen von Kräuterbuschen war bereits eine heidnische Tradition und hatte ursprünglich magische Funktionen. Seit der Brauch christianisiert ist, wird er in der Mitte des Sommers, an »Maria Himmelfahrt« praktiziert und soll daran erinnern, dass wir die Schöpfung neu betrachten sollen. Heilkräuter, Getreideähren und Blumen werden zu einem Strauß zusammengebunden. Zur Krönung steckt man manchmal eine Lilie oder eine Rose hinein, als Huldigung an Maria, die Gottesmutter. Die weiße Madonnen-Lilie ist die Marienblume schlechthin. Schon in vorchristlicher Zeit galt sie als Zeichen der Würde und Schönheit. In der Kunst des Mittelalters steht sie für Jungfräulichkeit und Reinheit. Auch Veilchen, Gänseblümchen und Akelei zählen zu den Marienpflanzen. Die Königin der Blumen ist die Rose, sie ist die symbolträchtigste. Maria ist rein wie die Lilie und leuchtend wie die Rose! Sie gilt als Zeichen der Gottesmutter überhaupt und ein Rosengarten wird stets mit dem Paradies gleichgesetzt.

Schmücken deshalb vor allem Rosen aller Sorten die meisten Kreuzgänge? Der Garten in der Mitte eines Kreuzgangs soll ja das Paradies symbolisie-

85

ren. In seiner stillen Schönheit ist er besonders gut geeignet für Meditation und Gebet. Die Natur übt eine beruhigende Wirkung auf uns aus, vielleicht weil sie einfach nur da ist. Bei der Betrachtung einer Blume fällt es leichter, abzuschalten, uns zu versenken und unsere Mitte zu finden.

Auch in der islamischen Tradition stellt ein von Mauern umgebener Garten ein Abbild des Paradieses dar. Am schönsten realisiert empfanden wir das in den Gärten der Alhambra in Granada. Blutrote Rosen zieren die grünen Bögen aus Wacholder oder Buchs und bilden farbige Tupfer zwischen den Orangenbäumchen. Im Saal der zwei Schwestern mit seinen großen Fenstern, die in einen traumhaften Garten schauen, ist das in einem poetischen Spruch von Ibn Zamrak ausgedrückt, der sich über die steinernen Wände zieht: »Ich bin der Garten, der die Schönheit schmückt; du lernst von mir, betrachtest du die Pracht« ... Auch in vielen Patios, den Innenhöfen andalusischer Häuser, im Alcázar und den traumhaft schönen Parks von Sevilla mit ihren blühenden Bougainvillea- und Jacarandabäumen sind diese »kleinen Paradiese« zu bewundern.

Doch am eindrucksvollsten sind die von der Natur selbst geschaffenen Landschaftsgärten am Pilgerweg. Kein Gärtner könnte sie so fantasievoll anlegen: Erscheinen die Löwenzahnwiesen des Allgäus besonders nach den tristen schwarz-weißen Bildern des Winters nicht wahrhaftig wie das Paradies? Und im Massif Central über die Hochebene des Aubrac zu wandern, wo Osterglocken und weiße Wildnarzissen ähnlich dem Löwenzahn die Wiesen übersäen, und sich dazwischen Schachblumen, Veilchen und Anemonen tummeln, versetzt selbst diejenigen in Begeisterung, die sich sonst wenig für Blumen interessieren. Ein Stück weiter rahmen den Pilgerweg hohe Ginsterbüsche ein, deren starker Geruch fast Schwindel auslöst, ganz zu schweigen von den Lavendelgärten der französischen Provence, die besonders vor der Abtei Sénanque »kostenlos« ihren betörenden Duft verströmen. Schwer zu sagen, was ansprechender ist: die Zistrosenhänge auf dem Weg nach Silos, die Teppiche aus Erika und die vielen Sonnenblumen, die ihre Gesichter der Sonne entgegenstrecken und die Richtung nach Westen weisen – oder vielleicht doch lieber die bis zum Horizont reichenden leuchtenden Mohnblumenfelder der Meseta im Frühling, die mit den Augen der Pilger um die

Wette strahlen? Nicht zu vergessen die Bäume, von den Steineichenwäldern in den Hochflächen der französischen Causses bis zu den uralten Kastanienbäumen vor Triacastella und den Eukalyptuswäldern Galiciens. Europa ist doch ein Paradiesgarten!

Die Pracht unseres irdischen Paradieses ist allerdings vergänglich, die Blumen sterben im Herbst ab, erwachen erst im nächsten Frühjahr wieder zu neuem Leben. Oder ändern sie nur ihr Erscheinungsbild, ihre Form? In einer Art Wiedergeburt? Bis zum endgültigen Paradies, zu dem wir unterwegs sind? An das in vielfältiger Form Menschen aller Kulturen glauben, von den Kelten mit ihrem »Apfelgarten – Avalon« über die alten Griechen mit dem Garten der Hesperiden bis hin zum christlichen Paradies der Schöpfungsgeschichte oder zu Nirwana, dem »reinen Land Buddhas«, einer friedlichen, paradiesischen Welt. In allen Kulturen spiegelt sich die Sehnsucht nach dem Paradies wider.

Unterwegs auf dem Pilgerweg kann man die wunderschönen Landschaften Europas in vollen Zügen genießen. Welch Wohlgefühl ist es, die meiste Zeit in freier Natur zu verbringen, im Einklang mit, als Teil von ihr, und mehr instinktiv, ohne groß darüber nachzudenken, warum das so ist.

Zeitreise rückwärts – die Gotik

»Und er entrückte mich im Geist auf einen großen Berg und zeigte mir die Heilige Stadt Jerusalem … Sie hat eine mächtige, hohe Mauer mit zwölf Toren, und auf den Toren zwölf Engel und Namen daraufgeschrieben; dies sind die Namen der zwölf Stämme der Söhne Israels … Die Mauer der Stadt hat zwölf Grundsteine, und auf ihnen die zwölf Namen der zwölf Apostel des Lammes … Und er maß ihre Mauer mit einhundertvierund-vierzig Ellen – eines Menschen, das heißt eines Engels Maß.«

Offenbarung des Johannes 21, 10–17

Glasfenster Kathedrale Condom, Südfrankreich

Plötzlich und übergangslos war sie da! Im 12. Jahrhundert. Die Gotik. Mit ihren Spitzbogen, Kreuzrippen und Strebepfeilern, die es ermöglichten, das Gewicht des Gewölbes besser zu verteilen. Nun konnte man statt schwerer Steinwände große Fenster einbauen und die Wände höher ziehen. Damit entstanden ganz neuartige Kirchengebäude, Wunderwerke aus Glas und Stein mit himmelstürmenden Hallen, vom Rhythmus des Kosmos und der Musik durchdrungen. Zuerst in Frankreich, dann auch in Spanien und anderen europäischen Ländern. Auch das Arbeiten mit arithmetischen Symbolen war neu in der Gotik. Im geometrischen Verhältnis der Bauteile symbolisiert sich die göttliche Ordnung und sie wird zusätzlich vom Licht magisch hervorgehoben. Beim Bau dieser Kirchen wurde das Wissen vom Altertum über die griechische Philosophie bis hin zum Christentum symbolisch und allegorisch eingearbeitet.

Ging War der Auslöser für den Bau der großen Kathedralen das Erstarken des französischen Königtums, sollten sich durch sie der zu Stein gewordene Herrschaftsanspruch und die wachsende Bedeutung Frankreichs offenbaren? Die gewaltigen Kirchenbauten fielen in die gleiche Zeit wie die Gründung des Templerordens. War nur er in der Lage, die finanziellen Mittel für die gewaltigen Bauwerke und die vielen Handwerker aufzubringen? Dass die Templer viele Kirchen finanzierten, ist bekannt. Doch woher stammen die Ideen und das Wissen, wie so ein Bauwerk konstruiert werden musste, um diese Harmonie zu erreichen? War es der Geistesblitz eines Genies, das Wiederfinden alten Wissens oder einfach nur die »zufällige« Weiterentwicklung des romanischen Baustils? Wurde der Initiationsweg wieder intensiver genutzt, um altes Wissen weiterzugeben? An Philosophen und Mystiker wie Franz von Assisi und Nicolas Flamel, an Baumeister, Steinmetze und Handwerker von existierenden Baubruderschaften, wie Louis Charpentier vermutet. Vielleicht war der Jakobsweg auch ein Wallfahrtsweg für lernende Handwerker, die sich dabei auch die Voraussetzungen für den Bau gotischer Kathedralen erwarben. Wurden so diese Überlieferungen den christlichen Baumeistern zugänglich, wie beispielsweise

dem Benediktinerorden, der hervorragende Baumeister besaß? Viele Konstrukteure und Handwerker, die diese Kirchen zwischen dem 11. und 13. Jahrhundert schufen, gehörten der Bauhütte an, die später den Namen »les Enfants du Maître Jacques« – »Kinder des Meister Jakob« trug. In der Legende wird »Meister Jakob« auf den Steinmetz zurückgeführt, den Hiram 900 v. Chr. zum Bau des Salomon-Tempels zu Hilfe geholt hat. Nach der Fertigstellung sei er mit zahlreichen Schülern nach Gallien gegangen, um das Geheimnis der Zahlen und Proportionen weiter zu überliefern. Mit dem heiligen Jakobus hat er nichts zu tun, er wäre sein »Vorläuferpatron« auf diesem Weg gewesen.

Die gotischen Kathedralen haben eine andere Dimension als Kirchen des Barock und Rokoko. Der hohe, durchgeistigte Raum zieht die Augen wie magisch an, beim langsamen Durchschreiten des Mittelganges durchdringt die Harmonie des Raums Körper und Seele und man fühlt sich von seiner Leichtigkeit und Schwerelosigkeit ergriffen. Hier verspürt man den Rhythmus des Gehens und die Kraft des Pilgerweges stärker als unterwegs, atmet reinen Pilgergeist. Direkt am Jakobsweg beeindrucken die Kathedralen von Chartres in Frankreich und die der alten spanischen Königsstadt León mit ihren wundervollen Glasfenstern, durch die das Licht hereinströmt und zu jeder Tageszeit andersfarbige Reflexe in die hohen gotischen Hallen zaubert. Beiden Kirchen gleich ist eine wunderbare Raumgestaltung, die schon in romanischen Kirchen verblüfft. Durch die in der Gotik möglich gewordene Höhe der Kathedralen konnten mehrere Ebenen geschaffen werden, manche näher bei Gott, manche ferner, und es entsteht der Eindruck, dass auch für imaginäre Engel Platz geschaffen wurde.

Auch den Figuren an Fassaden und Tympanons scheinen die Künstler Leben eingehaucht zu haben. Mit welchen Mitteln haben sie es geschafft, ihnen diesen glaubensstarken Ausdruck zu verleihen?

Mit der Kathedrale in Sevilla schuf Andalusien nach der Reconquista auf den Grundmauern der islamischen Moschee eine der gewaltigsten Sakralbauten, die größte gotische Kirche der Welt. Den Innenraum mit seinen fünf Schiffen näherte man der Hallenform an, das Äußere besteht aus einem aufwendigen System von Pfeilern und Bögen. Da die Gotik den Sieg des Christentums über den Islam symbolisierte, griff man noch lange auf ihre Elemente zurück.

91

Der Weg in die Mitte – das Labyrinth

Wir wandern auf magischen Linien,
bewegen uns auf die Mitte zu,
wähnen uns fast schon am Ziel
als sich plötzlich der Weg windet,
unübersichtlich wird,
sich wieder vom Ziel entfernt ...
mahnt er zur Umkehr, zur Lebensänderung?
Wir halten inne, denken nach, wandeln uns,
gehen mit neuer Kraft weiter
unserem Ziel entgegen.

Labyrinth Chartres, Frankreich

Nicht nur wegen der gotischen Kathedrale zu Unserer Lieben Frau von Chartres aus dem 12. Jahrhundert, sondern vor allem auch wegen des berühmten Labyrinths lohnt es sich, auf der Via Turonensis von Paris aus hierherzukommen. Der Blick wird zuerst von den hohen gotischen Spitzbögen und den großen Buntglasfenstern angezogen, deren blaue Farbe den Raum beherrscht. Die große Rosette an der Westfassade soll die gleichen Ausmaße haben und gleichweit entfernt sein vom Eingangstor wie das Labyrinth – irritiert suchen die Augen den Boden ab – und finden es. Mit seinen beinahe 13 Metern Durchmesser ist es das größte noch vollständig erhaltene Labyrinth aller französischen Kathedralen.

Die rötlich schimmernden Steine sind von dunklem Marmor eingefasst, allein ihr Alter lässt sie schon mystisch aussehen. Auf dem Mittelstein stehend die Augen zu schließen und nach innen zu horchen, lässt empfängliche Menschen ein leichtes Vibrieren in den Fußsohlen

wahrnehmen und die ungeheure Faszination, die von diesem Symbol ausgeht.

Sich vorzustellen, dass es schon im alten Ägypten auftaucht, in Indien ebenso wie bei den Kelten in vorchristlicher Zeit und später im christlichen Mittelalter! In vielen dieser Kulturen spiegelt es eine innere Reise wider, die zur Erkenntnis unseres tieferen Wesens, zur Selbsterkenntnis führt. Das Labyrinth von Chartres stammt aus dem frühen 13. Jahrhundert. Wie viele Pilger mögen bereits den Weg in seine Mitte gefunden haben?

Der Mittelstein ist nicht glatt, sondern weist Unregelmäßigkeiten auf, kleine Erhebungen: hier soll sich früher eine große Kupferplatte befunden haben, die während der Revolution entfernt wurde. Alte Dokumente sagen aus, dass auf dieser Platte der mythische Kampf des Theseus mit dem Minotaurus dargestellt war. Erstaunlich, dass eine christliche Kirche eine Darstellung aus der griechischen Mythologie enthielt. Doch warum wundern wir uns eigentlich? Gibt es nicht in den Kirchen und Kreuzgängen entlang des Jakobswegs viele Motive aus vorchristlicher Zeit? Die Dachsparrenköpfe der romanischen Kirche St. Martin in Frómista mit ihren Fratzen und Dämonen oder die aufge-

spießten Menschenköpfe an der Santiago-Kirche in Puente la Reina, um nur einige zu nennen. Heidnischer Abwehrzauber? So gesehen ist es nicht ungewöhnlich, dass die Sage von Theseus aus dem Labyrinth von Knossos auf Kreta in einem Kirchenlabyrinth auftaucht: »Minotaurus, halb Stier, halb Mensch, hauste in den Tiefen eines Labyrinths, wohin er von König Minos gesperrt worden war. Alle neun Jahre verlangte das Ungeheuer sieben Knaben und sieben Mädchen, die es lebend verschlang. Theseus, ein athenischer Held, war der Sohn des Regenten von Athen und berühmt für seinen Mut. Er wollte den Kampf mit dem Ungeheuer aufnehmen und beschloss, die athenischen Geiseln, die zu Minotaurus gesandt werden mussten, nach Knossos zu begleiten. Auf Kreta verliebte sich Ariadne in ihn, die Tochter des Königs Minos. Sie verriet ihm, wie er das Labyrinth betreten musste und gab ihm ein rotes Wollknäuel mit, damit er den Rückweg durch die vielen Gänge wieder finden konnte. Und das Wunder geschah, Theseus bezwang den Minotaurus, befreite die Geiseln und verließ mit Ariadne Kreta.«

Offensichtlich wurden diese antiken Labyrinthe in die christlichen Kirchen übernommen und die Philosophie entsprechend angepasst. Obwohl das Kirchenlabyrinth von Chartres ein klassisches Labyrinth ohne Irrwege ist, handelt die Erzählung auf der Kupferplatte von einem Irrgarten: einem Weg ins Innere, der sich verzweigt, in Sackgassen enden kann oder Schleifen enthält und bei dem nur ein einziger Weg in die Mitte und aus ihr zurück führt, warum sonst hätte Theseus ein Wollknäuel benötigt?

Ein verzweigtes Labyrinth also, ein Irrgarten, der für die Griechen und Römer den Ablauf des menschlichen Lebens symbolisierte, an dessen Ende das Totenreich lag, im Christentum wurde daraus die Verheißung des Paradieses. Das Labyrinth als Irrgarten steht symbolisch für umkehren, stehen bleiben oder auch als Chance für aufbrechen, das Leben verändern, woanders hingehen – wie beim biblischen Abraham.

Chartres war auch für die Kelten schon von jeher eine heilige Stätte. Schon Cäsar schrieb, dass jedes Jahr zu einem bestimmten Zeitpunkt die Druiden an einer heiligen Stätte in der Mitte Galliens Zusammenkünfte abhielten, um Streitigkeiten zu schlichten. Es könnte Chartres gewesen sein. Eine Überlieferung erwähnt außerdem eine heidnische Kultstätte, die der Virgo Paritura, der »Jungfrau, die gebären wird«, geweiht war. Der älteste Teil der Kathedrale, die Krypta, wurde im 11. Jahrhundert über alte Kultstätten gebaut, wo die Muttergöttin verehrt wurde. Vermutlich war den Kelten auch die Geschichte des Minotaurus hinreichend bekannt, und beim Kirchenbau mag sich heidnisches und christliches Kulturgut vermischt haben. Seit dem Ursprung der Kirche von Chartres wird Maria in Gestalt einer schwarzen Jungfrau verehrt.

Die christlichen Labyrinthe sind normalerweise keine Irrgärten, sondern man gelangt, manchmal verschlungen zwar, aber immer in die Mitte. Es gibt keine Möglichkeiten, sich zu verirren, man kann sich auf sich selbst konzentrieren und darauf verlassen, sicher geleitet zu werden. Doch Heiden und Christen gemeinsam haben ein Ziel im Auge, das Ausdauer erfordert und nur unter vielen Anstrengungen und Mühen zu erreichen ist. Die Linien stellen das menschliche Leben mit seinen Prüfungen, Verzögerungen und Problemen dar, während in der Mitte das Ziel wartet. Und das unverzweigte Labyrinth steht für: immer weitergehen, nicht stehen bleiben oder auch »in sich gehen«. Vom Rand des Labyrinths bis zum Zentrum symbolisiert es den Lebensweg

von der Geburt bis zum Tod. Erinnert uns das alles nicht auch an einen Initiationsweg? Versuchte man, ihn im Labyrinth nachzubilden? Es wäre naheliegend. Dafür würde auch der sogenannte Jungfrauentanz sprechen, ein Rundtanz der Mädchen in Form eines Labyrinths, der in Schweden als Frühlingsritual beliebt ist. Der Überlieferung nach soll früher in Chartres an hohen Festtagen auch der Bischof mit Pilgern das Labyrinth im Tanzrhythmus durchschritten haben.

Das Labyrinth von Chartres lässt mehrere Bedeutungen zu: »Irrgarten« – in Bezug auf das berühmte Labyrinth von Knossos auf Kreta; »Meile«, was auf die Länge des Weges hindeutet; und dazu noch »Weg nach Jerusalem«. Das könnte heißen, dass das Abgehen des Labyrinths einer Pilgerfahrt ins Heilige Land gleichkommt, es wäre aber auch möglich, dass mit Jerusalem nicht die Stadt gemeint ist, sondern das Paradies, nämlich das »himmlische Jerusalem« der Heiligen Schrift.

Seit mindestens fünftausend Jahren hat das Labyrinth seine Spuren auf unserer Welt hinterlassen, rund oder quadratisch ist es in Felsen geritzt, in Tempel gemalt, in römischen Fußbodenmosaiken enthalten, aus Steinen gelegt, auf Münzen geprägt, in christlichen

Kirchen des Mittelalters zu finden und erst zur Renaissancezeit wieder daraus verbannt. Dafür tauchte es als Rasen- oder Heckenlabyrinth wieder auf – seine neuen, vielfältigen Formen wurden als Irrgärten beliebt.

Im Mittelalter diente das Labyrinth auch als Ersatz für eine Pilgerreise. Pilger, die nicht ins Heilige Land oder nach Santiago de Compostela wallfahren konnten, vollzogen hier die Pilgerfahrt im Geiste oder auch auf den Knien nach. Und aus dem Wollfaden der Ariadne wurde der Faden der Liebe ...

Der geheimnisvolle Zauber des Labyrinths mit seinen verschlungenen Pfaden und Windungen, die die unendliche Spirale von Leben, Tod und Wiedergeburt widerspiegeln, erinnert auch an lange versunkene Kulturen und übt noch heute seine Wirkung auf die Menschen aus.

Seit sich ab dem Anfang der Neunzigerjahre der Pilgerweg nach Santiago wieder zunehmender Beliebtheit erfreut, werden auch verstärkt Labyrinthe angelegt und liebevoll gepflegt – im Rasen vor Kirchen, in Parks oder in Gärten von Pilgern. Und vom Kleinkind bis zum Erwachsenen folgen Menschen freudig den magischen Linien in die Mitte. Wie auf einer Pilgerreise fühlen sie sich eingeladen, sich auf den Weg zu machen, verspüren die Ähnlichkeit mit dem Lebensweg, auf dem sie auch auf verschlungenen Wegen zur Mitte und wieder zurück wandeln – und immer weitergehen müssen. Das Labyrinth hat nichts von seiner Anziehungskraft eingebüßt.

Maria von Magdala – Heilige oder Hure?

»Jesus sprach zu ihr: >Maria!< Sie wandte sich um und sagte auf Hebräisch zu ihm: >Rabbuni<, das heißt: Mein Herr! Jesus sprach zu ihr: >Rühre mich nicht an, denn noch bin ich nicht aufgefahren zum Vater; geh aber zu meinen Brüdern und sage ihnen: Ich gehe hinauf zu meinem Vater und zu eurem Vater, zu meinem Gott und zu eurem Gott.< Maria Magdalena ging und verkündete den Jüngern: >Ich habe den Herrn gesehen<, und dies habe er ihr gesagt.«

Johannes 20, 16–18

Kapelle La Sainte Baume: Maria Magdalena als
Apostelin der Provence

Die Augen müssen sich zuerst an das Dämmerdunkel gewöhnen. Soeben haben sie im leuchtenden Sonnenschein die karstige Felsbarriere des Massivs von Sainte Baume bewundert und sich am tiefen Azurblau des Himmels erfreut. Doch beim Betreten des Waldes wechselt schlagartig die Stimmung, die leuchtenden Farben der Provence und das helle Licht schaffen es nicht, den dichten und von einer hohen Felswand geschützten Wald zu durchdringen. Flechten und Moose überziehen den Boden, über eingestürzte Kalk steinblöcke rieselt dunkles Wasser. Kein Laut ist zu hören, immer verwunschener wird der Weg. Uralte Baumriesen krallen ihre Wurzeln tief in den felsdurchsetzten Boden und recken ihre knorrigen Äste hoch in den Himmel, im ewigen Kampf um das Licht fest von Efeu und anderen Schlingpflanzen umklammert. Das von Höhlen durchzogene Gelände erzeugt eine eigenartige Stimmung. In diesem »urzeitlichen« und geheimnisvollen Wald scheint die Zeit ihren Atem angehalten zu haben. Tiefe Stille ringsum, nicht einmal Vogelstimmen sind zu hören. Seit jeher hat man diesen Wald als geheiligt angesehen.

Die dort gelegene Grotte der heiligen Maria Magdalena inmitten der Felswand ist mindestens seit dem 5. Jahrhundert ein Wallfahrtsort, das kleine Kloster daneben wird seither von Mönchen bewohnt. Später wurde Sainte Baume für die aus den Alpen und von Italien kommenden Jakobspilger Durchgangsstation auf dem Weg nach Santiago de Compostela.

Einer sehr alten Legende nach hatten die Juden bei der Christenverfolgung einige der Jünger Jesu in ein Boot ohne Segel und Ruder gesetzt und ins Meer gestoßen. Das Boot strandete in Saintes-Maries-de-la-Mer. Lazarus und seine Schwester Martha, Maria Magdalena, Maria Jakobäa, Maria Salome – die Mutter des heiligen Jakobus –, ihre schwarze Dienerin Sara, Maximin und Sidonius entstiegen dem Boot. Die Marien Jakobäa und Salome mit Sara blieben am Ort, Maria Magdalena zog weiter und verkündete zunächst in Marseille, später zusammen mit Maximin in Aix-en-Provence das Evangelium. Aus Furcht vor Verfolgungen, vielleicht auch vom Wunsch beseelt, in der Stille ihren

»Rabbuni« wieder zu finden, kam sie in die sakrale Grotte von Sainte Baume, wo sie die letzten Jahre ihres Lebens verbrachte. Als sie ihren Tod nahen fühlte, soll sie den Berg verlassen und in den Armen ihres Gefährten Maximin gestorben sein. Heute werden ihre kostbaren Überreste in der Krypta der Basilika von Saint-Maximin verehrt. Auch die Kathedrale von Vézelay, das größte der heiligen Maria Magdalena geweihte Bauwerk auf dem Jakobsweg, bewahrt Reliquien von ihr. Seit dem Mittelalter wird sie als große Heilige Frankreichs und als Apostelin der Provence verehrt.

Kalt ist es in der Magdalenengrotte, von der Decke tropft Wasser, Einsamkeit umgibt uns. Dennoch nimmt einen die besondere Ausstrahlung der als Kirche eingerichteten Felsenhöhle sofort gefangen. Ist es die Spiritualität der Heiligen – oder spürt man, dass hier schon seit zwei Jahrtausenden gebetet wird? Wie hatte sie gelebt, bevor sie sich Jesus anschloss? War sie eine von Dämonen besessene Frau? Oder eine Prostituierte? War sie mit Jesus verheiratet und hatte Kinder? Oder war sie die Gefährtin an seiner Seite, »die alles begriff«? Steht sie im übertragenen spirituellen Sinn für das Göttliche in weiblicher Gestalt, als Weisheit oder Heiliger Geist?

War sie als Apostelin der Apostel gleichberechtigt mit Petrus? Was sagt das Neue Testament dazu, was die geheimen, gnostischen Evangelien (Gnosis = Erkenntnis), die nicht in die Bibel aufgenommen wurden?

Historisch gesehen ist über Maria Magdalena wie auch über Jesus so gut wie nichts bekannt. Die Evangelien sind mehr verbunden mit der Verkündigung der Lehre als mit historischen Tatsachen oder Biografien. Mehrfach wird berichtet, dass Maria Magdalena aus der Handelsstadt Magdala am See Genezareth stammte und wohl alleinstehend war. Nach dem Lukas-Evangelium (8, 2) trieb Jesus sieben Dämonen von ihr aus und sie folgte ihm nach. Papst Gregor I. bezeichnete sie im 6. Jahrhundert in einer Predigt als Prostituierte, indem er sie als die Sünderin identifizierte, die Jesus die Füße wäscht (Lukas 7, 36–50). Die sieben Dämonen setzte er mit den sieben Todsünden gleich, schrieb sie Maria Magdalena und den Frauen zu und besiegelte damit die Vorherrschaft der Männer in der Kirche. Obwohl dieser Zusammenhang in keinem Evangelium auftaucht, wurde er immer wieder als wirksames Propagandainstrument gegen die Frauen benutzt. Die katholische Kirche erklärte diese

Verknüpfung 1400 Jahre später, im Jahr 1969, offiziell für irrig – diese Tatsache ist vielen Christen bis heute noch nicht geläufig.

Der einzige Hinweis darauf, dass Jesus und Maria Magdalena ein Paar waren, findet sich in den geheimen Evangelien. Die gnostische Lehre war im 1. und 2. Jahrhundert eng mit dem Christentum vermischt und wurde abgelöst, weil man sie nicht mit der alttestamentarischen biblischen Tradition in Einklang bringen konnte. Diese Evangelien enthalten die Lehre vom »mythischen Erlöserpaar«.

In allen Texten wird Maria Magdalena als eine der engsten Gefährtinnen und Jüngerin Jesu dargestellt. Entstand dadurch die Rivalität mit Petrus? Zitate belegen, wie er versuchte, sie lächerlich zu machen – im heutigen Sprachgebrauch würde man das wohl »Mobbing« nennen.

Das Einzige, was in allen Überlieferungen übereinstimmt – im Neuen Testament und den geheimen Evangelien – ist der Verkündigungsauftrag an Maria Magdalena, der daher als erwiesen gilt. Sie wird als diejenige genannt, die bei der Kreuzigung und Auferstehung dabei war. Besonders schön ist bei Johannes geschildert, wie sie als Erste dem Auferstandenen begegnet und den Auftrag zur Weitergabe der Botschaft an die anderen Apostel erhält. Sie wurde damit zur Apostelin der Apostel und steht auch für die kontinuierliche Weiterführung der christlichen Lehre. Während die meisten Jünger die Sache für verloren hielten und in den Untergrund gingen, versuchten vor allem die Frauen, ein Weiterleben im Sinne von Jesus zu entwickeln. In den Evangelien und den ersten Generationen nach Jesus war die Gleichstellung der Frau normal und wurde erst allmählich zurückgedrängt.

Es ist müßig, darüber zu spekulieren, was heute anders wäre, wenn Maria Magdalena und die Frauen den ihnen von Jesus zugedachten Stellenwert behalten – und mehr mitbestimmt hätten. Oder darüber, was eigentlich passiert, wenn die weibliche Seite unterdrückt wird, der man die Verbindung zur Natur, zur Menschlichkeit, zum inneren Selbst nachsagt. Welche Schwerpunkte verloren gegangen sind durch die »einseitige« Verkündigung des Evangeliums durch Männer in einer Gesellschaft, die doch aus Männern und Frauen besteht? Ob die Geschichte unseres christlichen Abendlandes einen anderen Verlauf genommen hätte? Wir wissen es nicht. Ob es wirklich etwas geändert hätte? Der Auftrag, einander zu lieben, steht

ja deutlich in den Evangelien und fällt uns Menschen trotzdem manchmal unendlich schwer. Oder erleidet unsere Fähigkeit zu lieben auch deshalb Schaden, weil das natürliche Gleichgewicht von männlichen und weiblichen Elementen in unserer Welt immer wieder durch Egoismus und Machthunger gestört wird? Kann es sein, dass wir dadurch unseren naturgemäßen Rhythmus verlieren, uns anstatt ausgeglichen eher gehetzt fühlen und statt zu lieben und friedvoll zu sein häufig dazu neigen, aggressiv zu reagieren und Kriege zu führen? Gleiten wir deshalb immer wieder ins Chaos ab?

Wäre es für die Kirchen nicht ein Gebot der christlichen Nächstenliebe, die durch Verschweigen oder falsches Auslegen der Bibel entstandenen Schwachstellen aufzuarbeiten? Getreu den Worten des Apostels Levi, mit denen er Maria Magdalena verteidigte: »Petrus, du bist von jeher aufbrausend. Nun sehe ich, wie du dich gegen die Frau ereiferst wie die Widersacher. Wenn aber der Erlöser sie für wert erachtete – wer bist du, dass du sie verwirfst? (Evangelium nach Maria, 18, 10–15)

Und wäre es nicht erstrebenswert für uns Frauen, den von Jesus zugedachten Platz in der Kirche einzunehmen und zusammen mit den Männern ein Leben im Sinne von Jesus zu führen, ein gottgefälliges und menschengerechtes Leben hin zu einer besseren Welt? Maria Magdalena steht für Liebe, Mut, Treue und Spiritualität. Wäre es nicht besser als alle Spekulationen, ihr und den frühen Christen in diesem Sinne nachzueifern? Nicht durch noch härtere »Ellbogen« als die in unserer heutigen Gesellschaft schon üblichen, sondern mit der Liebe und Wahrhaftigkeit, wie sie den alten Muttergöttinnen ebenso eigen war wie den Priesterinnen der Naturvölker und nicht zuletzt Maria, der Mutter Gottes.

Könnte dies der richtige Weg sein in eine Welt, wie wir sie uns alle wünschen und in der alle Menschen in Liebe und Freiheit miteinander leben?

Der geheimnisvolle Schatz von Rennes-le-Château

REX MUNDI
DAGOBERT II ROI ET A SION EST CE TRESOR
ET IL EST LA MORT.

König der Welt
Dagobert II. König und Sion gehört dieser Schatz
und er ist der Tod.

Rennes-le-Château: Der Dämon Asmodi
hält das Weihwasserbecken.

Die geheimnisvollen Spuren

Maria Magdalenas sind in Frankreich nicht zu übersehen, ähnlich wie die Pilgerwege durchziehen sie das Land. Zufall? Sainte Baume in der Provence und Saintes-Maries-de-la-Mer, der Ort der Anlandung des Bootes der drei Marien, liegen nicht weit voneinander entfernt. Die kleine Stadt war früher auch Durchgangsstation auf dem Jakobsweg.

Biegt man von der Via Tolosana nach Süden ab, kommt man in einen Ort voller Geheimnisse: Rennes-le-Château, auf einem Bergrücken gelegen, ein paar Kilometer auf einer schmalen Bergstraße hinauf. Ein merkwürdiges Dorf, eigentlich eher armselig. Nicht mal hundert Leute wohnen dort. Leider erfährt man von ihnen nichts, sie schalten auf stur, sind der vielen Fragen vielleicht überdrüssig. Die Kirche ist der heiligen Maria Magdalena geweiht. 1885 wurde ein junger Pfarrer, Bérenger Saunière, in diese Gemeinde versetzt. Geld hatte er keines, das kleine Dorf war bettel-arm, die Kirche und das Pfarrhaus sollen ziemlich baufällig gewesen sein. Verdient hat er als Dorfpfarrer bestimmt nicht viel. Trotzdem begann er ein paar Jahre später mit der Renovierung der Dorfkirche und baute sie in großem Stil um. Außerdem legte er einen kleinen Park an, baute einen Turm mit einer Bibliothek darin – Tour Magdala – und ein richtig luxuriöses Landhaus: die Villa Bethania. Allerdings ist er nie dort eingezogen. Und die Kirche hat er nicht nur restauriert, sondern von Grund auf verändert und dafür Unsummen ausgegeben, was er unmöglich mit seinem Geld oder dem der Gemeinde bezahlt haben kann. Hat er beim Umbau der Kirche etwas gefunden? Es wird gemunkelt, dass es sich um einen großen Schatz gehandelt hat und um wichtige Dokumente, die geheim gehalten werden sollten und die deshalb jemandem viel Geld wert waren. Saunière ist nach dem Umbau viel herumgereist, auch nach Paris, er bekam öfters Besuch von hochstehenden Persönlichkeiten, ein Mitglied aus dem Hause Habsburg soll dabei gewesen sein und auch der französische Kultusminister, was die wohl alle bei ihm wollten? Jedenfalls ist er im Geld geschwommen – und dann ganz plötzlich gestorben. Ein Schlaganfall

soll es gewesen sein! Das Komische daran ist, dass seine Haushälterin schon fünf Tage vorher einen Sarg für ihn bestellt hatte, als er noch kerngesund war. Außerdem soll ihm der Priester aus dem Nachbardorf nach seiner Beichte die Absolution und die Letzte Ölung verweigert haben. Das ist doch mehr als seltsam, oder? Wie fast alles in Rennes-le-Château eben.

Jedenfalls suchen und graben seitdem alle möglichen Leute nach dem Schatz – oder interessieren sich für die gefundenen Dokumente, in denen angeblich etwas von Maria Magdalena stand: Dass sie mit Jesus verheiratet gewesen sein soll und Kinder hatte und nach der Auferstehung von Jesus nach Frankreich geflohen ist, um sich und die Kinder in Sicherheit zu bringen. Und damit die Stammmutter des Königsgeschlechts der Merowinger wäre. Vielleicht sei Jesus gar nicht am Kreuz gestorben und mit ihr nach Frankreich gekommen. Derartige Informationen wäre auf jeden Fall sehr viel Geld wert gewesen. Vielleicht hat ja Saunière damit den Vatikan erpresst? In Rennes-le-Château folgt Spekulation auf Spekulation.

Am Ortseingang empfängt den Besucher ein großes Schild: »Graben ver-

boten«. Das Dorf ist nicht groß, die Kirche leicht zu finden. Äußerlich sieht sie eher unauffällig aus. Über dem Eingang fällt ein eingemeißeltes Zitat aus dem Alten Testament auf: »TERRIBILIS EST LOCUS ISTE – dieser Ort ist schrecklich« – das geht ja gut los. Dann erschreckt den Besucher eine in grässliche Farben gehüllte Teufelsfigur, der Dämon Asmodi hält das Weihwasserbecken! Er ist ja der Legende nach der »Hüter verborgener Schätze«. Über dem Becken ein seltsam falsches Zitat: »In diesem Zeichen wirst du ihn besiegen.« Nachdem sich die Augen an das Dämmerdunkel der Kirche gewöhnt haben, wirken die grellbunten kitschigen Farben an Wänden und Bildern eher abstoßend. Die Kreuzwegsstationen enthalten jedoch Details, die so nicht in der Bibel stehen: Ein Kind, in ein Schottentuch gehüllt, kniet mit seiner Mutter unter dem Kreuz – welche geheimnisvolle Anspielung wollte Saunière damit machen? Die der Grablegung Christi zeigt, wie der Körper Jesu von seinen Jüngern getragen wird – die Darstellung lässt zwei Möglichkeiten offen, ob Jesus wirklich in das Felsengrab gelegt worden ist oder ob er aus dem Grab herausgetragen wurde. Auf dem Altarbild ist die heilige Maria Magdalena abgebildet, wie sie in einer Höh-

le in der Nähe von Rennes-le-Château vor einem Kreuz kniet – dies könnte als Hinweis gelten, dass Maria Magdalena den heiligen Gral nach Frankreich gebracht hat. Neben dem Altar halten die Statuen des heiligen Josef und der Mutter Maria jeweils ein Kind auf dem Arm – Jesus und sein Zwillingsbruder? Wie viele versteckte Andeutungen enthält diese Kirche noch?

Ein Ort der Kraft ist das nicht, eher schon ein schrecklicher Ort, wie auf dem Spruch über dem Eingang zu lesen ist. In dem kleinen Nebengebäude, in dem Saunière gewohnt haben soll, ist mehr zu erfahren: Es war ein Schatz, den er gefunden hat, sagen die Schatzsucher, aber von welcher Art? Die Spekulationen sind vielfältig: War es der Schatz der Westgoten, die Beute von Alarich bei der Plünderung Roms oder der Kronschatz der Merowinger? Hatte Saunière die heilige Bundeslade der Juden entdeckt und den siebenarmigen Leuchter? Oder den geheimnisvollen Schatz, den die Tempelritter vor ihrer Verhaftung vergraben haben? Sie waren ja in dieser Gegend sehr präsent. Möglicherweise war es ein geistiger, esoterischer Schatz. Es sollen wohl mehrere Dokumente dabei gewesen sein, stellte eines davon vielleicht die Evangelien infrage?

Saunière fuhr nach Paris, um die alten Texte mithilfe eines komplizierten Schlüssels zu dechiffrieren. Die Übersetzung eines Textes lautet: »Dagobert II. König und Sion gehört dieser Schatz und er ist der Tod.« Noch heute wird über die Bedeutung dieser Worte gerätselt. Dagobert II. würde auf die Merowinger hindeuten, die sich später durch Eheschließung auch mit den Westgoten verbanden. Mit Sion könnte die geheime Gesellschaft »Prieuré de Sion« gemeint sein, die schon im Jahr 1099 von Gottfried von Bouillon gegründet worden sein soll und eng mit dem Templerorden verbunden war, wie es die Autoren des Buchs »Der Heilige Gral und seine Erben« herausgefunden haben wollen. Offiziell existiert diese Gesellschaft in Frankreich allerdings erst seit Mai 1956, als sie von Pierre Plantard ins Leben gerufen wurde. Es sieht aus, als ob der ominöse Schatz, wenn es ihn denn geben sollte, mit allen Spekulationen gleichzeitig zusammenhängt. Vielleicht haben sich ja die Mächtigen der verschiedenen Zeitalter den Schatz jeweils gegenseitig abgejagt. Möglicherweise handelte es sich auch um mehrere Schätze und Saunière hat einen Plan gefunden, aus dem die Verstecke hervorgehen. Was immer es auch gewesen sein

mag, Saunière wurde dadurch offensichtlich wirklich steinreich.

Unter den vielen Besuchern kursiert noch eine weitere Theorie: Dass es in Rennes-le-Château ein Tor zu einer anderen Welt geben soll – einen Weg in die innere Erde, in die man über zahlreiche Höhlensysteme unter dem Ort gelangt. Diese Theorie komme auch durch die vielen unerklärlichen Lichterscheinungen in dieser Gegend zustande, die von UFOs oder von Radioaktivität stammen.

Den Eingang zu dieser Welt könnte der Dämon Asmodi bewachen!

Vielleicht kommt die Theorie, dass es da irgendwo einen Spaßvogel gibt, der immer neue Spekulationen in die Welt setzt und ein bewusstes Verwirrspiel betreibt, der Wirklichkeit am nächsten. Aber warum? Aus Spaß an der Freud? Dass dies schon über mehrere Jahrhunderte dauert, spricht nicht unbedingt dafür. Oder doch?

Mont Ségur, der Schicksalsberg der Katharer

»Im Anfang war der Logos – das Wort, und das Wort war bei Gott, und Gott war das Wort. Dieses war im Anfang bei Gott. Alles ist durch dieses geworden, und ohne es wurde auch nicht eines von dem, was geworden ist. In ihm war das Leben, und das Leben war das Licht der Menschen. Das Licht leuchtet in der Finsternis, und die Finsternis hat es nicht ergriffen.«

Prolog des Johannes-Evangeliums

Taube von Minerve, Katharerdenkmal

»Ich weiß wohl, dass viele Ritter zu Munsalvaesche beim Grale wohnen. Wenn sie ausreiten, so geht es auf Abenteuer ... Ich will Euch künden, wovon sie leben: sie leben von einem Steine, der von ganz reiner Art ist. Wenn Ihr ihn nicht kennt, so soll er Euch hier genannt werden. Er heißt lapis exillis ... Auch wenn es einem Menschen noch so schlecht gehen mag, wenn er den Stein sieht, so wird er in der Woche, die auf diesen Tag folgt, nicht sterben. Auch bleibt sein Aussehen dasselbe, das er hatte, als er den Stein erblickte, und zwar so, wie er in seiner besten Zeit aussah – Frau wie Mann –, und wenn sie den Stein zweihundert Jahre lang sähen, es werden grau allein die Haar. Solche Kraft gibt der Stein dem Menschen, dass Fleisch und Bein flugs Jugend empfängt. Der Stein wird auch genannt der Gral ...«

Welche Verheißung! Wolfram von Eschenbach ließ in seinem Epos durch die Worte eines Einsiedlers einen uralten Menschheitstraum aufleben, den Wunsch nach Unsterblichkeit und einem Leben in ewiger Jugend. Schon seit der Spätantike suchen die Alchemisten nach diesem »Stein der Weisen«, der den Alterungsprozess stoppen soll. Ob die Transformation von Metallen zu Gold jemals funktioniert hat, darüber spekuliert man heute noch. Es wird gemunkelt, dass Nicolas Flamel im 14. Jahrhundert das »große Werk« geglückt sei. Nachdem er im Buch des Juden Abraham die Anweisung dafür gefunden habe, sei ihm nach langen Jahren und einer Pilgerfahrt nach Santiago de Compostela endlich die Herstellung gelungen. Er soll sehr reich gewesen sein, als er starb. Andere meinen zu wissen, dass er seinen Tod nur vortäuschte und später in einem anderen Land wieder auftauchte.

Was hat das mit den Katharern und dem Mont Ségur zu tun? Munsalvaesche könnte die sagenhafte Katharerburg Montsalvat sein, von der manche annehmen, dass sie mit Mont Ségur identisch ist. Und in dieser Burg soll der Gral gehütet worden sein. Schon aus dem Namen geht hervor, dass es sich um eine sichere Burg handelte, ein idealer Platz also für ein Versteck. In einer Höhe von 1200 m über einer Steilwand auf dem felsigen Gipfel des »Pog« gelegen, war sie sehr schwer zugänglich. Wie hatten die Katharer dort gelebt und vor allem,

an was glaubten sie, dass sie so gnadenlos verfolgt und getötet wurden?

Das heutige Languedoc gehörte im 13. Jahrhundert nicht offiziell zum Königreich Frankreich. Die unabhängige Grafschaft im okzitanischen Sprachraum war den spanischen Königreichs näher als dem Norden Frankreichs und hatte eine höher entwickelte Kultur als die meisten anderen europäischen Länder, statt Fanatismus gab es hier eine Tendenz zu religiöser Toleranz. Von den oft korrupten Klerikern enttäuscht, hatten sich viele aus Volk und Adel der katholischen Kirche entfremdet. Ein guter Nährboden für einen Neuanfang und eine Rückbesinnung auf das Evangelium! Der Katharismus ist eine gnostische, dualistische Religion. Die Menschen, die ihm anhingen, konnten sich nicht vorstellen, dass der Gott der Liebe und des Guten etwas zu tun haben konnte mit der Schöpfung unserer so unvollkommenen Welt, oft grausam und voller Elend und Lügen. In ihren Augen musste es zwei Schöpfungen geben: Eine rein geistige Welt, regiert vom guten Gott, dessen Reich unsichtbar, gerecht und unvergänglich ist. Und eine materielle, sichtbare Welt, in der wir leben. Diese war für sie von Grund auf böse und konnte nur die Schöpfung des Teufels sein, den sie

»Gott des Bösen« nannten oder »Rex Mundi« (König der Welt).

Sie wollten keine neue Religion gründen, sondern schöpften ihren Glauben aus dem Evangelium, das sie anders als die katholische Kirche interpretierten. Die gnostischen Evangelien – und auch das von Johannes und Markus geben ihnen teilweise recht, dort steht unter anderem, dass Jesus mehrfach betonte, dass sein Reich nicht von dieser Welt sei (Joh. 18, 36) – oder auch »Himmel und Erde werden vergehen, doch meine Worte werden nicht vergehen« (Luk. 21, 33). Die Katharer – die Reinen – nannten sich selbst Christen oder gute Menschen und führten ein Leben in Einfachheit und Demut. Sie glaubten, dass die Erlösung für die Seele darin bestehe, sie aus ihrem fleischlichen Gefängnis zu befreien und diese Welt zu verlassen, um in das unsichtbare Reich des guten Gottes zu gelangen. Natürlich nur, wenn sie vorher asketisch und fromm gelebt hatten, ansonsten gelangte die Seele in einen anderen Körper und musste von vorn beginnen, sich zu läutern. Sie glaubten also an die Wiedergeburt. Das Leben auf der Erde wurde als Buße und Läuterung begriffen.

Auch an die Gleichrangigkeit des männlichen und weiblichen Prinzips in der Religion glaubten sie, ihre Priester, die sogenannten Parfaits (Vollkommene), waren Männer und Frauen. Sie wurden geweiht, wenn sie den Zustand der Wahrheit und Gerechtigkeit erlangt hatten, die Erkenntnis des göttlichen Ursprungs.

Als sich der Katharismus immer weiter ausbreitete, reagierte die römische Kirche und wollte sie zunächst friedlich zum katholischen Glauben zurückführen. Schon im Jahr 1145 predigte Bernhard von Clairvaux gegen die Häretiker, doch er sagte auch: »Sicherlich gibt es keine christlicheren Predigten als die ihren und ihre Sitten waren rein.« In einem Kirchenkonzil in Albi wurden ihre Lehren verurteilt. Weil diese Stadt ein Zentrum der Bewegung war, nannte man die Katharer auch Albigenser. Auch der heilige Dominikus sowie Mönche des Zisterzienserordens begannen, in ganz Südfrankreich gegen die Häresie zu predigen, doch war ihnen wenig Erfolg beschieden. Schließlich verurteilte die Kirche die Katharer als Ketzer. Im Jahr 1209 rief Papst Innozenz III. zu einem Kreuzzug, einem Heiligen Krieg gegen die »Ungläubigen« auf. Für das damals kleine Königreich Frankreich ein willkommener Anlass, sich das blühende Okzitanien einzuverleiben. Das militäri-

sche Kommando bekam Simon de Montfort. Die Kreuzfahrer metzelten erbarmungslos die Einwohner vieler Städte nieder – der päpstliche Nuntius soll auf Nachfrage eines Offiziers, wie man die Ketzer von den Katholiken unterscheiden könne, gesagt haben: »Tötet sie alle, Gott wird die Seinen schon erkennen.« Die Kreuzritter eroberten eine Stadt nach der anderen und legten die blühende Kultur des Languedoc in Schutt und Asche. Dann wagten sie sich auch an das geistige Zentrum der Katharer, den Mont Ségur, dessen Burg als uneinnehmbar galt. Vielleicht auch deshalb, weil sich die Gerüchte über einen mysteriösen Schatz von »nicht mit Geld zu bemessenen Wert« mehrten. War damit der Stein der Weisen gemeint, der ja nicht nur Reichtum, sondern auch ewiges Leben versprach? Dagegen spricht, dass die Katharer ihr Seelenheil nicht in dieser Welt sahen. Oder hatten sie einen Beweis gegen die Lehre der Kirche? Vom Mont Ségur nach Rennes-le-Château ist es nicht weit. Bestimmte Dokumente könnte man dort versteckt haben. Bestätigten sie vielleicht doch eine Ehe Jesu oder die Geburt seiner Kinder? Damit könnte der Gral das königliche Blut Jesu und den Schoß der Maria Magdalena symbolisieren, wie es die

Autoren des »Heiligen Gral und seine Erbe« zu wissen glauben. Es würde auch auf die zweite Interpretationsmöglichkeit der Worte »Rex Mundi« in den entschlüsselten Dokumenten des Bérenger Saunière hindeuten, die auf die Prieuré de Sion weisen: Der rechtmäßige »König der Welt« ist ein Erbe der Merowinger, also aus dem Geschlecht Jesu. Das wäre Grund genug gewesen für Rom, die Vernichtung der Katharer mit derartiger Brutalität zu betreiben. Neben der Angst natürlich, dass sich diese Religion immer weiter ausbreitete und die eigene überflügelte mit allen negativen Folgen, die das für die Kirche bedeutet hätte.

Etwa ein Jahr hielt die Festung der Belagerung stand, dann wurde die Lage hoffnungslos. Am 2. März 1244 mussten die Verteidiger kapitulieren. Die Bedingungen für die Übergabe waren erstaunlich milde: Alle, die ihrem Glauben abschworen, sollten freigelassen werden. Die Verteidiger baten um einen vierzehntägigen Waffenstillstand, der ihnen im Austausch gegen Geiseln gewährt wurde. In der Nacht vor dem Ablauf der Frist seilten sich vier Parfaits vom Gipfel in die Schlucht ab und brachten der Überlieferung nach den legendären Schatz der Katharer in Sicherheit. Es kann sich also nur um kleine Gegenstände gehandelt haben, wie Dokumente oder Bücher, die sie bei dieser riskanten Flucht über die steilen Felsen bei sich tragen konnten. Den materiellen Katharerschatz sollen bereits im Januar 1244 zwei Parfaits aus dem Mont Ségur geschmuggelt haben. Die Flucht gelang, die Spur verlor sich irgendwo in Frankreich. Als am nächsten Tag das Ultimatum ablief, nahm keiner der katharischen Priester die Bedingungen der Besatzer an. Mehr als zweihundert von ihnen wurden am Fuß der Burg verbrannt. Warum sie um eine Frist gebeten hatten, wenn sie sowieso entschlossen waren, für ihren Glauben in den Tod zu gehen, wissen nur sie allein. Was in diesen Wochen geschah, was sie noch zu erledigen hatten, muss ihnen sehr wichtig gewesen sein! Ihr Wissen um den Schatz oder Gral und ihre Geheimnisse um ihre besonderen religiösen Rituale, die sie hier auf der Burg abhielten, nahmen sie singend mit in den Tod.

Auf den Spuren des Heiligen Gral

Des Weihgefäßes göttlicher Gehalt
erglüht mit leuchtender Gewalt;
durchzückt von seligstem Genusses Schmerz,
des heiligsten Blutes Quell
fühl' ich sich gießen in mein Herz.

Parsifal – Fassung von Richard Wagner

Felsenkloster San Juan de la Peña

Von der Via Tolosana erreicht man über den Somport-Pass zuerst Jaca und weiter auf der aragonesischen Route das Kloster San Juan de la Peña. Hier hüteten die Mönche vom 11. bis zum 14. Jahrhundert den Kelch, aus dem Jesus und die Jünger beim letzten Abendmahl tranken und in dem Joseph von Arimathäa nach der Kreuzigung das Blut Christi auffing. In den Archiven des Klosters findet sich die erste geschichtliche Erwähnung in einer Urkunde von 1134: »In einem Schrein aus Elfenbein befindet sich der Kelch, in welchem Christus, unser Herr, Sein Blut geheiligt hat; der heilige Laurentius überbrachte ihn in seine Heimat, nach Huesca«. Als der Kelch dort wegen der Invasion der Mauren nicht mehr sicher war, wurde er nach San Juan de la Peña gebracht. Der König von Aragón und Katalonien, Martin der Gütige, erwarb 1399 bei seiner Thronbesteigung den Kelch, wollte ihn in seiner Kapelle haben und ließ ihn nach Zaragoza, später nach Barcelona bringen. Von dort kam er später nach Valencia, wo er seither in der Kathedrale bewahrt wird.

Einsam ist diese Gegend noch heute. Vom Dorf Santa Cruz de la Serós führt ein steiler Weg zum Kloster, das sich unter einem mächtigen Felsüberhang aus Nagelfluh versteckt. Der burgähnliche Gebäudekomplex scheint mit dem Felsen »verwachsen«. Die Unterkirche ist mozarabischen Ursprungs und durch einen hufeisenförmigen Bogen mit dem ehemaligen Schlafsaal verbunden. In diesem muffigen und klammen Raum muss es im Winter erbärmlich kalt gewesen sein. Wie haben die Mönche mit frostklammen Fingern an ihren Manuskripten arbeiten können? Die Kirche im ersten Stock enthält die Grabstätten der Könige Navarras und Aragoniens und in einem weiteren Raum ein Pantheon für Könige und Adelige. In dieser Kirche soll der Gral aufbewahrt worden sein, zur Erinnerung daran steht ein kunstvoller Kelch in einer Glasvitrine. Durch ein mozarabisches Hufeisenportal gelangt man ins Freie, wo eine Kapelle mit filigranem gotischen Spitzbogen direkt am Felsen klebt, davor ein wunderschöner Kreuzgang aus rötlichen Sandsteinbögen, dessen herrliche Kapitelle Szenen aus der Genesis, der Kindheit Jesu und dem Leben Johannes des Täufers zeigen.

Das Kloster San Juan de la Peña war und ist ein wichtiger Punkt auf dem aragonesischen Jakobsweg. Der Überlieferung zufolge kamen im Mittelalter zahlreiche Pilger hierher, um den Heiligen Gral zu bewundern, die wichtigste Reliquie des Klosters.

Die Gralslegenden umgeben die Pilger sowohl auf dem französischen als auch auf dem spanischen Jakobsweg: Im galicischen Ort O Cebreiro erinnert in der Dorfkirche Santa María la Real ein wertvoller Kelch an das berühmte Wunder, das sich im 14. Jahrhundert zugetragen haben soll: »Ein Bauer aus dem Nachbardorf war trotz eines furchtbaren Schneesturms zum Cebreiro hochgestiegen, um die Messe zu hören. Der Mönch, der die Messe las, war wohl weniger gläubig als der fromme Bauer. Er verachtete diesen insgeheim, weil er sich nur wegen der Messe durch Schnee und Sturm gekämpft hatte. Bei der Wandlung wurde plötzlich aus dem Wein Blut und aus der Hostie Fleisch. Der Mönch erschrak sehr und wurde durch das Wunder bekehrt.« Die Katholischen Könige stifteten 1486 einen Reliquienschrein, in dem der Kelch und zwei Goldfläschchen mit heiligem Blut in einer Vitrine ausgestellt sind. Bei dieser Legende handelt es sich also nicht nur um

den Kelch des letzten Abendmahls, sondern auch um die Verwandlung von Brot und Wein in Leib und Blut Christi, die Eucharistie.

In den frühesten Erzählungen ist der Gral wohl ein Stein, die Philologen übersetzen ihn ebenfalls so. Auch in Wolfram von Eschenbachs Parzival vom Anfang des 13. Jahrhundert ist er ein Stein von den Sternen oder ein Stein vom Himmel, den die Engel zurückgelassen haben. Seither dürfen ihn nur ausgewählte Menschen mit reinem Herzen hüten. Auch Stein der Weisen und alchimistisches Symbol wird er genannt. Oder ist er ein Schicksalsstein, wie der Stein, auf den der alttestamentarische Jakob auf seiner Flucht vor dem Zorn seines Bruders Esau nachts sein Haupt legte und im Traum die Himmelsleiter sah? Beim Erwachen erkannte er, dass es ein Ort Gottes ist und goss Öl auf den Stein. Er nannte den Ort Bethel (Haus Gottes). Wurde der Steinkult aus dem Megalithzeitalter ins Alte Testament übernommen?

Wieder anderen neueren Erkenntnissen zufolge könnte mit dem Stein auch der Sockelstein des Kelches gemeint sein, der heute in Valencia verehrt wird. Michael Horchler vermutet, dass es sich bei der Gralsburg in Eschenbachs Erzählung um San Juan de la Peña handelt, das einer Klosterburg ähnelt, und zieht den Schluss, dass Parzival eine real existierende Person gewesen sein muss und dass die Handlung entlang des Pilgerwegs nach Santiago spielte. Der Weg Parzivals als christlicher Pilgerweg, als Initiationsweg, auf dem die innere Läuterung und Wandlung erfolgte? Für Jakobspilger ein gut nachvollziehbarer Gedanke. War Eschenbach vielleicht selbst auf dem Jakobsweg unterwegs?

Vieles spricht auch dafür, dass keltische Überlieferungen eingeflossen sind, die Legende des Parzival ist der des keltischen Peronnik ähnlich. In den Sagen der Kelten gab es einen Zauberkessel, der ewiges Leben versprach. In anderen Erzählungen führt die Gralsprozession einen abgeschlagenen Kopf mit sich, der Kopfkult ist ja uralt, schon von den Griechen, Ägyptern und Kelten wurden Schädel verehrt. Auf den »Baphomet« der Templer, die vermutlich diesen Kult wieder aufgriffen, wird im Templer-Kapitel näher eingegangen. In den frühen Legenden um Maria Magdalena ist nur vom Gral, nicht von einer Schale die Rede. Bei der ältesten Erzählung des »Perceval« von Chrétien de Troyes wird der Gral von einer schönen Jungfrau hereingetragen, aber es wird nicht erklärt, worum es sich

handelt. Dass Chrétien starb, bevor er seinen Roman vollendet hatte, sorgte wohl dafür, dass in Europa immer neue Interpretationen entstanden. Auch mit der Artussage ist die Gralserzählung verknüpft. Im Roman von Robert de Boron vom Ende des 12. Jahrhunderts war der Gral erstmals der Kelch des letzten Abendmahles. Möglicherweise wurden bei der Christianisierung Kopf oder Stein durch den Kelch ausgetauscht. Doch schon bei Wolfram von Eschenbach ist der Gral ein »Hort des Glücks, ein Füllhorn irdischer Köstlichkeiten, die man mit der Herrlichkeit des Himmelreichs vergleichen könnte ... Hundert Knappen mussten vor dem Gral ehrfurchtsvoll das Brot aufheben und auf weißes Linnen legen, um sich danach zu den Speisetafeln zu begeben.« Hat dieser Text Peter Fiebag dazu animiert, hinter dem Gral die »Mannamaschine« zu suchen, mit der man das »Brot des Himmels« herstellen konnte und die Bestandteil der Bundeslade der Juden war? Laut seiner Analyse ist die Herstellung der Maschine im Sohar, einem Buch der Kabbala, beschrieben, Mannamaschine und Gral produzierten die gleiche Nahrung und wurden mit gleichen Attributen charakterisiert. Und beide waren künstlichen, also außerirdischen Ursprungs.

Je weiter man in die Geheimnisse des Heiligen Grals einzudringen versucht, desto mehr fragt man sich nach dem Grund seiner vielfältigen Gestalt. Und kommt allmählich zu der von mir vermuteten Theorie, dass er rein spiritueller Natur ist. Eine Legende schildert, dass die Höhle von San Juan de la Peña ein Ort ist, an dem die Bewohner das Mysterium der Verwandlung des Menschen besonders pflegten. Die Tatsache, dass in den meisten Überlieferungen der Gral nur von Menschen mit reinem Herzen gehütet werden darf, könnte auch auf die Katharer (die »Reinen«) verweisen. Julius Evola bezeichnete in seinem Buch die Gralsburg als unsichtbares »Schloss der Seele«. Und Margarita Arminger berichtet vom Gralsmythos als der universellen Geschichte der dreifaltigen Göttin, die sich auch in der gnostischen Schöpfungsgeschichte zeigt, in der der göttliche Funke durch Sophia zu den Menschen gelangt. Hier schließt sich der Kreis hin zu Maria Magdalena, die als Gefährtin Jesu in den Augen der Gnostiker die Weisheit verkörperte. Und ist es nicht Weisheit, nach der wir alle suchen? Haben sich deshalb die Gralslegenden über all die Jahrhunderte erhalten, weil das Thema immer aktuell ist? Weil der »wahre Schatz« geistiger Natur

ist, der Gral ein Symbol, ein Sinnbild für die innere Wandlung. Steht er für die Sehnsucht des Menschen nach unsterblicher Seele? Für die Sehnsucht nach dem, was alle Religionen mit dem Namen Gott belegen? Und dafür, über einen mystischen Weg zu ihm zu finden? Steht er für die Suche nach Werten wie Wahrhaftigkeit, Liebe und Menschlichkeit, die unser christliches Abendland prägten, aber in der Geschichte schon des Öfteren mit Füßen getreten wurden und verloren gingen, aber wie durch ein Wunder immer wieder gefunden wurden und neu auflebten, weil wir ohne sie nicht wirklich leben können? Dann wäre auch verständlich, warum wir gerade auf dem Jakobsweg, dem »Sternenweg«, so viele Berührungen mit dem Heiligen Gral haben. Der Weg, auf dem so viele suchende Menschen unterwegs sind, mit christlichem, spirituellem oder auch atheistischem Hintergrund – und die doch alle auf dem langen Weg zu ähnlich gearteten Erkenntnissen kommen, sich innerlich wandeln und von denen »keiner so zurückkommt, wie er weggegangen ist«. Sind die Motive für ihren Aufbruch nicht ebenso unterschiedlich und vielfältig wie die vielerlei Wesen des Heiligen Gral?

Der Ritterorden der Templer

Non nobis Domine, non nobis, sed nomini tuo da gloriam!
Nicht uns, o Herr, nicht uns, sondern Deinem Namen
gib Ehre!

Motto des Templerordens

Templerburg von Ponferrada

Wie steht es im Parzival des Wolfram von Eschenbach: »Wo immer diese Templeisen Niederlage oder Sieg erjagen, tun sie es für ihre Sünden ...«

Zwar stößt man in den Kirchen des Jakobsweges und beim Beschäftigen mit dem Heiligen Gral immer wieder auf den Ritterorden der Templer, doch über kaum einen anderen Orden gibt es so viele Meinungen und Spekulationen wie über diesen.

Die Ungereimtheiten beginnen bereits bei der Gründung des Ordens: Zwischen 1114 und 1120 schlossen sich neun Ritter aus Frankreich zusammen, um sich fortan dem Schutz der Jerusalem-Pilger zu widmen. Sie gründeten damit den ersten geistlichen Ritterorden des Mittelalters. Seine Mitglieder waren gleichermaßen Soldaten und Mönche – eigentlich ein Widerspruch und bis dahin streng getrennt. Erst im Jahr 1129 gaben sie sich eine Ordensregel. Hat es so lange gedauert, bis anerkannt wurde, dass sich Mönche an kriegerischen Auseinandersetzungen beteiligten durften?

Es wäre verständlich, denn wenn Mönche in christlicher Mission in den Krieg zogen, war für sie das Gebot »Du sollst nicht töten« aufgehoben.

Von nun an mussten alle neuen Mitglieder ein Gelübde ablegen, wonach sie arm, keusch und gehorsam zu leben hatten, ihr Tagesablauf schloss Gottesdienste und Stundengebete ein. Als Ordenstracht und Zeichen der Reinheit der Seele wählten sie einen weißen Mantel, später schmückte ihn das rote Tatzenkreuz. Doch während andere zur Zeit der Kreuzzüge gegründete Ritterorden, wie die Johanniter, zunächst nur im geistlichen oder karitativen Bereich arbeiteten, übernahmen die Templer auch militärische Aufgaben im Dienste der Kirche. Man kann diese revolutionäre Wende wohl nur aus seiner Zeit heraus verstehen: Seit im vierten Jahrhundert die heilige Helena, die Mutter Kaiser Konstantins, in Jerusalem das Kreuz Christi gefunden hatte, pilgerten Christen dorthin und nahmen dafür heute unvorstellbare Strapazen auf sich. Als im 7. Jahrhundert die Araber Jerusalem eroberten, durften die Pilger weiterhin das Grab Christi besuchen, mussten sich allerdings muslimische Führer nehmen. Nachdem die Seldschuken im 11. Jahrhundert Jerusalem eingenommen hat-

ten, waren die Pilgerwege nicht mehr sicher. Es kam zum ersten Kreuzzug, die Heilige Stadt wurde 1099 von den Kreuzrittern zurückerobert und die Sieger errichteten dort ein christliches Königreich. Die Pilgerschaft erlebte neuen Aufschwung, im Heiligen Land hatten die Gefahren jedoch nicht abgenommen. Wenn die Pilger wirklich ankamen, waren sie total erschöpft. Man musste sich um sie kümmern. Die Zeit für einen Ritterorden war reif. Er sollte nicht nur Pilger, sondern auch das von den Muslimen befreite Jerusalem und die nach dem Kreuzzug gegründeten christlichen Staaten verteidigen.

Hugo von Payens wurde zum ersten Großmeister gewählt. Als Sitz des Ordens trat König Balduin II. einen Flügel seines Palastes ab, der auf dem ehemaligen Tempel von Salomon erbaut war. Sie nannten sich »Arme Ritter Christi und des salomonischen Tempels«, davon leitet sich der Name »Templer« ab. Ein Strom von Schenkungen floss an den neuen Orden, der sich innerhalb kurzer Zeit zum mächtigsten Orden der christlichen Welt entwickelte und nur dem Papst unterstellt war. Seine Mitglieder stammten aus den edelsten Familien Europas. Nach und nach gab es in allen Ländern Europas befestigte Templer-

bezirke, das zweite Zentrum neben Jerusalem war der »Temple« in Paris. Auch die Spanier unterstützten die Templer und erhofften sich Unterstützung bei ihrem Kampf gegen die Mauren im Süden.

Die durch die anhaltende Glaubenskrise immer neu hervorgerufenen Kriege finanzierten die Templer von Europa aus und benutzten dafür eine Art Wechselbriefe. Geldeinzahlungen in Frankreich wurden im Heiligen Land ausgezahlt. Der bargeldlose Zahlungsverkehr war erfunden. Doch die Templer machten auch Geldanleihen, besaßen eigene Reedereien und Schiffsflotten, boten Begleitschutz für Pilger an. Sie waren sehr erfolgreich, selbst der König von Frankreich hinterlegte seinen Schatz im Tempel von Paris. Der Orden expandierte, sammelte große Reichtümer an und war in seiner Blütezeit der Stolz des Abendlandes. Die Ritter wirkten auch als Diplomaten sowohl in Europa als auch im Heiligen Land, unterhielten gute Beziehungen zu den Herrschern Europas und der islamischen Welt.

Doch im Heiligen Land wendete sich das Blatt allmählich, in sieben Kreuzzügen ging eine Bastion nach der anderen verloren, nicht zuletzt wegen politischer Fehler ihrer Anführer, und als 1291 auch

Akkon, die Hauptstadt des Restes des Königreiches Jerusalem, in die Hände der Muslime fiel, hatten die Templer ihre eigentliche Aufgabe verloren. Johanniter und Templer mussten das Heilige Land verlassen und zogen sich nach Zypern zurück, wo sie aber nur geduldet waren. Während sich die Johanniter später auf Rhodos niederließen und dort einen unabhängigen Staat bildeten, versuchten die Templer ihr Glück in Europa, dort war der Orden am mächtigsten und hier hatten sie ja auch schon vorher für die Sicherheit der Pilger nach Santiago gesorgt. Allein in Frankreich sollen sie 1200 Komtureien besessen haben. Das erregte den Neid des französischen Königs, sie waren ihm zu mächtig und vor allem zu reich, denn er selbst war hoch verschuldet.

Und während ihr Großmeister, Jacques de Molay, auf Veranlassung des Papstes auf Zypern über einen neuen Kreuzzug ins Heilige Land nachdachte, braute sich über den Köpfen des Ordens ein vernichtendes Unheil zusammen. Philipp IV. der Schöne wollte Macht, er brauchte Geld für seine Kriege mit England und schreckte vor nichts zurück, um es sich zu beschaffen. Ein Denunziant war schnell zur Stelle, ein abtrünniger Templer hatte einen Brief mit Beschul-

digungen an den König geschrieben, den Philipp IV. seinem Berater Guillaume de Nogaret zur Prüfung übergab – das Unheil nahm seinen Lauf. Guillaume schleuste Spione in den Orden ein, sammelte Informationen. Der König legte die Anschuldigungen Papst Clemens V. vor, der sie zunächst zurückwies, doch sein Widerstand war nur von kurzer Dauer. Jacques de Molay reiste auf Weisung des Papstes nach Frankreich – die Ereignisse begannen, ihn zu überholen. Der König hatte streng geheim einen Brief an alle Strafvollzieher im Land geschickt, mit dem Befehl, sämtliche Templer aus Klöstern, Kirchen und Gutshäusern am 13. Oktober 1307 bei Morgengrauen zu verhaften. Eine illegale Maßnahme, da die Templer nur dem Papst unterstanden! Seltsamerweise leisteten sie keinen Widerstand. Die am besten ausgebildeten und reichsten Soldaten Frankreichs! Waren sie wirklich so überrascht, dass sie sich wie arme Schafe abführen und einsperren ließen? Die Anklage lautete auf Ketzerei, schloss Homosexualität ebenso ein wie Götzendienst und Verhöhnung des Glaubens – Vergehen, die auch innerhalb des Ordens den Ausschluss bedeutet hätten. Philipp IV. verlor keine Zeit, ließ die Ritter foltern und erpresste

Geständnisse. Der illegale Haftbefehl, die »Nicht-Reaktion« der Templer, das Verhalten ihres Großmeisters und vor allem das des Papstes geben Rätsel über Rätsel auf. Hatte Philipp das Ganze wirklich so klug eingefädelt, dass sie alle in der Falle saßen und sich nicht zu helfen wussten? Der Großmeister gestand und widerrief wieder – war er als Soldat den scharfsinnigen Intrigen von Nogaret und der Inquisition nicht gewachsen? Der ängstliche Papst, der kein einziges persönliches Gespräch mit Molay führte – fürchtete er persönlich die Drohung des Königs »wenn er sich vor die Templer stelle, wäre er selbst ein Ketzer«, er kannte ja das Schicksal seines Vorgängers, der nach einem Attentat, hinter dem Philipp der Schöne stand, gestorben war. Der Prozess zog sich jahrelang hin, die Templer blieben in den Kerkern, wurden weiter gefoltert, die »Uneinsichtigen« hingerichtet. Der Papst hielt dem Druck des Königs nicht stand, er löste den Orden 1312 auf dem Konzil von Vienne auf. Der Leidensweg des Großmeisters dauerte noch zwei Jahre, 1314 wurde er auf dem Scheiterhaufen verbrannt. Vor seiner Hinrichtung soll er nochmals seine Unschuld beteuert haben und sagte Unheil für alle voraus, die ihm unrecht getan hatten.

Clemens V. starb einen Monat später, König Philipp noch im selben Jahr bei einem dubiosen Jagdunfall, zwei der Inquisitoren überlebten das Jahr 1314 nicht. Ein Templerfluch?

Die Geschichte der Templer war zu Ende, die Legende begann! Zu vieles war unklar geblieben. Schon die Ordensgründung mutet seltsam an. Wie konnten neun arme Ritter für die Sicherheit Jerusalems und der Pilger sorgen und warum durften sie im Palast des Königs wohnen? Es wird vermutet, dass sie aus einem anderen Grund ins Heilige Land gekommen waren. Auch die Frage nach einer »Überorganisation«, der Prieuré de Sion, die den Templerorden ins Leben gerufen haben soll, bleibt offen. Unter der Folter gestanden sie das Anbeten eines Götzenbildes, des sogenannten »Baphomet«. Handelte es sich um den übernommenen Kopfkult der Kelten oder um die Reliquienverehrung Heiliger Schädel? Jakobspilger werden bei diesem Punkt nachdenklich, fallen doch am Jakobsweg häufig an Kirchen und Kapitellen steinerne Köpfe auf. Dass die Templer alte okkulte Traditionen fortsetzten, wäre zumindest vorstellbar.

Alte Völker, alte Pässe

Is ligen fünf berg im welschen lant,
die seint uns pilgram wolbekannt:
Der erst haist Runzevalle,
und welcher bruoder darüber get,
sein backen werden ihm schmale.

Wallfahrerlied, 14. Jahrhundert

Am Ibañeta-Pass

trauen und Angst mögen hinter solchen Vorurteilen stecken?

Dabei sind die Basken vermutlich das älteste Volk Europas. Sie nennen ihr Land Euskadi – Land, in dem man baskisch spricht. Ihre eigenartige Sprache ist die älteste Europas, niemand kennt ihren Ursprung, obwohl viel Forschung betrieben wurde, allerdings ohne eindeutiges Ergebnis, was Spekulationen Raum bietet. Zu den indogermanischen Sprachen gehört sie nicht, nur im Kaukasus gibt es noch verwandte Sprachen. Es wird vermutet, dass sie sich vielleicht aus der Steinzeit erhalten hat und die Basken die Nachfolger vorgeschichtlicher Einwohner sind. In den einsamen Bergen der Pyrenäen konnten sie sich vielleicht leichter erhalten als in Gebieten, wo sich die Völker mehr vermischten.

Den Wechsel der Kultur erlebt man als Pilger sehr deutlich: Im Unterschied zum bisherigen Südfrankreich gibt es plötzlich auffällig gerade Straßenzüge mit festen, stattlichen Häusern aus Stein, den rot oder grün gestrichenen Fensterläden sieht man förmlich die Freude ihrer Bewohner an ihren blitzsauberen Dörfern an. Auch ihre Tierliebe fällt auf, kaum irgendwo anders sieht man so viele Pferde, Hunde, Kühe und

Rätselnd stehen Pilger vor Ortsschildern wie diesem: »IZURA«. Wer Frankreich mit spärlichen Französisch-Kenntnissen durchwanderte, hat meist unterwegs gelernt, nach dem Weg zu fragen, ein Bett oder Zimmer zu reservieren und Schilder zu lesen. Doch dieser Ort ist unbekannt – und doch kennen ihn alle: Izura ist der baskische Name für Ostabat.

Ja, bereits hier im Süden Frankreichs beginnt das Land der Basken. Und weil die Sprache so fremdartig klingt und die Bräuche den Mitteleuropäern wenig vertraut waren, hatten schon die mittelalterlichen Pilger Angst vor ihnen. Aimeric Picaud schrieb im Codex calixtinus die gängigsten Meinungen nieder: »Ein barbarisches Volk. Es unterscheidet sich von allen anderen Völkern durch seine Bräuche und seine Rasse ... voller Bosheit, hässlich, ausschweifend, treulos ... Sie sind schlecht gekleidet, essen und trinken schlecht ... alle aus demselben Topf mit den Händen ... Ihr Reden erinnert an Hundegebell.« Wie viel Miss-

Schafe. Die Nationalgrenze trennt Frankreich und Spanien, dennoch ist deutlich ersichtlich, dass die Basken eine zusammengehörige Volksgruppe bilden.

Von jeher kämpften sie für ihre Unabhängigkeit. Unter ihrem Stammesheiligtum, der Eiche von Guernica, mussten schon die kastilischen Könige einen Eid auf die Freiheit der Basken leisten, bevor diese ihre Oberhoheit formell anerkannten. Vom 15. bis 19. Jahrhundert waren sie weitgehend unabhängig, heute kämpft die ETA (Baskenland und Freiheit) auf spanischer Seite für ihre Eigenständigkeit, der Terror macht leider trotz vieler Zugeständnisse immer noch Schlagzeilen, obwohl es in der Bevölkerung kaum noch Unterstützung dafür gibt.

Die Basken gelten traditionell als eigenwillig. Sie hatten alle Romanisierungsversuche abgewehrt und sich auch der Christianisierung lange widersetzt, erst im Spätmittelalter war sie abgeschlossen. Die ersten Städte wurden im 11. Jahrhundert am Jakobsweg gebaut, wie Sangüesa und Estella. Auch San Sebastián an der baskischen Küste wird schon in dieser Zeit erwähnt.

Pilger erleben das Baskenland und ihre Bewohner vor allem hautnah in den Dörfern der Pyrenäen, wo sie auf viel spontane Hilfsbereitschaft stoßen, sowohl auf französischer wie auf spanischer Seite. Und auf den Passwegen der Pyrenäen kann es bei schlechtem Wetter schnell vorkommen, auf die Hilfe von Einheimischen angewiesen zu sein.

Dabei bilden die Pyrenäen Navarras mit dem Ibañetapass nach Roncesvalles einen der sanftesten Übergänge nach Spanien. Anstrengender ist schon der Weg über den Somportpass nach Jaca und auf der aragonesischen Route nach Puente la Reina, wo er auf den Hauptweg stößt. Er wird dennoch von vielen Pilgern benutzt.

Auch in den östlichen Pyrenäen trennt die Landesgrenze Menschen einer Sprachgruppe. Doch im Gegensatz zum Baskischen kennt man hier den Ursprung – Katalanisch gehört zu den romanischen Sprachen und hat deutliche Verbindung zum Spanischen, Französischen und Italienischen.

Die Pilgerwege über die Pyrenäen Kataloniens sind nur teilweise wiederbelebt und markiert. Welche mögen früher die meisten Pilger gewählt haben?

Vielleicht ganz im Osten, wo südlich von Perpignan plötzlich an einer steilen Felsenküste die Ausläufer der Pyrenäen, die Albères, beim malerisch gelegenen Hafenstädtchen Collioure einfach ins

Meer »fallen« und die kieselstein-gepflasterten Gässchen alle am Meer enden? Eine kleine, von Felsenarmen umklammerte Bucht, in die das Meer auf den Kieselstrand rollt, davor nette Straßencafes. Auf der linken Seite eine direkt auf den Strand gesetzte festungsähnliche Kirche, ihr runder Glockenturm ragt schroff aus dem Meer. Die Bucht gegenüber rahmt ein imposantes Schloss ein, gestaffelte Terrassen ziehen den Berg hinauf, oben das »Chateau des Templiers«. Hier waren also Tempelritter stationiert, sie bedeuteten ja immer eine gewisse Sicherheit für Ort und Pilger. Ob hier oder im nahen Port Vendres, dem »Hafen der Venus«, Pilger an Land gegangen waren?

Am Eingang der Kirche eine steinerne Pilgermuschel, im Inneren eine Jakobusfigur mit Muschel und zwei gekreuzten Pilgerstäben. Untrügliche Zeichen für Pilger? Wie sind sie von hier aus weitergezogen? Sicher wollten viele das berühmteste Marienheiligtum Spaniens am Montserrat besuchen. Vielleicht über den Perthus-Pass? Im quirligen Passort weist ein kleines Schild den Berg hinauf: »Fort de Bellegarde, Site Panissars«. Könnte der alte Weg dort oben verlaufen sein? Ein mächtiges Fort aus dem 17. Jahrhundert beherrscht die

Kuppe des Berges mit hinreißendem Blick zum Pic du Canigou gegenüber, dem heiligen Berg der Katalanen. Etwa hundert Meter darunter eine Ausgrabungsstätte. Der alte Passübergang? Ja, die ausgegrabene Station Panissars mit Kirche, Kloster und weiteren Gebäuden. Und inmitten alter Mauern zwei Wegschilder, eines nach Süden »Via Augusta«, eines nach Norden »Via Domitia«. Davor auf großem Steinblock eine mit frischer Farbe gezeichnete Muschel und ein gelber Pfeil! Tatsächlich, das ist die alte Römerstraße, die Via Domitia, auf der auch im Mittelalter Pilger wanderten, doch vorher waren schon Iberer und Kelten entlanggezogen und Hannibal mit seinen Elefanten. Der Blick nach unten zeigt riesige Gebäude, Supermärkte und Tankstellen der ersten spanischen Station La Jonquera – dazu Hunderte von Lkws auf Parkplätzen von enormen Ausmaßen. Der Lärm dringt bis hier herauf. Da hatten es ja die mittelalterlichen Pilger leichter, die über den Pass nach Gerona weiterzogen und zum Montserrat. Unterhalb des Passes im kleinen Badeort Le Boulou mussten sich auch die Pilger früherer Zeiten entscheiden: Entweder über den Pass Perthus – oder durch das zauberhafte Vallespir-Tal zum Col d'Ares nach Spanien zu wandern.

Spuren der Pilgerstraße finden sich in Elne, der ehemaligen Bischofs- und Hauptstadt des Roussillon. Über dem Ort, von alten Festungsmauern umgeben, die romanische Kathedrale Sainte Eulalie mit einem wunderschönen Kreuzgang. Der Weiterweg durchs Vallespir ist nicht nur landschaftlich eine Strecke für Genießer – bereits in der Kirche von Saint-Genis-de-Fontaines empfängt Jakobus die Pilger. Über der Eingangstür eine Platte aus hartem Marmor, darin der segnende Christus in einer orientalisch anmutenden Mandorla.

Auch das Kirchlein Saint Martin de Fenollar liegt direkt an der Via Domitia – vorromanisch die hufeisenförmigen Bögen – die farbigen Wandmalereien aus dem 12. Jahrhundert zählen zu den wichtigsten des Roussillon und sind von erstaunlicher Leuchtkraft. Picasso, Chagall und viele andere Maler sollen sich davon sehr inspiriert gefühlt haben. Im Kunstmuseum des Städtchens kann man viele ihrer Bilder bewundern.

Von Céret aus führt ein Passweg zum Col d'Arès auf 1513 m Höhe und hinüber ins Ripollès, das gebirgiger ist als das Vallespir. Erst weiter unten öffnet sich das Tal, die im 9. Jahrhundert gegründeten Benediktinerabtei Santa Maria liegt vor uns. Mit biblischen und allegorischen Szenen gilt das Westportal als »Triumphbogen der Christenheit«. Das Kloster war im 10. Jahrhundert eine bedeutende wissenschaftliche Institution, die antikes und arabisches Wissen nach Europa brachte und eine eigenständige katalanische Kultur förderte – außerdem war sie wichtiger Stützpunkt und Basis für Angriffe gegen die Mauren. Wegen ihres Macht- und Kulturzentrums nannte man Ripoll die »Wiege Kataloniens«.

Über Vic und Manresa erreicht man das Bergmassiv des Montserrat. Für diesen Ort haben Pilger aller Zeiten Umwege in Kauf genommen. Der »zersägte Berg« macht seinem Namen alle Ehre: runde aneinandergereihte Kuppenberge, dazwischen gezackte Spitzen, die fast senkrecht aus der Ebene in den Himmel wachsen. Ein großartiger Platz für ein Heiligtum. Schon seit dem 11. Jahrhundert besteht das Benediktinerkloster. Eine große Wallfahrerschar pilgert zur Thronkammer mit dem Gnadenbild der Muttergottes. Die Andacht und Inbrunst so vieler betender Menschen ist beeindruckend. Der katalanische Pilgerweg führt weiter über Cervera, Tàrrega und Lérida nach Aragonien und mündet bei Logroño in den Hauptweg.

Einsame Kloster-Umwege in Katalonien

Frei von Absichten
und von Geschäftigkeit
möge meine Seele sich
im Schweigen sammeln
und sich versenken
in die Betrachtung
des göttlichen Wesens.

Plotin

Abtei Saint-Martin-du-Canigou

Es gibt noch einen weiteren, sehr interessanten Pyrenäenübergang, der über Prades und Puigcerdà nach Seo de Urgel führt, wo in der Klosterbibliothek eine der Handschriften des Beatus von Liébana aufbewahrt wird. »Katalonien beginnt bei Perpignan« stand irgendwo zu lesen und es stimmt noch immer. Einst regierten hier die Grafen von Barcelona und die Könige von Mallorca. Erst im 17. Jahrhundert wurde die Stadt durch das Pyrenäenabkommen Frankreich zugeschlagen. Jeder dritte Einwohner Perpignans spricht katalanisch, das Zusammengehörigkeitsgefühl ist unabhängig von der Landesgrenze sehr stark. Einmal im Jahr bringen dies die französischen und spanischen Katalanen zum Ausdruck: In der Mittsommernacht tragen sie gemeinsam ein Fackelfeuer auf den Gipfel des »heiligen Bergs«, des Canigou, und entfachen dort auf 2784 m Höhe das erste Sonnwendfeuer. Erst wenn dieses brennt, lodern die Johannisfeuer im Tal auf. Also muss zwangsläufig in Per-

pignan auch der katalanische Jakobsweg beginnen. Und in der Jakobskirche dort thront Jakobus unübersehbar über dem Hauptaltar und dem Taufbecken.

Seiner Spur folgend gelangen Pilger über Prades zuerst zu den Klöstern des Canigou. Auch die Geschichte von Saint-Michel de Cuxa unweit von Prades verschmilzt mit der von Katalonien, denn während des gesamten Mittelalters hielten die Grafen, die Katalonien gegründet hatten, ihre schützende Hand über die Abtei. Von hier aus wurde die Geschichte Westeuropas entscheidend mitgeprägt. Cuxa, im geschützten Tal unterhalb des Canigou gelegen, war ein Zentrum des geistigen Widerstandes gegen die Muslime. Hier liefen alle Fäden zusammen, vor allem, seit Abt Oliba 1008 zum Abt von Ripoll und Cuxa gewählt wurde. Er ließ die Kirche vergrößern und verschönern, schaffte mehr Platz für die Reliquien, die das Kloster seit langer Zeit besaß: Reste der Krippe des Herrn und seiner Windeln. Die große Anziehungskraft dieser Reliquien zog auch immer mehr Santiago-Pilger an. Von der alten Klosteranlage ist nach Erdbeben, den Wirren der Zeit und der Revolution nicht mehr viel übrig geblieben, Teile des alten Kreuzgangs stehen sogar im Cloister-Museum bei

New York. Der heutige Kreuzgang aus rosafarbenem Marmor wurde als Erinnerung mit den noch im Land verbliebenen Resten wiederaufgebaut. Durch die Krypta gelangen wir in eine der heiligen Maria geweihten Unterkirche, deren Decke nur von einer riesigen Säule getragen wird, und steigen empor zur beeindruckenden, dem heiligen Michael geweihten, dreischiffigen Hallenkirche. In ihrer Schlichtheit und mit den riesigen Pfeilersäulen und Hufeisenbögen ist sie ein besonderer Ort der Einkehr. Auf der Straße vor dem Kloster prangt ein großes Wegschild mit der blauen Jakobsmuschel und dem Hinweis »Chemin de St. Jacques de Compostelle«. Also ist diese Route als Jakobsweg offiziell wiederbelebt!

Hoch oben in der Bergeinsamkeit liegt die zweite Abtei am Canigou: Saint Martin. Weitab von der Welt und in 1100 Metern Höhe wurde sie Anfang des 11. Jahrhunderts auf einen massiven Felsenpfeiler am Rande einer tiefen Schlucht gebaut. Ein Kloster auf einem Berg! Urbild benediktinischer Weltflucht! Benediktinermönche zogen ein, lebten und arbeiteten dort oben bis zum Ende des 18. Jahrhunderts.

Auch heute noch ist die Abtei nur zu Fuß erreichbar, was sie besonders anziehend macht. Im kleinen Ort Casteil beginnt ein gut markierter und befestigter Fußweg, der sich unter dem schützenden Laubdach der Bäume in vielen Serpentinen am Rand einer Schlucht entlang und anfangs relativ steil nach oben zieht. In der Stille und Abgeschiedenheit des Weges kommt man leicht ins Grübeln: Für die Benediktinermönche des 11. Jahrhunderts gab es sicher noch keine »Aufstiegshilfe« bis ins Dorf Casteil, sie mussten den ganzen Weg vom Tal aus zu Fuß gehen. Im Sommer und für jüngere Mönche war das kein Problem, aber wie sah es im Winter aus? Wie vielen der Mönche war es vergönnt, nach ihrem Einzug in Saint-Martin jemals wieder etwas von der Welt da unten zu sehen? So karg das Leben in den Dörfern im Tal auch sein mochte, mit der Einsamkeit und Abgeschiedenheit auf dem Berg war es sicher nicht vergleichbar, und wenn ein Mönch gar ernsthaft krank wurde, war sein Leben wohl zu Ende! Wollten sie wirklich so leben? Wie mussten Menschen angelegt sein, wie gedacht haben, die sich auf ein solch karges Leben am Rande der Zivilisation einließen? Für heutige Menschen schwer nachvollziehbar.

Einem Adlerhorst gleich klebt das kleine Kloster auf einem Felssporn

137

unterhalb des Pic du Canigou, eher an ein buddhistisches Kloster erinnernd als an die wuchtigen Anlagen, die man sonst vom Jakobsweg kennt. Mit ein bisschen Glück kommt man rechtzeitig zu einer Führung durch Kloster und Kirche. Eine junge Nonne führt uns in den winzigen, den Felsen abgerungenen Kreuzgang, der ein kleines Trapez bildet. Es soll die Abgeschiedenheit von der Außenwelt darstellen, um ein Leben zu ermöglichen, das ganz und gar dem Gebet gewidmet ist. Früher war der herrliche Blick zum Gebirge und ins Tal noch durch eine mächtige Mauer verdeckt, damit die Mönche durch nichts von ihrem Gebet abgelenkt wurden. Heute können die Nonnen und Mönche aus der »Gemeinschaft der Seligpreisenden« im Kreuzgang vor dem atemberaubenden Blick in die mächtige Gebirgskulisse vom Kloster und seiner Geschichte erzählen und vor allem auch, wie das Leben in dieser Einsamkeit gedacht und angelegt war. Der Kreuzgang enthält schöne Kapitelle, besonders gelungen sind die Darstellungen der Laster und Tugenden, wie der Tanz der Salome, der zur Hinrichtung Johannes des Täufers geführt hat. Durch die Krypta gelangt man in die Abteikirche, beide im Stil der Frühromanik erbaut und erst zu Beginn

des 20. Jahrhunderts mit Unterstützung von Kirche und Staat restauriert. Wenn sich die Augen an das Dämmerdunkel gewöhnt haben, ist deutlich wahrnehmbar, dass sich diese Kirche mit ihrem Tonnengewölbe und ihrer auf das Nötigste beschränkten Ausstattung für eine totale Versenkung bestens eignet, ja, dass sie dafür gebaut wurde.

So ist es nicht verwunderlich, dass die Führungen in der Kirche in absolutem Schweigen enden. Oder gehört das noch dazu, will die Ordensgemeinschaft Pilger und Besucher teilhaben lassen an ihrem stillen, kontemplativen Leben? Die Nonnen betreten durch eine Seitentür den Chorraum, nehmen weit auseinander auf niedrigen Holzschemeln Platz, unter die sie ihre Beine klemmen und in tiefste Versenkung fallen. Das Allerheiligste wird ausgesetzt, die Schwestern stimmen eine Art »Herzensgebet« an, dessen weiche, hohe Töne bis auf den Grund der Seele dringen. Danach tritt wieder tiefe Stille ein. Hier wird offensichtlich nur ganz persönlich und in aller Stille gebetet. Kein menschlicher Laut, kein Vogelruf dringt durch die dicken Mauern. Ganz allmählich überträgt sich die Ruhe des Raumes auch auf die Besucher und es scheint, als ob alle beten und ihre persönlichen Anliegen, Sorgen

und Bitten vorbringen – und nach einiger Zeit vielleicht auch die eigene innere Stimme wieder deutlicher wahrnehmen und Kraft aus der Seele schöpfen. Die Zeit scheint hier zu verschwimmen, keine Rolle zu spielen, ein tiefer Ton ist wahrnehmbar, er schwebt über dem Raum wie eine leichte Schwingung. Könnten das die konzentrierten Gedanken der vielen Beter sein? Nie zuvor habe ich Stille so stark wahrgenommen! Irgendwann beenden die Nonnen ihre Meditation, auch die Besucher verlassen nachdenklich und innerlich gestärkt die Kirche.

Ganz so abgeschieden wie im Mittelalter ist das Leben in diesem Kloster heute nicht mehr. Was bewegte die Menschen damals, welche Reife mussten sie besitzen – und wie viel Zurücknahme des eigenen Ego bis zum absoluten Minimum hinnehmen, um es an einem solchen Ort ein Leben lang auszuhalten, nur im Glauben und in der Hoffnung auf ein besseres Leben im Jenseits? Ob sich das katharische Gedankengut auch in manchen der christlichen Ordensgemeinschaften niedergeschlagen hat?

Die neuen Muschelschilder im Tal weisen nach Puigcerdà, wo sich im Mittelalter auch die Pilger aus Carcassonne und Foix dazugesellten, um über Seu de Urgel, Lérida und Huesca nach Santiago zu wandern.

Unterbrechen, erholen, aufladen – Pilgerherbergen

Wir haben ein Bett für die Nacht.
Das Abendessen ist bestellt.
Unsere Kleider trocknen in der Sonne.
Die Beine sind müde vom Wandern.
Die Köpfe voll mit Eindrücken.
Die Haut warm von der Sonne.
Wir ruhen uns aus im duftenden Gras.
Das Leben ist herrlich einfach
an so einem Sommertag.
Danke, lieber Gott.

Herberge in Calzadilla de la Cueza

»Die Pilger, die von Santiago kommen oder dorthin gehen, seien sie arm oder reich, sollen von allen mit Liebe und Rücksicht aufgenommen werden; denn jeder, der sie mit Eifer aufnimmt und beherbergt, bei dem ist nicht nur Sankt Jakobus zu Gast, sondern unser Herr selbst ...« So steht es schon im Pilgerführer von Aimeric Picaud. In dieser Zeit hatte die Santiago-Pilgerfahrt einen ersten Höhepunkt erreicht, sehr viele Pilger waren unterwegs. Über das, was ihnen an Gutem oder Schlechtem widerfuhr, entstand bald ein Kranz von Geschichten und Legenden, die man sich überall erzählte. So soll sich in Villeneuve in Frankreich Folgendes zugetragen haben: »Ein armer Jakobspilger bat eine Frau, die Brot unter heißer Asche liegen hatte, um Almosen, der Liebe Gottes und des seligen Jakobus willen. Doch sie behauptete, kein Brot zu haben. Der Pilger entfernte sich mit den Worten: ›Gott möge dein Brot in einen Stein verwandeln!‹ Als er weitergezogen war,

suchte die böse Frau unter der Asche nach ihrem Brot und fand nur einen runden Stein. Reumütig eilte sie dem Pilger nach, fand ihn aber nicht mehr.« Solche Geschichten halfen der Nächstenliebe und Barmherzigkeit der Einheimischen ein wenig nach, wenn sie natürlich auch nicht alle Wirte davon abhielt, Pilger zu betrügen und auszunehmen.

Zu ihrem Schutz entstanden in Spanien im Laufe der Zeit zahlreiche Gesetze. Pilger galten als unantastbar. Wer sie betrog oder schädigte, musste sogar damit rechnen, hingerichtet zu werden. Von sonst üblichen Wegegeldern und Abgaben waren Pilger befreit und besaßen das Privileg, um Almosen bitten zu dürfen. Auch in den Klöstern wurden diese gewährt, die Pilger nahmen das sehr positiv auf und Hermann Künig schreibt in seinem Pilgerführer über Pamplona: »In dstat gibt man vil brudern zu drincke und zu essen«. Der Dank der Pilger war den Gebenden gewiss: »Gott wird es euch vergelten und Sankt Jakobus.«

Bereits in der zweiten Hälfte des 10. Jahrhunderts entstanden erste Herbergen entlang des Jakobswegs, die von Fürsten, Klöstern, Bischöfen und Bruderschaften ehemaliger Pilger getragen

wurden und in denen die Pilger Nahrung und Unterkunft fanden. Auch die zur Zeit der Kreuzzüge gegründeten Ritterorden besaßen eigene Herbergen. In der Regel durften gesunde Pilger eine Nacht darin verbringen und mussten dann weiterziehen. Im ausgehenden Mittelalter gab es allein in Burgos dreißig Herbergen. Zu den bekanntesten gehörten die Dômerie Aubrac und das Kloster Roncesvalles, beide wurden von Augustiner-Chorherren verwaltet. Die Mönche in Roncesvalles machten sich die Legende um die Schlacht Karls des Großen am Ibañetapass zunutze, um zahlreiche Pilger anzulocken. Dazu kam die exponierte Lage, die Pilger kehrten gerne darin ein. Das Kloster scheint nicht schlecht daran verdient zu haben.

Doch nicht nur den Pilgern, sondern auch den Einheimischen war viel an ihrem Seelenheil gelegen. Man half, so gut man es vermochte, und bald entwickelte sich der Brauch, die »Wanderer Gottes« zu bitten: »Betet für uns in Compostela« – in der Hoffnung, dass dies auch die eigenen Chancen auf einen Platz im Himmel erhöhte. Diese Tradition hat sich in abgeschwächter Form bis heute erhalten, vor allem in Spanien wird die Bitte um ein Gebet öfters an Jakobspilger herangetragen.

Es gibt einen Unterschied zwischen Wandern und Pilgern, zwischen Hotel und Herberge. Nicht nur, weil es in den Herbergen billiger ist, sondern auch und vor allem wegen des Kontakts zu den Mitpilgern. Bald schon sucht man ihre Nähe, freut sich auf den abendlichen Gedankenaustausch mit Menschen aus aller Welt, ist neugierig auf die Eindrücke der anderen Pilger und versucht zu erraten, in welcher Sprache wohl am Abend die Unterhaltung geführt werden würde. Doch Pilger verstehen sich auch ohne Worte. Sie teilen miteinander, nicht nur das Brot und den Raum, sondern auch die gleiche Sehnsucht.

Mit Pilgerfreunden zusammen etwas zu kochen, in urigen Räumen am offenen Feuer zu sitzen, gemeinsam zu schweigen oder Eindrücke auszutauschen ist wohltuend und entspannend und gehört mit zu den schönsten Erlebnissen auf dem Pilgerweg. Ist die Herberge ein Kloster, umso besser. Wenn uns die Mönche beispielsweise zum gemeinsamen Gebet, zum Singen, Abendessen und zum Gespräch einladen, ist die Last des vergangenen Tages schnell vergessen. Auch der gemeinsame Besuch der Pilgermesse verbindet und nie fällt eine gute Predigt auf so fruchtbaren Boden wie auf dem Jakobsweg. Als

143

Pilger unterwegs sind wir wohl sensibler, empfänglicher und aufnahmebereiter als sonst. Welch eine Chance für Priester, Nonnen und Mönche, die Menschen zu erreichen!

In Frankreich gibt es gute Wanderherbergen – Gîtes d´étape – denn die Pilgerwege sind meist gleichzeitig Weitwanderwege. Hier dürfen auch Radfahrer oder angemeldete Gruppen übernachten. Pilgern kann es also durchaus passieren, abgewiesen zu werden und bis zum nächsten Ort weiterlaufen zu müssen. Die spanischen »Albergue de peregrinos« hingegen stehen nur Pilgern zur Verfügung. Wenn noch Platz ist, nimmt man auch die Radfahrer auf. Hier arbeiten ehrenamtliche Helfer und meist gilt das Motto: »Nimm, was du brauchst, und gib, was du kannst.«

Und viele Pilger fragen sich, warum sie sich wohler und glücklicher dabei fühlen, mit einem Rucksack von 7–8 kg in einer Herberge anzukommen, als in einem komfortablen Hotel abzusteigen.

Ist es vielleicht gerade das einfache, natürliche Leben, das es ermöglicht, sich auf das Wesentliche zu konzentrieren, angesammelten Ballast abzuwerfen und zur Ruhe zu kommen? Für eine geglückte Pilgerreise gelten andere Regeln als für einen sonstigen Urlaub.

Wer im »Pilgergeist« wochen- und monatelang unterwegs ist, womöglich eine »Auszeit« genommen hat, um zu sich selbst zu finden, kann nicht abends der »König Kunde« sein, der seine bezahlten Leistungen einfordert. Wir sind auf die Hilfsbereitschaft unserer Mitmenschen, auf Pilgerfreunde und Einheimische viel stärker angewiesen als zu Hause. Als Pilger wissen wir, dass wir nichts verlangen können, sondern nur etwas erhoffen, denn nur weniges von dem, was wir brauchen, gibt es zu kaufen: Ein gutes Gespräch, ein offenes Ohr zum Zuhören, den Rat eines Pilgerfreundes, einen Platz zum Schlafen, etwas zu essen und vor allem auch, dass uns geholfen wird, wenn der Körper von den Strapazen des Weges schmerzt, vielleicht sogar krank geworden ist.

Es sind die Menschen auf dem Weg, die uns so unendlich viel geben. Weggefährten, die das gleiche Ziel haben und die gleiche Gesinnung. Jeder geht seinen eigenen Weg, doch abends in den Herbergen werden die Gedanken ausgetauscht, man betet und isst zusammen und ist sich nach kürzester Zeit so vertraut wie mit den Freunden aus der Kindheit.

Es sind die Menschen am Weg, die den Pilgern beistehen. Und sie lernen es

dankbar zu schätzen, wenn ihnen ein Einheimischer in der Meseta ein Glas Wasser reicht, wenn sie vorbeikommen. Oder die Menschen, die Zeit opfern, um sie wieder auf den richtigen Weg zurückführen, wenn sie sich verlaufen haben. Welch kostbares Geschenk der Menschlichkeit!

Diese Menschen leben selbst noch die Werte der Bergpredigt und setzen sie um: »Was du dem geringsten meiner Brüder getan hast, das hast du mir getan.« Sie und die Mitpilger tragen viel dazu bei, dass wir den Weg schaffen, körperlich und seelisch, ihn als beglückend, bereichernd empfinden und am Ziel Santiago und bei uns selbst ankommen.

Faszination Spanien – geschichtlicher Überblick

»Es ist ein ganzer Kontinent, der dort hinter den Pyrenäen liegt. Geheimnisvoll, verborgen, unbekannt, ein Gebilde aus Ländern mit jeweils eigener Geschichte, eigener Sprache und Tradition ...«

Cees Noteboom

Wandteppich im Alcázar, Sevilla

Wie kam es zustande, dass der Apostel Jakobus nicht nur als Pilger, sondern später auch als Matamoros, als Maurentöter, dargestellt wurde? Wann und wie sind diese kunstvollen Bauwerke, Kirchen und Kreuzgänge entlang des Jakobswegs entstanden, mit ihren filigranen Säulen, Fenstern und Türen in Hufeisenform, deren Elemente nicht nur romanischer Natur sind, sondern auch maurische oder mozarabische Elemente aufweisen?

Geographisch am Rand und durch die Pyrenäen vom Rest Europas getrennt, war Spanien vielleicht lange Zeit das am wenigsten europäische Land. Dafür reicht es bis hinunter zur Küste Nordafrikas und wird vom Atlantik und vom Mittelmeer umspült. Nur ein 14 km langer Meeresstreifen trennt Andalusien von Afrika. Allein schon diese geographische Lage hat immer wieder Eroberer angelockt, die von Nordafrika aus ins Land einfielen. Doch auch die Pyrenäen im Norden bildeten wohl nie eine wirkliche Barriere für Einwanderer oder

Eroberer. Spanien ist schon sehr lange besiedelt, nordspanische Höhlenmalereien werden auf ein Alter von 20.000 Jahren geschätzt. Ab dem 11. Jahrhundert v. Chr. kamen hoch entwickelte Zivilisationen aus dem östlichen Mittelmeerraum nach Spanien – Phönizier Griechen, Karthager. Etwa 900 – 500 v. Chr. drangen keltische Stämme aus dem Norden ein. Sie vermischten sich mit den iberischen Stämmen und wurden zu Keltiberern. 219 v. Chr. eroberte Hannibal das mit den Römern verbündete Saguntum, was den Zweiten Punischen Krieg zur Folge hatte, die Karthager unterlagen. Die Römer nahmen als Erste fast das gesamte Land in Besitz und schufen im Laufe der Zeit eine heute noch sichtbare Infrastruktur. Sie brauchten allerdings fast zwei Jahrhunderte, bis ganz Spanien erobert war. Und erst während der Völkerwanderung zerbrach das Römische Reich. Das Straßennetz, das sie hinterließen, wurde später auch von den Pilgern genutzt, der Camino francés, die Via de la Plata und andere Jakobswege verlaufen zum Teil auf alten Römerstraßen.

Vom 5. bis zum 8. Jahrhundert herrschten die Westgoten in Spanien. Ursprünglich heidnisch-germanisch, hatten sie im Balkan den arianischen

Glauben angenommen. Im Laufe der Zeit vermischten sie sich mit der ansässigen romanischen Bevölkerung und konvertierten schließlich zum katholischen Glauben ihrer Untertanen. Da sie sich in politische Machtkämpfe verwickelten und nicht sonderlich gut organisiert waren, hatten die Mauren, die von Nordafrika her ins Land einfielen, leichtes Spiel. Sie besiegten im Jahr 711 die Westgoten im Süden Spaniens und breiteten sich weiter aus. Die Muslime nannten Spanien Al-Andalus. Im 9. und 10. Jahrhundert war Córdoba eine der führenden Städte Europas und Andalusien erblühte zu viel bewunderter Hochkultur.

In den asturischen Bergen bei Covadonga regte sich aber bereits 722 Widerstand, die Reconquista, die Rückeroberung Spaniens, begann. Zehn Jahre später stoppte Karl Martell das Vordringen der Mauren nach Frankreich bei Poitiers. Auch Karl der Große kämpfte auf der Iberischen Halbinsel. Seine Schlacht bei Roncesvalles ist im berühmten Rolandslied niedergeschrieben.

Als Anfang des 9. Jahrhunderts in Santiago de Compostela das Grab des Apostels Jakobus wiederentdeckt wurde, machten sich zahlreiche Pilger aus ganz Europa auf den Weg nach Spanien. Nordspanien war dünn besiedelt, daher genossen Kaufleute, Handwerker und Baumeister königliche Privilegien, wenn sie sich hier niederließen. Viele Pilger aus allen Ecken Europas blieben in Spanien und trugen zum wirtschaftlichen und kulturellen Fortschritt des Landes bei. Zur Zeit der Kreuzzüge wurde Jakobus zur Symbolfigur für die Rückeroberung Spaniens für die Christen. Unter dem Zeichen des Matamoros zog man mit dem Schlachtruf »Santiago« gegen den ungläubigen Feind ins Feld. Doch es dauerte fast achthundert Jahre, bis die letzte maurische Bastion zurückerobert war. Während dieser langen Zeit war Spanien das Land dreier Religionen: Islam, Christentum und Judentum, zwischen denen auch ein friedlicher, intellektueller Austausch stattfand. Christen und Juden wurden von den Muslimen geduldet, weil Jesus als Prophet von Mohammed anerkannt worden war. Ab dem 11. Jahrhundert eroberten die christlichen Königreiche des Nordens, León, Kastilien, Navarra, Aragón und Katalonien langsam Al-Andalus zurück, Toledo wurde 1085 von den Christen eingenommen. Als es eng zu werden drohte, holten sich die spanischen Mauren Verstärkung aus Marokko, die Almoraviden.

Diese versuchten, einen fanatischeren Islam zu verbreiten und zwangen Christen und Juden dazu, zum Islam zu konvertieren. Sie und die nachfolgenden Almohaden wurden Anfang des 13. Jahrhunderts wieder aus Spanien vertrieben, 1248 eroberten die Christen Sevilla und ab der Mitte des 13. Jahrhunderts gab es nur noch ein einziges islamisches Königreich: Granada, ganz im Süden. Es konnte sich noch ziemlich lange halten und fiel erst 1492 nach zehnjährigem Krieg.

Im gleichen Jahr unterzeichneten die Katholischen Könige Ferdinand und Isabella in der Alhambra von Granada das Ausweisungsdekret für die Juden. Sie hatten innerhalb von drei Monaten Spanien zu verlassen, damit war ihre 1500-jährige Epoche in Spanien beendet. Die Juden hatten einen wesentlichen Beitrag zur Kultur des christlichen Abendlandes geleistet, indem sie viele Schriften vom Arabischen ins Lateinische – die Sprache der Mönche – übersetzten. In diesem für Spanien folgenschweren Jahr 1492 landete Kolumbus in Amerika, seine Entdeckungsreise war von den Katholischen Königen unterstützt worden. Innerhalb kürzester Zeit entwickelte sich Spanien zu einer Weltmacht, die in Europa und der halben Welt mehr als ein Jahrhundert lang dominierte. Schon 1494 teilten sich Spanien und Portugal die Gebiete der Neuen Welt auf. Carlos I. wurde 1519 zum Kaiser Karl V. des Heiligen Römischen Reiches gekrönt, seine Wahl war durch die Fugger in Augsburg finanziert worden. Die Spanier eroberten Mexiko, Peru und Chile, leider zerstörten sie dabei die Zivilisationen der Azteken und Inkas. Über den Atlantik flossen riesige Mengen an Gold und Silber nach Spanien, die unter anderem für die reiche Ausstattung von Kirchen und Klöstern verwendet wurden. Es folgte eine Epoche großer künstlerischer und literarischer Leistungen, das sogenannte »Goldene Zeitalter« spanischer Kultur. Maler wie El Greco schufen in Toledo unvergleichliche Werke, der Schriftsteller Cervantes schrieb seinen »Don Quijote«. Doch durch ruinöse Kriege ging allmählich der Einfluss in Europa wieder verloren. Mit dem Tod von Carlos II. endet 1700 die Linie der Habsburger. Erbfolgekriege und Guerillakriege zerstörten das Land, Anarchisten und die Franco-Ära mussten erst überwunden werden, bevor das moderne Spanien und der Übergang von der Diktatur zur Demokratie geschaffen waren. Noch heute erleben wir Spanien

als ein Land, das mehr durch Vielfalt als durch Einheit auffällt und in dem vier Sprachen gesprochen werden.

Seit der Entdeckung des Apostelgrabs pilgern Menschen in ununterbrochener Kette in den Nordwesten Spaniens. Die tiefe Verehrung des heiligen Jakobus gehörte zu den frühen Gemeinsamkeiten der westlichen Christenheit. Pilger aus allen Teilen Europas lernten sich kennen und konnten sich mit Menschen unterhalten, die sie sonst nie getroffen hätten. Auf ihrem langen und beschwerlichen Weg nach Santiago erfuhren sie Läuterung und näherten sich mit jedem Schritt dem Ziel ihrer inneren Pilgerfahrt und dem erhofften Seelenheil. Nach der Ankunft in Santiago traten sie mit neuen Erfahrungen die Heimreise an und trugen ihre Erkenntnisse zusammen mit ihrem vertieften Glauben in ihre Heimatländer zurück. An der Bildung einer europäischen Identität und am damals entstehenden christlichen Abendland hat der Jakobsweg deshalb einen großen Anteil.

Auf dem Camino francés in Nordspanien

»Vier Wege führen nach Santiago; sie vereinigen sich auf
spanischem Boden in Puente la Reina zu einem einzigen ...
von hier aus führt ein einziger Weg nach Santiago.«

Aus dem Pilgerführer von Aimeric Picaud

Das Dorf Cirauqui am Camino francés

»Der Berg ist so hoch, dass er den Himmel zu berühren scheint, wer ihn besteigt, glaubt, mit eigener Hand an den Himmel reichen zu können.«

Diese Beschreibung in einem alten Pilgerführer ist wohl ein wenig übertrieben, aber etwa 1300 m muss man schon aufsteigen, um von Saint-Jean-Pied-de-Port in Frankreich zum Kloster Roncesvalles in Spanien und damit zum »echten« Camino de Santiago zu kommen. Auch die meisten mittelalterlichen Pilger waren der »Route Napoleon« über die Pyrenäen gefolgt. Oben am Ibañeta-pass erinnert ein Gedenkstein an die Schlacht zwischen Karl dem Großen und den Mauren. Die Legende weiß zu berichten, dass Karl der Große eine Vision hatte, in der ihm St. Jakob erschien und ihn zum Kreuzzug gegen die Mauren aufforderte. Hier am Pass fand im Jahr 778 die entscheidende Schlacht statt, die Nachhut Karls, angeführt von Roland, geriet in einen Hinterhalt und fand dabei den Tod. Zu spät hatte Roland sein Horn Olifant geblasen, um den König zu Hilfe zu holen. Die geschichtliche Wahrheit sieht jedoch ein wenig anders aus: Die Basken hatten ihn in einen verlustreichen Hinterhalt gelockt, wollten sich vermutlich für die Zerstörung ihrer Festung in Pamplona durch Karl den Großen rächen. Das Ereignis löste ein nachhaltiges Echo im Abendland aus und wurde zum bedeutendsten Sagenstoff des frühen Mittelalters. Im Rolandslied niedergeschrieben, zählte es zum Liedgut der Jakobspilger und verbreitete sich in ganz Europa.

Im alten Augustinerkloster aus dem 12. Jahrhundert nehmen die Pilger Quartier, können sich neue Pilgerausweise besorgen und den ersten spanischen Stempel. Ab hier sollte man sich jeden Tag einen Stempel mit Datum und Unterschrift der Herberge oder Kirche am Weg geben lassen, denn nur Fußpilger erhalten einen Platz in den Herbergen, wenn es eng wird. In Santiago werden die Stempel geprüft – wer mindestens hundert Kilometer zu Fuß gegangen – oder zweihundert Kilometer mit dem Rad gefahren ist, bekommt die begehrte »Compostela«, die Bestätigung über die durchgeführte Pilgerwanderung in lateinischer Sprache. Doch bis dahin ist noch ein weiter Weg. In der Stiftskirche

ist die wunderschöne Muttergottes mit Kind zu bewundern und die Mönche zelebrieren eine Pilgermesse, die viele mitfeiern.

Durch die grüne Hügellandschaft Navarras mit ihren sauberen Dörfern, dem Blumenschmuck und den hübschen gemauerten Toreingängen wandert man Pamplona entgegen, das schon von den Römern gegründet wurde und später die Hauptstadt des Königreichs Navarra war. Die Stadt wird über die romanische Magdalenenbrücke und das Frankentor betreten, benannt nach den ausländischen Handwerkern oder Kaufleuten, die sich hier wegen der zu erwartenden Privilegien niedergelassen hatten. Wie so viele Pilger waren sie nicht mehr in ihre Heimatländer zurückgekehrt. Schon seit dem 6. Jahrhundert ist Pamplona Bischofssitz. An der ursprünglichen romanischen Kathedrale war einer der berühmtesten Baumeister des Jakobswegs beteiligt: Meister Esteban. Doch die Kirche ist abgebrannt und wurde im 14. Jahrhundert im gotischen Stil wiederaufgebaut.

Nach dem einsamen Weg durch abgeschiedene Dörfer wirkt das Großstadtleben laut und hektisch auf uns. Bald schon lassen die meisten Pilger Pamplona hinter sich und freuen sich, wenn die

Camino-Zeichen den Weiterweg weisen. Vielfältig sind sie, in jeder Region anders, doch in ihrer Wirkung immer gleich: Sie geben Vertrautheit, Geborgenheit, das Gefühl, sich auf dem richtigen Weg zu befinden und eins zu sein mit den unzähligen Pilgern vor und nach uns. Auch spürt man den Schutz der einheimischen Bevölkerung, fühlt sich in keinem Augenblick fremd oder bedroht, ob man nach dem Weg fragt oder sonst etwas braucht, stets ist ein freundlicher Einheimischer bereit, zu helfen.

In Puente la Reina mündet der Weg von Arles in den Camino. Ab hier führt nur noch ein Weg nach Santiago, der Camino francés. Pilger schlendern zuerst durch die Calle mayor zur Santiago-Kirche. Schon das interessante Portal ist sehenswert, mit seinen vielen Figuren und den steinernen Menschenköpfen, die die Säulen abschließen. Und beim Betreten der Kirche fasziniert sofort die gotische, bemalte und vergoldete Holzfigur des heiligen Jakobus: Ein mächtiger Bart umrahmt sein ausdrucksstarkes Gesicht mit den gütigen Augen und natürlich fehlen Pilgerstab und Pilgermuschel nicht. Pilger sind überzeugt: Nur so kann Jakobus ausgesehen haben. Seinen Namen verdankt Puente la Reina einer navarrischen Königin, die für die

Pilger eine Brücke über den Arga bauen ließ. Diese »Brücke der Königin« ist inzwischen etwa neunhundert Jahre alt, entsprechend ehrfürchtig setzt man seine Füße darauf. Früher soll die Statue der hl. Jungfrau von Puy in einer kleinen Kapelle auf der Brücke gestanden sein. Und der Legende nach kam öfters ein kleines Vögelchen angeflogen, um ihr das Gesicht zu säubern. Das wurde als gutes Vorzeichen gedeutet. Heute wird die Statue in der Kirche San Pedro Apóstol verehrt.

Einen Tagesmarsch weiter liegt das einstige Königsstädtchen Estella malerisch im Talkessel des Rio Ega, ringsum von Bergen umgeben. Es wurde gegründet, um die Pilger des Jakobsweges zu betreuen und wuchs zu einer reichen Stadt mit über zwanzig Kirchen heran. Am Palast der Könige Navarras können wir das Kapitell bestaunen, auf dem der Kampf zwischen Roland und dem Riesen Ferragut dargestellt ist. Verwinkelte Gässchen führen hinauf zur Kirche San Miguel, die einen guten Überblick über die Stadt und über die vielen Kirchen und Paläste aller Stilarten bietet. Alle anzuschauen, bedeutet einen zusätzlichen Ruhetag. Ganz in der Nähe liegen Kloster und Weingut Irache, dort fließen aus einem Brunnen Rotwein und Wasser

und die meisten Pilger löschen ausgiebig ihren Durst. Wer allerdings nur aus dem Rotwein-Hahn trinkt, erreicht möglicherweise nur mit Mühe rechtzeitig das nächste Tagesziel Los Arcos. Dahinter wartet ein Kleinod des Jakobsweges, die Kirche zum Heiligen Grab in Torres del Rio. Ihr Grundriss weist große Ähnlichkeit mit dem Heiligen Grab in Jerusalem auf, man bringt sie deshalb mit dem Templerorden in Verbindung, der ja lange Zeit mit der Bewachung des Grabes beauftragt war.

Mit Viana ist die letzte Stadt Navarras erreicht, nun erwartet uns die wunderschöne Rioja-Weingegend, deren rote Erde und hellgrüne Weinstöcke Pilgern schon von Weitem entgegenleuchten. In Logrono führt die Pilgerbrücke über den Ebro, und ein paar Tage später begegnet man in Santo Domingo de la Calzada dem »Heiligen von der Straße«, er war Brückenbauer und errichtete bereits im 11. Jahrhundert eine Herberge, in der er die Pilger betreute. Hier am Ort soll sich auch das berühmte »Hühnerwunder« ereignet haben, an das noch heute ein Hühnerstall mit lebendigem weißen Hahn und Henne in der Kathedrale erinnert.

Hinter dem Ort hebt sich das weite Hügelland zu den einsamen Oca-Ber-

gen. Früher waren sie wegen der Wege-lagerer gefürchtet, heutigen Pilgern be-scheren sie in San Juan de Ortega ein idyllisch gelegenes Pilgerhospiz neben der romanischen Kirche, eingebettet in einen weiten Platz, weitab von aller Hek-tik der Zeit. In der Kirche das Grab eines weiteren berühmten Baumeisters des Jakobswegs, zweimal im Jahr zur Tag- und Nachtgleiche fällt der Sonnenstrahl genau in die Grabkammer. Bei beiden Heiligen spielen also vorchristliche Tra-ditionen eine Rolle.

Ganz in der Nähe, in der Sierra de Atapuerca, hat man 1992 menschliche Überreste von aufsehenerregendem Alter entdeckt. Es wird sogar vermutet, dass der Mensch von Atapuerca der älteste Homo sapiens in ganz Europa sein könnte.

Von hier aus geht der Blick hinunter auf eine der größten Städte am Pilger-weg: Burgos! Egal von welchem Punkt aus man nach Burgos schaut, immer ist es die Kathedrale, die mit ihrem Türmen das Stadtbild beherrscht. Meister der Gotik haben ihre Handschrift hinterlas-sen. Die Kirche zählt zu den schönsten Spaniens, ein Symbol für kirchliche Macht und tiefe Religiosität. Dreihun-dert Jahre lang wurde an ihr gebaut! Doch für Pilger ist Burgos einfach zu

groß. Es würde Tage dauern, alles zu besichtigen.

Neue Herausforderungen warten in der Meseta zwischen Burgos und León. Heiß und lang ist sie und deshalb von allen gefürchtet. Eine der wenigen Unterbrechungen stellt Sahagún dar, im Mittelalter eine bedeutende Stadt, deren Benediktinerabtei die mächtigste am Jakobsweg war. Viele Kirchen zeugen von dieser reichen Vergangenheit.

Dahinter wieder die gleiche Land-schaft! Stunde um Stunde zieht sich der Pilgerpfad dahin, will kein Ende neh-men. Nichts, was Blick oder Geist ab-lenken könnte. Viele Pilger stoßen hier an ihre physischen und psychischen Grenzen, erleben Durststrecken im wahrsten Sinn des Wortes. Deshalb ist die Freude groß, León zu erreichen, die alte Königsstadt, dessen Kathedrale als schönste Kirche Spaniens gilt mit ihren herrlichen Rosetten- und unzähligen Buntglasfenstern, die die Kirche in allen Farben aufleuchten lassen.

Beim Verlassen der Stadt führt der Weg an der Fassade von San Marcos vorbei. Die Statue von Jakob als Mata-moros am Portal und viele Muscheln zeugen davon, dass es früher eines der bekanntesten und meistbesuchten Pil-gerhospize des Jakobswegs war, heute

157

beherbergt es ein Nobelhotel. Nur noch knappe dreihundert Kilometer sind es bis Santiago. Der Weg aus der Stadt zieht sich laut und gefährlich am Rande der Autobahn dahin und man ist froh, wenn die mittelalterliche Brücke in Puente de Órbigo erreicht ist. Städte und Wege verändern sich, die alten Brücken überspannen seit Jahrhunderten unverändert die Flüsse. Auf ihnen fühlt man sich mit den mittelalterlichen Pilgern am stärksten verbunden.

In der kleinen Stadt Astorga sammelten die Pilger früher ihre Kräfte für die letzte schwere Etappe, die sich stetig ansteigend durch eine trockene, gottverlassene Gegend zieht. Erst in Rabanal del Camino treffen wir auf eine neu restaurierte Herberge, ein Gasthaus und auf Menschen. Die Andacht in der Kirche Santa Maria, in der Priester und Herbergsvater gemeinsam mit den Pilgern singen und beten, zählt zu den unvergesslichsten des Pilgerweges.

Den Duft nach südlichen Kräutern genießend, geht es von der Passhöhe des Monte Irago ins grüne Bierzo hinunter, vorbei an großen Wegweisern, die die Kilometerzahl nach Rom und Jerusalem anzeigen. Sie befinden sich vor der originellsten Herberge am spanischen Pilgerweg, Herbergsvater Tomás fühlt sich als Templernachfolger und kümmert sich hier in der Einsamkeit um die Pilger, die weiter über El Acebo nach Ponferrada und Villafranca wandern. Dort in der Santiago-Kirche erhielten mittelalterliche Pilger, die es aus gesundheitlichen Gründen nicht mehr bis Santiago schafften, den vollen Nachlass ihrer Sünden. Beim Weitergehen stellen Pilger vielleicht fest, dass sie besser auch um Vergebung ihrer Sünden gebeten hätten, denn auf den ersten fünfzehn Kilometern zum Cebreiro verläuft der Pilgerpfad auf der Nationalstraße, das Gehen ist lebensgefährlich. Endlich kommt man durch kleinere Dörfer, die an Südtirol vor dreißig Jahren erinnern, und genießt den weiter anstrengenden, aber autofreien Aufstieg durch eine abwechslungsreiche Bergwelt. O Cebreiro ist der erste Ort auf galicischer Seite, auf dem Gebirgskamm verläuft die Provinzgrenze. Auch heute noch ist dieses alte keltische Dorf ein Ort der Begegnung. Von luftiger Höhe aus schaut man zum ersten Mal nach Galicien hinunter, das ein alter Pilgerführer anpreist: »Dann kommt man nach Galicien, einem waldreichen Land mit Flüssen, Weiden und Baumgärten, guten Früchten und klaren Quellen.«

Langsam zieht sich der Pilgerweg

nach Triacastella hinunter. Ab hier bemächtigt sich der meisten Pilger eine innere Unruhe, sie streben vorwärts, denken nur noch an ihr großes Ziel, das in greifbare Nähe gerückt ist: Santiago. Und es fällt schwer, die einzelnen Orte im Gedächtnis zu behalten, obwohl sie sehr hübsch sind: Sarria, Portomarín, Palas de Rei, Arzúa. Kurz vor Santiago der Ort Lavacolla, in dessen Flüsschen sich die Pilger früher gründlich reinigten, bevor sie in die Stadt des Apostels zogen.

Unversehens steht man am Monte del Gozo, dem Berg der Freude! Die Pilger früher fielen auf die Knie und sangen, als sie von fern die Kathedrale sahen. Den Berg hinab und durch die Porta del Camino, das Tor des Pilgerwegs, betritt man die Altstadt. Die Füße werden schneller, eilen weiter, die Spannung wird unerträglich, wo ist die Kathedrale, wer sieht sie zuerst? Und plötzlich ist es da – das Haus des Jakobus! Die Kathedrale von Santiago de Compostela! Endlich angekommen!

159

Auszeit

Denn tausend Jahre sind in deinen Augen wie der gestrige Tag, wenn er vergangen ist, und wie eine Wache in der Nacht.

Psalm 90,4

Auf der Route Napoléon in den Pyrenäen

»Virila, vor mehr als tausend Jahren Abt des Klosters Leyre, las einen Psalm über die Ewigkeit und versuchte, den Sinn der nie endenden Zeit zu erfassen. Seine innere Unruhe trieb ihn hinaus zu einer Quelle hinter dem Kloster. Verzückt lauschte er dem Gesang einer Nachtigall und vergaß ganz die Zeit. Als das Lied endete, fand er nur mühsam den Weg zurück zum Kloster. Die Klostergebäude schienen ihm verändert und größer geworden und die Mönche waren ihm nicht vertraut. Auch sie kannten ihn nicht. Nach langem Suchen fanden sie in der Chronik des Klosters einen Hinweis: ›Virila – im Walde verschollen!‹ Das wollte der Abt nicht glauben. Da setzte sich die Nachtigall bei ihm nieder und sprach zu ihm: ›Nur für eine kurze Weile wähntest du, dem Lied des Vogels zuzuhören, und doch sind in Wahrheit dreihundert Jahre darüber verstrichen. Wie viel weniger wirst du angesichts der immerwährenden Freuden des Himmels wahrnehmen können, wie ein winziger Bruchteil der Ewigkeit verrinnt!‹«

Die San-Virila-Quelle in der Nähe des Klosters San Salvador de Leyre auf der aragonesischen Route des Jakobsweges soll an diese wunderbare Begebenheit in der Legende erinnern. Die Klosteranlage liegt in ruhiger Lage am Rand des gleichnamigen Gebirges oberhalb des Yesa-Stausees. Ein meditativer Ort mit einer romanischen Kirche, in der Pilger den gregorianischen Gesängen der Benediktinermönche lauschen können. Die Krypta mit ihren gedrungenen Säulen, Bögen und stämmigen Kapitellen mit geometrischen Formen und Spiralmustern erscheinen im gedämpften Licht geheimnisvoll. Auf einem Heiligenbild sieht man, wie Virila dem Vögelchen lauscht. Das Westportal mit seiner Darstellung des Jüngsten Gerichts gilt als Meisterwerk der Spätromanik. Das Kloster ist eines der ältesten Navarras und Hinweise reichen auf das Fundament eines vorromanischen Tempels aus dem frühen 9. Jahrhundert zurück. Einsiedler bewohnten schon vorher die Höhlen der Schluchten. Im 10. und 11. Jahrhundert war die Abtei Sitz des pyrenäischen Rittergutes sowie königliches Pantheon, sie dominierte das geistige, politische und kulturelle Leben in Navarra und kontrollierte auch die Pyrenäenübergänge des Jakobsweges nach Santiago.

Lange Zeit lebten hier Zisterzienser-Mönche, 1836 kam es zum Erliegen des klösterlichen Lebens, Benediktinermönche von Santo Domingo de Silos führten es erst 1954 wieder ein. Neben »Gebet und Arbeit« widmen sie sich vor allem der Kunst des gregorianischen Gesanges. Hier bestimmen die Mönche noch den Lebensrhythmus und es herrscht eine sehr angenehme, stille Atmosphäre.

Die meditative Ruhe des Klosters steigert sich in seiner Umgebung noch, in der man von viel unberührter Natur umgeben ist. Zu einer Kuppe auf den nahen Kalksteinklippen der Sierra de Leyre führt ein steiler Steig über von Flechten und Moosen bewachsene Steine. Eichen, Buchsbaum und kleinwüchsige Kiefern spenden Schatten. Der zackige, überhängende Felsen fällt senkrecht in die Tiefe ab, das schmale, aber ebene Plateau wird von einem großen Kreuz beherrscht. Von dort ist die Aussicht auf den blauen Yesa-Stausee, das Kloster und die gegenüberliegenden Hänge, auf denen der Jakobsweg verläuft, mit der Bergkette dahinter, überwältigend. Hoch in der Luft tauchen Adler und Geier auf, man sieht ihnen förmlich die Freude daran an, im Aufwind ihre Kreise zu ziehen. Auch seltene

Schmetterlinge flattern umher und lassen sich auf der Suche nach Nektar auf den wenigen blühenden Blumen nieder. Selbst die Steine sehen wie große Pilze aus. Stundenlang kann man hier sitzen, in die Stille lauschen und die Natur beobachten, dabei auch Seltsames entdecken – bei längerem Hinsehen wird aus dem Stein ein Stuhl, an dem Geierfedern befestigt sind, ist das ein Hexen- oder Schamanenstuhl? Empfindsame Menschen bemerken schnell seine seltsam-eigentümliche Aura. Ob sich hier oben die Ableitung des Klosters befindet? Jeder »Ort der Kraft« mit besonders positiver Ausstrahlung soll ja auch einen Gegenpol für die Ableitung der negativen Energien haben. Unwillkürlich fühlt man sich an den Abt Virila erinnert, der sich hier in der Zeit verloren haben soll.

Interessante Phänomene sind auf dem Jakobsweg an etlichen Orten zu beobachten. Manchmal erkennt man sie an den kleinen Kirchen, die dort stehen. Auch am Jakobsweg zwischen Zell und Neufahrn nahe München ist eine solche Waldkapelle bekannt. Wie zu ihrem Schutz steht neben ihr in der Wiese eine mächtige, uralte Buche. Wenn man langsam über das Gras geht, kann man nicht nur mit der Wünschelrute, sondern auch durch ein Kribbeln an den Fußsohlen die starken Kraftfelder spüren, wegen der sie von Eingeweihten aus aller Welt aufgesucht wird.

Der Jakobsweg mit seiner starken Ausstrahlung ist ideal dafür, Orten der Kraft und heiligen Stätten nachzuspüren. Schon früh war man sich ihrer positiven Wirkung auf die Menschen bewusst. Bereits im Alten Testament ist die Rede davon, beispielsweise bei Jakobs Traum von der »Himmelsleiter«, als er auf einem Stein ruhte und beim Aufwachen sprach: »Wie heilig ist diese Stätte! Hier ist nichts anderes als Gottes Haus, und hier ist die Pforte des Himmels« (Gen 28, 16). Und in der Genesis spielen als äußere Zeichen der Verehrung Bäume, Brunnen und Steine eine Rolle, die sich später im Baum- oder Steinkult wiederfinden. Auch Wunder oder visionäre Erscheinungen stehen immer mit solchen Orten in Zusammenhang. Wir müssen uns also nicht wundern, wenn wir auf diesem Weg immer wieder Begegnungen ganz besonderer Art mit Menschen, der Natur oder interessanten Plätzen erfahren dürfen.

Die Sensibilität dafür, diese auch wahrnehmen zu können, bekommt ein Pilger oder steigert sich bei ihm durch den täglichen langen Aufenthalt in der Natur. Sobald am Morgen die Sterne verblassen und sich lebhaftes Vogelgezwitscher in die Träume drängt, ist es Zeit zum Aufstehen. Warten Sonnenschein und eine wunderschöne Landschaft, ist die Müdigkeit schnell vergessen. Ein Pilger packt seinen Rucksack, trinkt einen »Café au lait«, verabschiedet sich manchmal wehmütig von den Herbergseltern, geht hinaus in den jungen Tag, der klar vor ihm liegt. Nicht das Gestern und nicht das Morgen sind wichtig, sondern nur der Augenblick. Kein Regen oder Sturm halten ihn ab – egal bei welchem Wetter, ein Pilger geht immer, jeden Tag ein Stück weit seinem Ziel entgegen.

Der Weg knirscht unter den Füßen, die Vögel zwitschern, wir frösteln in der Kühle des Morgens, freuen uns, wenn die Sonne scheint, gehen im Nebel und im Regen, der Weg hat uns wieder und die Stille ergreift Besitz von uns. Vielleicht haben wir in der Herberge ein paar Worte aus der Bibel gelesen, ein Lied oder einen Psalm, der uns durch den Tag begleitet und uns beschäftigt: »Wenn ich in den Himmel schaue, das Werk deiner Hände, den Mond und die Sterne ... Was ist dann der Mensch, dass du seiner gedenkst, das Menschenkind, dass du seiner dich annimmst?« (Psalm 8, 4,5).

Die Ruhe und Gelassenheit der stillen Landschaften und der Bäume überträgt sich auf uns. Die blauen Sterne der Wegwarte begleiten Pilger durch ganz Europa, sie ist überall heimisch und sorgt auch in ihnen für ein vertrautes Gefühl im fremden Land. Wie weggeblasen sind die Beschwerden des gestrigen Tages. Was für ein Wunder der Körper doch ist, dass er sich so schnell erholt und sich mit jedem Tag draußen besser fühlt. Sodass man süchtig wird nach jedem neuen Morgen.

Der Weg ist ein Pfad, ein Wiesenweg, eine gekieste Trasse neben der Straße oder die Nationalstraße selbst, er führt durch Weinberge, Mais- oder Sonnenblumenfelder, durch abgezäunte Weiden mit Stierfamilien, aber auch vorbei an betörend duftenden Ginsterbüschen und Wacholderbäumen. Mit jedem Tag wird die Natur ein wenig vertrauter,

mehr und mehr fühlt man sich zugehörig, als ein Teil von ihr. Wie die Weinbergschnecken sind wir ab dem frühen Morgen unterwegs, gehören dazu wie die glänzenden Käfer und die vielen Schmetterlinge, wie die übermütig umherjagenden Schwalben oder die Feldmaus, die über den Weg rennt und die emsigen Ameisen auf ihrer lang gezogenen Straße. Wir beobachten die schnäbelnden Storchenpaare auf den Kirchtürmen und die Enten in den träge dahinströmenden Flüssen, nehmen Kontakt auf zum Schäfer und seiner Herde. Pilger gehören dazu wie die Bäume am Wegrand und die Blumen, deren zarten Duft sie wahrnehmen und sich dabei ertappen, auch mit ihnen Zwiesprache zu halten. Und müssen dennoch auch sie und die Landschaft ständig hinter sich lassen, immer weiter gehen auf ihrem Weg ...

Geheimnisvolles Templerkirchlein Eunate

»Das ist eben das Geheimnis des mozarabischen Bauens:
in Schönheit umgeschmolzene Intelligenz.«

Helmut Domke

Eunate

Ein Kirchlein im spanischen Navarra sollte man nie auslassen! Ob als Pilger zu Fuß – oder mit dem Auto unterwegs, kann man sich auf seine magische Anziehungskraft verlassen. Ein solches Kirchlein ist Santa Maria de Eunate. Auf der aragonesischen Route vom Somportpass kommend, geht man direkt daran vorbei, am Camino francés lohnt sich der kleine Umweg von etwa zwei bis drei Kilometern. Pappeln und Zypressen säumen den Weg in den kleinen Talgrund, und immer wieder berührt einen beim Näherkommen der Anblick dieses achteckigen romanischen Kirchleins. Von Weitem sieht es rund aus, wie es da einsam inmitten von Feldern und Wiesen vor sich hinträumt. Ob von wogendem Weizen oder von leuchtenden Sonnenblumen umgeben, ja sogar im Herbst, wenn alles ringsum abgeerntet und braun ist, übt es seinen unwiderstehlichen Zauber aus, steht einfach da, makellos, lockend. Man kann sich in eines der Arkadenfenster setzen und die Kirche träumend und in aller Stille auf

sich wirken lassen, nur das Summen der geschäftigen Bienen in den Ohren, die ihre Bögen umschwärmen.

Wer auf der Pilgerwanderung nach stundenlangem Gehen in der Einsamkeit zum ersten Mal das Kirchlein betritt, wird völlig überwältigt sein von der intensiven Ausstrahlung, die es ausübt. Und fast bei jedem Besuch knien ein paar Pilger in Bänken, die völlig in sich versunken und mit Tränen in den Augen versuchen, die Gefühle zu bewältigen, die in dieser meditativen Kirche unerwartet auf sie einstürmen. Doch was löst diese Faszination aus – ist es die ungewöhnliche oktogone Form oder liegt es daran, dass sie so klein und heimelig ist und vollkommen harmonisch wirkt? Die reich verzierten Kapitelle, die schmalen, mit Alabaster verkleideten Fenster, die fünfeckige Altarnische mit der Statue der Muttergottes darin oder die darüberliegende Wölbung – ist sie verantwortlich für die spezielle Stimmung in der Kirche, löst sie diese Schwingung aus, ist sie bewusst in den Raum hineingebaut? Wer mögen ihre genialen Baumeister gewesen sein?

Von außen strahlt das Kirchlein eine friedliche Heiterkeit aus, die durch die im Sonnenlicht warm aufleuchtenden Sandsteine noch verstärkt wird, das

Eigenartigste daran ist der achteckige Arkadengang, der es im Abstand von etwa drei Metern umgibt. Ohne Decke. Einfach so. Nur Bögen, die auf eckigen Pfeilern oder auf schmalen Doppelsäulen stehen. Vor dem Portal und von den Kapitellen schauen dem Besucher Dämonenhäupter und Fabelwesen entgegen. Spiralen und andere Ornamente zieren die Darstellungen. Oben auf der Kuppel sitzt ein Laternen-Glockenturm. Kirche und Bogengang sind ringsum von einer Mauer umgeben, die sie gegen das offene Feld abschirmt. Warum wurde sie gerade hier gebaut? Keine Ortschaft in der Nähe, mitten in der Landschaft? Es könnte das Totenkirchlein eines Pilgerfriedhofs gewesen sein, meinen manche. Man hat Gräber mit Muschelbeigaben im Rundgang gefunden. Eunate – wird als »Hundert Tore« gedeutet. Vielleicht zum Jenseits? Allerdings sieht das Kirchlein in seiner Poesie danach am wenigsten aus. Es war im Besitz der Templer, meinen andere. Wegen der Form, die große Ähnlichkeit mit dem Heiligen Grab in Jerusalem hat, mit dessen Bewachung die Templer lange Zeit beauftragt waren. Und sie hatten während der Kreuzzüge sicher auch Berührung mit orientalischen Kulturen und entsprechende Kenntnisse erworben,

die sie bei ihren Bauwerken berücksichtigen konnten.

Ganz in der Nähe, in Torres del Rio steht eine ähnliche Kirche, die Heiliggrabkapelle. Beide dürften am Ende des 12. Jahrhunderts von einem maurischen Architekten erbaut worden sein. Doch warum gleich zwei Templer-Kirchen in unmittelbarer Nähe zueinander? Die Templer spielten ja auch eine Rolle beim Schutz der Pilger und dem Ausbau der Pilgerwege. Vielleicht war Eunate einer ihrer geheimen Versammlungsorte? Oder gar eine Kultstätte, ein Ort der Initiation, für Baumeister, Steinmetze und Handwerker auf dem Jakobsweg? Dass es ein Ort der Kraft ist, kann man noch heute spüren.

Der Arkadengang könnte natürlich früher auch zu ähnlichen Ritualen wie in den Labyrinthen der Kathedralen oder in den Graslabyrinthen benutzt worden sein. Sehr gut kann man sich hier die Mönche oder Tempelritter vorstellen, die sich in einem Rundtanz um die Arkaden bewegen, so wie es die Bienen heute noch tun …

Aber Eunate gibt seine Geheimnisse nicht preis. Und ist dadurch noch viel anziehender.

Meseta-Gedanken

Was tu ich eigentlich hier?
Warum nur geh ich diesen Weg?
Wo wird er mich hinführen?
Was treibt mich weiter jeden Tag?
Was ist der Sinn?

Ob ich von Jakob in Santiago eine
Antwort bekomme?

In der Meseta

Meseta! Die Meinungen der Pilger reichen von »eintönig und anstrengend« bis zu »unverzichtbar und das Beste vom Jakobsweg«. Zweihundert Kilometer lang zieht sie sich von Burgos nach León und ist eine der heißesten Gegenden Nordspaniens, mit unendlichen Horizonten und riesigen Feldern. In den wenigen Dörfern passen sich die wenigen Häuser aus Lehm und Häcksel in ihrer Farbe und Trockenheit dem Boden an. Die Sommerhitze lässt den Backstein bersten.

Die weite Ebene wirkt erschreckend und archaisch auf Menschen, die erst hier ihren Pilgerweg beginnen. Viele können noch nichts anfangen mit der Leere dieser Landschaft, empfinden sie als anstrengend und öde zugleich, quälen sich auf dem langen schattenlosen Weg in der Sonne dahin, möchten die Strecke nur so schnell wie möglich hinter sich bringen.

Für diejenigen allerdings, die bereits längere Zeit zu Fuß unterwegs sind und die der Weg bereits in seinen Bann gezogen hat, ist die Meseta eine Offenbarung. Ähnlich wie in der Wüste ist jede Ablenkung ausgeblendet. Im Alltag verhindert die Fülle der auf uns einstürmenden Eindrücke oftmals, von etwas Neuem oder Tiefem wirklich berührt zu werden, und allzu gerne nehmen wir Zerstreuungen an. Hier dagegen sind Pilger nur von Leere und Stille umgeben. Nichts lenkt sie von sich selbst ab, sie können tief eintauchen in ihre innere Welt, in die jeweils eigene Wirklichkeit.

Jeder Pilger erlebt die Meseta anders – sie konfrontiert mit dem eigenen Leben, mit dem sich viele auf dieser langen Wegstrecke intensiv auseinandersetzen. Ist man in einer Gruppe unterwegs, wird man sich irgendwann von den anderen lösen, allein gehen, um die eigenen Gedanken kommen und gehen zu lassen.

Uns hatte sich ein atheistischer Pilgerfreund angeschlossen, weil er die Meseta fürchtete, dort nicht allein sein wollte. Zur Kontrolle seines Körpers trug er ein Messband für Puls und Blutdruck um die Brust. Und er fand die Strecke zunächst langweilig. Doch nach einiger Zeit versank auch er in tiefes Schweigen. In weit auseinandergezogener Kette gingen wir still vor uns hin, jeder seinen eigenen Gedanken nachhängend.

Wie viele Menschen mögen auf jedem

der Steine, über die ich zufällig gehe, schon gegangen sein? Die Namen der Pilgerfreunde fallen mir ein – für jeden von ihnen suchen meine Füße einen passenden Stein aus – wie es den Freunden wohl ergehen mag, ob sie ihre auf dem Weg gefassten Vorsätze zu Hause in die Tat umsetzen konnten?

Seit etwa 1200 Jahren, seit der Auffindung des Apostelgrabs, laufen täglich Pilger auf dem Jakobsweg, im Winter vielleicht weniger, aber bestimmt vom März bis zum Oktober, das sind ja … Nein, das kann man nicht ausrechnen, aber es kommen bestimmt Millionen zusammen. Was mögen sie auf dieser Strecke durch die Meseta empfunden haben? Die mittelalterlichen Pilger waren vermutlich von einer tieferen Religiosität als wir heute, suchten das Heil ihrer Seele, einige von ihnen hatten sicher auch andere Gründe wie Abenteuerlust oder Ähnliches …

Ob sie den gleichen steinigen Weg benutzten wie wir? Die Steine, über die wir heute gehen, sind Millionen von Jahren alt. Was sind doch wir für Eintagsfliegen dagegen! Für die Natur hier draußen sind wir nicht wichtig, sie braucht uns nicht. Ob wir uns als Menschen vielleicht zu ernst nehmen? Warum benötigen wir eigentlich das Gefühl, dass wir

nicht einfach zufällig die Welt bevölkern, sondern dass es sinnvoll ist, wie wir leben und was wir tun? Auf dem Pilgerweg und in seiner Beschränkung auf das einfache Leben ahnt man, dass es zwischen allem einen Zusammenhang gibt, und es fällt leicht, daran zu glauben, dass unser Leben Sinn macht. Und langsam stellt sich eine ganz natürliche Freude am bloßen »Auf-der-Welt-sein« ein, und daran, am Leben teilhaben zu dürfen.

Nach stundenlangem Gehen wird die Meseta dennoch zur Herausforderung. Ihre Horizonte wandern mit. Jeder vermeintliche Turm, jede Kirche in der Ferne erweist sich beim Näherkommen als Fata Morgana, hinter der nächsten Biegung gibt es wieder nur Weg und endlosen Horizont: Man geht und geht, hat dennoch nicht das Gefühl, vorwärtszukommen. Geht es uns im Leben nicht manchmal ähnlich? Irgendwann dreht man sich um: Was, so weit sind wir schon gegangen? Sollten das ganz hinten am Horizont die Hügel sein, bei denen wir am Morgen gestartet sind? Unglaublich, was man an einem Tag alles laufen kann! Ist das auch wie im Leben, wo wir manchmal vor lauter Aktivitäten gar nicht wahrnehmen, dass die Jahre vergehen und plötzlich, viel-

leicht an einem runden Geburtstag, bemerken, was alles schon hinter uns liegt ... Seltsame Meseta-Gedanken!

Der Blick orientiert sich wieder nach vorn, stellt keine Veränderung fest. Nur »Nichts«! Wie war das mit der Reconquista? Wie bereits erwähnt, kam die Auffindung des Apostelgrabs gelegen, als man das von den Mauren beherrschte Land zurückerobern wollte. Die Pilger aus ganz Europa waren christlichen Glaubens, unterstützten und bestärkten die Spanier in ihrem Widerstand gegen die Mauren und den Islam. Dass man versuchte, Jakobus als »Maurentöter« mit Schwert für die Reconquista einzusetzen, würde ihm selbst sicher auch nicht gefallen haben. Offensichtlich hatten weder die offizielle Kirche noch die Könige Hemmungen, Heilige als Waffen zu benutzen. Aber es ist leider ein altes, menschliches Muster. Und dass ausgerechnet wir Christen, die an Jesus Christus glauben, gegen sein erstes und oberstes Gebot – die Liebe – immer wieder so brutal verstoßen haben und immer noch verstoßen, stimmt traurig. Dass Kriege – wie bei den Kreuzzügen – im Namen des Kreuzes, an das wir ihn genagelt haben, geführt wurden, ist noch trauriger. Was sich Menschen zu allen Zeiten haben einfallen lassen, um

Kriege oder Unrecht gegen andere Menschen ohne ein schlechtes Gewissen führen zu können, ist phänomenal und aufschlussreich!

Schon die Westgoten griffen aufs Alte Testament zurück, um ihre Kriege zu rechtfertigen. Gott habe sie mit dem Sarazeneneinfall für ihre Sünden bestraft und weil sie Gottes Volk waren, beteiligte er sich am Krieg gegen ihre Feinde, wenn sie nur gottgefällig handelten; oder die Inquisition und ihre Scheiterhaufen, auf denen sowohl Minderheiten wie die Katharer als auch mutige Frauen als Hexen verbrannt wurden; das Vorgehen der katholischen Kolonialherren aus Spanien, mit der Vernichtung alter Kulturen wie die der Inkas und dem hingenommenen Tod von Millionen von Menschen sowie ihre Versklavung – als Rechtfertigung dafür mussten sie diese natürlich missionieren – oder der Antisemitismus mit dem Mord an den Juden im Dritten Reich ... Was mag es wohl sein, das Menschen immer wieder dazu bringt, Andersgläubige, Andersaussehende oder Andersdenkende anzugreifen, sie auszurotten oder zu unterjochen? Im Namen welchen Gottes wäre das gerechtfertigt?

Vom »Heiligen Krieg« der Islamisten, die auch an Gott glauben, ganz zu

schweigen. Interessanterweise wurden im gleichen Europa im Gegenzug dazu – vielleicht weil uns das schlechte Gewissen plagte – immer neue humanitäre Gesetze erlassen, um diese Verstöße zu verhindern und ein menschlicheres Zusammenleben zu »erzwingen«. Die ersten Gesetze gegen Kinderarbeit wurden in Spanien erlassen, weil Kinderarbeit in den Kolonien gang und gäbe war, Menschenrechte dort eingeklagt, wo sie mit Füßen getreten wurden … Dennoch – oder gerade deshalb – gab und gibt auch immer wieder besonders sozial eingestellte Menschen, die sogar ihr Leben dafür einsetzen, Unrecht zu verhindern oder Leid zu minimieren. Warum ist es so, dass wir bei allem, was wir vollbringen, auch das Gegenteil davon erzeugen? Ist vielleicht doch mehr dran am dualistischen Prinzip, von dem wir bereits bei den griechischen Philosophen lesen können, wo das Kreuz als uraltes, vorchristliches Symbol für den Dualismus in unserer Welt gilt, für gut und böse, Himmel und Hölle, usw. Wäre es also sozusagen vorprogrammiert, dass dort, wo Liebe ist, auch Hass existiert, dass es kein Licht ohne Schatten

gibt, keinen Vorteil ohne Nachteil? Sollte das alles im Wesen unserer Natur begründet sein? Vielleicht beginnend mit der Vertreibung aus dem Paradies, mit unserer Existenz nicht als Einheit, sondern als zwei Wesen, als Mann und Frau, mit all den bekannten Gegensätzen? Wäre also unsere Religion mit dem Anspruch, dass jeder Mensch den anderen so lieben soll wie sich selbst, zu hoch gegriffen, zu anspruchsvoll für uns? Sozusagen ein Griff nach den Sternen! Womit wir wieder auf dem Sternenweg, auf dem Jakobsweg wären. Befinden sich deshalb so viele Menschen auf diesem Weg, weil sie die Sehnsucht nach dem Unmöglichen in sich tragen, vielleicht als Ursehnsucht der Menschen, als Sehnsucht nach dem kleinen Glück jedes Einzelnen und dem Glück aller im Zusammenleben der Menschen?

Unser atheistischer Pilgerfreund erzählte kurz vor León, dass er vielleicht nächstes Jahr den französischen Jakobsweg gehe. Ein Wunder? Oder wirkt die Meseta so schnell?

Vor uns tauchte ein Kirchturm auf …

Zeitreise rückwärts — Romanik und mozarabischer Stil

Bin eine arme alte Frau,
die gar nichts weiß, ich kann nicht lesen.
Ich seh' im Kreuzgang meiner Pfarre
ein Paradies gemalt mit Lilien und Harfen,
und eine Höll', wo die Verdammten schmoren.
Eins macht mir Angst, das andre macht mir Freude ...

François Villon, 15. Jahrhundert

Tympanon der Abteikirche von
Conques an der Via Podiensis

»Die Ägypter hatten hauptsächlich dargestellt, was sie wussten, die Griechen, was sie sahen. Im Mittelalter lernten die Künstler in ihren Bildern auszudrücken, was sie fühlten«, so Ernst H. Gombrich in »Die Geschichte der Kunst«.

Wenn wir in den romanischen Kirchen entlang des Jakobswegs diesem mittelalterlichen Weltgefühl nachspüren, finden wir Elemente aller vorausgegangenen Epochen: orientalische, byzantinische und römische, germanische und keltische, in Spanien natürlich auch westgotische, maurische und mozarabische. Sie mischen sich mit den Darstellungen aus dem Alten und Neuen Testament, die vom starken christlichen Glauben der Menschen des Mittelalters geprägt sind. In Europa war die Romanik, die etwa im 11. Jahrhundert aus früheren Stilen entstand, die erste große Kunstepoche seit dem Untergang Roms im 6. Jahrhundert. Romanisch nennen wir sie, weil sie mit ihrem Rundbögen, Pfeilern und Säulen an die römische Architektur erinnert. Typisch sind auch die dicken, festungsartigen Mauern mit relativ kleinen Fenstern und Kapitellen auf den Säulen. Mit der Größe und Mächtigkeit der Kirchen wollte man die Allmacht Gottes und die Stärke des Christentums ausdrücken. Doch die früheren Decken aus Holz waren oft abgebrannt und passten nicht mehr zum übrigen Gebäude, deshalb mussten die gewaltigen Bauten ein Dach aus Stein erhalten. Man kannte zwar noch die römischen Bauformen, aber die Erfahrungen der angewandten Technik waren teilweise in Vergessenheit geraten. Die Romanik bildete sich in einer von Kriegen geprägten Zeit, die einfachen Menschen besaßen nicht einmal das Notwendigste und litten Hunger. Sie konnten nicht verstehen, warum Gott so viel Leid zulässt. Überall in Europa entstanden junge Klostergemeinschaften, in denen erstmals wieder auch weltliches Wissen gesammelt wurde.

Allmählich stattete man die Kirchen mit immer mehr Skulpturen aus; die Portale erinnern noch an römische Triumphbögen, in den Tympanons ist oft Christus in der Glorie dargestellt, um den sich Engel oder Apostel scharen. Im romanischen Stil drückte sich aus, was die Menschen dieser Zeit bewegte, sie waren ganz vom Streben nach dem Seelen-

heil durchdrungen, hofften auf Gottes Erbarmen. Dieses Flehen um Gnade durchdrang auch die Bildhauerei. Außerdem begann man bereits mit dem Licht zu spielen – »das Licht, das in der Finsternis scheint«, sollte zum Sieg über das Böse verhelfen.

Die starke Frömmigkeit, die Angst vor der Hölle und die Sehnsucht nach dem Paradies waren auch Gründe, warum Millionen von Menschen eine Pilgerfahrt unternahmen, die das Äußerste von ihnen abforderte. Vielleicht aus einem der ältesten Gedankengänge der Menschheit heraus: Der Hoffnung, dass sie nur aus Mühen, Gefahren, Opfern und dem innerem Wandel heraus an etwas Höherem teilhaben konnten, das ihnen Gnade und Rettung gewährte. Wir stoßen also in den Kirchen am Weg auf das gleiche Motiv, das häufig der Wallfahrt nach Santiago zugrunde lag. Die romanischen Gotteshäuser säumen den Pilgerweg nach Santiago noch heute. Und sie bewahren nicht nur christliche Zeugnisse, sondern auch viele Symbole aus vorchristlicher Zeit.

An das Spiel mit dem Licht und an die Säulen der Mezquita in Córdoba erinnert auch die der heiligen Magdalena geweihte Abteikirche in Vézelay am Beginn der Via Lemovicensis. Beeindruckend ist die Vorhalle, der Narthex. Sie diente zur Erholung der Pilger und zur Sammlung. Hier sollten sie die stumme Anwesenheit Gottes erfahren und beim Eintreten in die Kirche, in die Welt des Lichts, von allem Kummer befreit sein. Wenn Pilger das phantastische zentrale Tympanon mit seinen großartigen Skulpturen einigermaßen verdaut haben und in das Innere der Kirche treten, verblüffen zuerst die Lichtspiele. Die Strahlen der Sonne werfen ihre Lichtpunkte hinein, bilden zur Sonnenwende eine gerade Linie auf dem Fußboden in der Mitte des Schiffs. Zur Wintersonnenwende fallen sie genau auf die oberen Kapitelle, die nach Süden ausgerichtet sind. Und der untere Teil der Säulen wird durch das Licht der unteren Fenster erhellt, sodass die Kirche an Weihnachten am hellsten ist. Die Motive der Kapitelle reichen von legendären Erzählungen über Maria Magdalena bis hin zu Odysseus und der Sirene, umfassen das ganze Spektrum der Bibel, der Erzählkunst und der Geschichte.

Auch am Beginn der Via Podiensis in der Kathedrale Notre Dame von Le Puy gehen die Zeiten ineinander über. Die Überlieferungen reichen zurück bis auf eine alte Legende: »In der galloromanischen Epoche bestieg eine ältere, unter Fieber leidende Frau den Berg Anis. Dort schlief sie erschöpft ein. Beim Erwachen erblickte sie die Jungfrau Maria auf einem Dolmen, die sich eine Kirche an diesem Ort wünschte.« Dieser berühmte »Fieberstein«, auf dem die Menschen, die darauf schliefen, geheilt werden sollten, ist auch heute noch in der christlichen Kirche untergebracht. Sie wurde auf den Ruinen eines römischen Tempels gebaut, der nahe einer Quelle stand und den Dolmen beherbergte. Anfang des 5. Jahrhunderts wurde der Tempel zerstört und an seiner Stelle eine Kirche gebaut. Schon vor dem Jahr 1000 musste die Kathedrale wegen der vielen Pilger erweitert werden, ein Jahrhundert später baute man zwei weitere Gewölbe, sie stehen waghalsig auf Säulen oberhalb des Abgrundes. Die Fassade beeindruckt durch den Kontrast zwischen den dunklen Lavasteinen und den hellen Querbändern dazwischen. Insgesamt wirkt sie rosenfarbig und weckt wieder Erinnerungen an die Mezquita. Der letzte Anbau zeigt vorwiegend byzantinische und orientalische Einflüsse. Und als ob es nicht schon genug Fremdartiges gäbe, enthalten die Zedernholztüren zu den Kapellen aus dem 12. Jahrhundert kufische Schriftzeichen an den Rändern, die mit »Alle Macht Allah« übersetzt werden. Das Kircheninnere besteht aus einem riesenhaften, geheimnisdunklen Palastraum. Am Hauptaltar die Statue der Schwarzen Madonna, leider nur eine Kopie des Originals, das während der Revolution verbrannt wurde. Will man sich auch nur ein wenig in die Geheimnisse dieser Kirche und ihres erlesenen Kreuzgangs vertiefen, benötigt man einige Tage in Le Puy. Die außergewöhnliche Vulkangegend und der selten interessante Ort sind es wert!

Der reinste Stil der spanischen Romanik findet sich in Frómista in der Kirche St. Martin. Nur wenige Plastiken zieren das Innere, dafür aber sind sie von großem künstlerischen Wert. In der Apsis soll der gleiche Meister gearbeitet haben wie in Jaca. Der Raum wirkt allein durch seine vollkommene Harmonie. Schon von außen ist die Kirche mit ihren schlanken Türmen und ihrem Ebenmaß eine Augenweide und sie wird von vielen Kunstverständigen besucht. Und das Äußere ist auch das Interessanteste: Über dreihundert Figuren tummeln sich an den Sparrenköpfen der Dächer. Ungeheuer, Menschen- und Tierköpfe, Dämonen, Pferde, Widder und Stier, sind das nicht heilige Opfertiere der Kelten? Aber auch Blätter und Blüten im maurischen

Stil und Voluten wie in Córdoba. Leider können wir heute nicht mehr alle Symbole deuten, vieles bleibt rätselhaft. Die meisten Menschen des Mittelalters konnten nicht lesen und schreiben. Um sie zu belehren oder zu informieren, musste man eine Bildersprache verwenden, das Wort in Skulptur umsetzen. Die Sprache der Symbole verstanden sie genauso gut wie wir heute die Schrift. Daher rühren vermutlich auch die vielen drastischen Darstellungen von Höllenqualen und ewiger Verdammnis auf der einen Seite und den Freuden des himmlischen Paradieses auf der anderen, die uns in vielen romanischen Kirchen beeindruckten.

Für Pilger – und nicht nur für sie – ist der krönende Abschluss der Romanik und Meisterwerk dieses Stils natürlich die Kathedrale in Santiago de Compostela. Nachdem das zweite Gotteshaus im Jahr 997 von Almansor, dem großen Heerführer des Kalifen von Córdoba, völlig vernichtet worden war – erstaunlicherweise hatte er das Apostelgrab unangetastet gelassen –, wurde die Kirche 1075 als Wallfahrts- und Prozessionskirche neu aufgebaut. Ihr Grundriss in Form eines lateinischen Kreuzes mit seinen drei Schiffen und den wundervollen Emporen über den Seitenschiffen ist so

perfekt, dass ihr keiner der zahlreichen späteren Neueinbauten bis hin zur Barockverkleidung etwas von ihrer Erhabenheit und Schönheit nehmen konnte. Und noch heute verströmt sie ihre Wohlfühl-Eigenschaften an die Pilger, die sich in ihr geborgen und angekommen fühlen.

Anders als im übrigen Europa schöpfte die spanische Romanik vieles auch aus dem westgotischen und mozarabischen Stil. Besonders gut ist dies zu erkennen an doppelten Hufeisenbögen in Penalba de Santiago oder den filigran geformten Säulen in San Miguel de la Escalada, die uns wie ein zartes Echo des Säulenwaldes der Mezquita erschienen und ebenfalls in einer hufeisenförmigen Wölbung enden. Hübsche Pflanzenmedaillons schmücken die Kapitelle. Die kleine Kirche wurde von mozarabischen, aus Córdoba geflüchteten Mönchen bereits 913 erbaut, sie hatten die kunstvolle islamische Architektur Andalusiens mitgebracht.

Wie keine Stilrichtung nach ihr bewahrte die Romanik ausdrucksstark das Erbe der christlich-römischen Antike und zeugte von der Einheit der mittelalterlichen Weltordnung.

181

Wo viel Licht ist …

Wechselnde Pfade,
Schatten und Licht,
alles ist Gnade,
fürchte dich nicht.

Kanon

Arcos de la Frontera, weißes Dorf in Andalusien

»Hallo, Sie da, sagen Sie mal, bin ich denn auf dem richtigen Jakobsweg oder habe ich mich verlaufen? Laut Hape Kerkeling müssten doch hier viel mehr Autos fahren!«

Pilger müssen in jüngster Zeit damit rechnen, unterwegs mit Fragen ähnlicher Art konfrontiert zu werden. Deutsche im neuesten Wanderer-Outfit, die vorher nie größere Strecken zu Fuß hinter sich gebracht haben, wagen sich nun auf den Jakobsweg, getreu dem Motto: »Wenn Hape das schafft, schaffe ich es auch!« Dieses Zutrauen ist zunächst sehr positiv. Doch sie wollen ihre Pilgerreise häufig ganz genau so gestalten wie er, tragen Kerkelings Buch wie ein Brevier vor sich her, um jeden Meter mit seiner Beschreibung zu vergleichen. Ob sie dabei auch zur Ruhe kommen und in die eigene Tiefe schauen, ob sich die Wirkung des Jakobswegs auch bei ihnen zeigt, sei dahingestellt. Es wäre zu hoffen. Hape Kerkeling hat im Gegensatz dazu seinen eigenen individuellen Weg als Pilger gesucht.

Auch folgende Aussagen hört man immer häufiger: »Auf dem Jakobsweg soll es doch heißen: ‚Nimm, was du brauchst und gib, was du kannst'. Stellt Euch vor, im Kloster Roncesvalles verlangen sie von jedem Pilger fünf Euro für die Nacht! Die haben aber 140 Betten, das sind also siebenhundert Euro am Tag! Und da habe ich nur zwei Quadratmeter Platz, kann nicht mal meinen Rucksack richtig auspacken und das Bettlaken und die Duschen sind auch nicht ganz sauber! Ist das gerecht? Kann ich nicht etwas Besseres erwarten, wenn die siebenhundert Euro am Tag einnehmen?«

Jakobus ist nicht um das schwere Stück Arbeit zu beneiden, das er da vor sich hat! Ob das »Konsumdenken« – ich bezahle schließlich mit meinem Geld, also will ich dafür auch eine Leistung haben – jetzt auch auf dem Jakobsweg angekommen ist? Oder rührt es daher, dass die »staatliche Pilgerstraße« in letzter Zeit so stark touristisch vermarktet wird?

Unwillkürlich ergeben sich Parallelen zum Mittelalter, als sich die Mönche die Schlacht Karls des Großen am Ibañetapass zunutze machten, um mehr Pilger anzulocken. Schon im 13. Jahrhundert ließen sie ein Fresko vom berühmten Kampf in Roncesvalles auf die Wände des Kreuzgangs der Rolandskapelle malen. Oder auch bei der Legende von der heiligen Fides: Ein Mönch überführte ihre Reliquien durch einen »frommen« Diebstahl nach Conques, damit die Pilger herbeiströmten. In beiden Fällen hat es wohl funktioniert. Von den Wirten, die Pilger betrogen und ausraubten, ganz zu schweigen. Wie es im Mittelalter weiterging, ist hinlänglich bekannt: Irgendwann trieben sich mehr »Muschelbrüder« herum als echte Pilger. Unter ihnen befanden sich als Pilger verkleidete Landstreicher, Straßenmädchen, falsche Priester, Diebe; sie alle suchten das Glück des Zufalls und begleiteten nötigenfalls die Pilger mehrere Tage, um an ihr Geld heranzukommen. Der Weg kam auch dadurch in Verruf und wurde nur noch von wenigen Menschen begangen.

Zunehmend fallen auch einzelne »Pilger« auf, die sich abends in den Gasthäusern mit körperlich oder seelisch angeschlagenen Pilgern befassen und auf sie einreden. Morgens brechen sie wie alle anderen Pilgern auf, um am Abend wieder im gleichen Gasthaus aufzutauchen – und dasselbe Spiel mit neuen Pilgern zu beginnen. Ob es sich hierbei etwa um Pseudo-Psychologen handelt, die empfängliche Pilger für

interessante Kurse in Deutschland animieren – und damit ins Geschäft kommen wollen? Immer häufiger begegnet man heutzutage hektischen Radlern, die abends krampfhaft versuchen, in den Herbergen »auf die Schnelle« ein wenig Pilgerstimmung einzufangen, von der sie Positives gehört haben. Dennoch drehen sich ihre Gespräche nach kürzester Zeit mehr um die maximal zu bewältigende Kilometeranzahl und die Leistung pro Tag, weil man ja eigentlich keine Zeit hat und trotzdem alles haben möchte: Auch der Rückflug ist schon gebucht, nach dem Motto: »Immer schneller, immer besser, immer billiger.« Auf diese Weise kann man den berühmt gewordenen Jakobsweg in ein paar Tagen bewältigen, ist das nicht toll? Ebenso finden Fußpilger, die nur die letzten hundert Kilometer vor Santiago gehen, um die Urkunde dafür zu erhalten, den Weg oftmals nicht reizvoll. Kein Wunder, hundert Kilometer auf einer so stark frequentierten Strecke sind in der Regel nicht ausreichend. Der Sinn und die Schönheit des Jakobswegs erschließen sich vielleicht nur dem, der sich auf einer längeren Strecke auf ihn einlässt. Gottlob stellen diese »Eiligen« noch eine Minderheit dar, viele Radler nehmen sich ebenso wie Fußgänger die nötige Zeit, um den Pilgerweg auch als solchen wahrnehmen und bewältigen zu können.

Zu den neuesten Errungenschaften zählt der »Run« auf die Betten oder Matratzen in den Herbergen. Es gibt Pilger, die schon in der Nacht losgehen, um am Morgen im nächsten Quartier anzukommen und die Betten zu reservieren. Ohne Handy geht ja sowieso nichts mehr! Ob diese Pilger auch tagsüber schlafen, bekommt man nicht mit, wenn man tagsüber wandert und abends dennoch ein Bett bekommt – in Spanien allerdings bei antizyklischem Verhalten bezüglich der Etappenziele. Durch die staatliche Förderung gibt es so viele Übernachtungsmöglichkeiten, dass man nicht gezwungen ist, die vorgeschlagenen Herbergen zu nehmen. Meist finden sich ein paar Kilometer weiter bessere Möglichkeiten in kleineren Häusern, zur Not auch mal in Pensionen oder Hotels.

Dass man bei »diesem Rummel« Santiago auslässt und lieber gleich nach Finisterre weitergeht, ist doch sonnenklar – oder? Und die Frage, was denn an diesem Jakobsweg eigentlich dran sein soll, liegt auf der Hand. Diejenigen, die davon begeistert erzählen, müssen alle romantische Schwärmer sein.

Es gäbe aber vielleicht noch vielfältige andere Möglichkeiten, um diesem Problem abzuhelfen: Von den EU-Geldern werden viele neue Autobahnen gebaut, einige davon auch neben den oft leeren Nationalstraßen mit der Beschilderung »Camino de Santiago«. Vielleicht könnte man ja diese Nationalstraßen gleich für die Pilger präparieren – allen wäre geholfen und es müssten nicht noch mehr »Pilgertrassen« neben der Straße geplant werden.

Neuerdings wird eine Serie über »Promi-Pilgern« gedreht. Vielleicht führt es ja dazu, dass zumindest prominente Pilger aus nichtspanischen Ländern zukünftig während der Pilgermesse wieder vorn im Altarraum sitzen dürfen. Bis vor einigen Jahren war dieser Platz nur für Pilger reserviert, die an diesem Tag in Santiago ankamen. Nun werden sie nach hinten abgedrängt, vorn nehmen Vorbeter und prominente Spanier Platz. Oder sollte das eine besonders raffinierte Methode von Jakobus sein? Will er vielleicht die Prominenten bekehren, weil damit zwangsläufig alle die mit bekehrt würden, die ihnen in allem nacheifern? Das wäre wieder mal eine echte »Donnersohn«-Strategie!

Müssen wir uns überhaupt noch auf den Weg machen und wirklich gehen?

Mit all den Strapazen, dem Muskelkater und den Blasen? Eine viel bessere Idee wäre doch das »virtuelle Pilgern« im Fernsehen oder am PC, natürlich unter Anleitung eines witzigen Moderators. Die ganze Nation könnte jeden Abend pilgern gehen, das würde die Organisation erheblich erleichtern und wäre doch endlich mal etwas Zeitgemäßes …

Gott sei Dank findet trotz alledem die Mehrzahl der Pilger auch heute noch die Muße, die zauberhaften Landschaften und die Kunst und Kultur am Pilgerweg zu genießen sowie neue Beziehungen zu gleichgesinnten Menschen herzustellen und Freundschaften fürs Leben zu schließen.

Der Jakobsweg hat seit seiner Entstehung schon vieles erlebt und so manche Krise überstanden. Wenn wir Pilger alles in unserer Macht Stehende tun, um die Seele dieses Weges auch für die Zukunft zu erhalten, wird er hoffentlich auch den jüngsten Ansturm gut verkraften.

Die Dolmen von Antequera

Ein schmaler hoher Gang,
von Mohnblumen überwuchert,
führt ins Innere der Erde.
Ehrfürchtig stehen wir im Dämmerlicht
vor den Zeugnissen aus längst vergangener Zeit.
Wer hat sie errichtet, was war der Sinn?
An was die Menschen wohl glaubten,
und für wen sie gebaut wurden,
diese Grabmale für die Ewigkeit.

Dolmen Cueva de Menga in Antequera

»In den unruhigen Jahren der Reconquista wurde ein christlicher Ritter namens Tello gefangen genommen und in einen nahe gelegenen islamischen Ort gebracht. Tagzona, die Tochter des Bürgermeisters, verliebte sich in ihn. Doch eine Verbindung zwischen den beiden war in dieser Zeit unvorstellbar und so beschlossen sie zu fliehen. Aber die Soldaten ihres Vaters nahmen sofort ihre Spur auf, die beiden erreichten mühsam den Gipfel eines hohen Felsens. Als ihre Verfolger immer näher kamen und ihnen die Trennung drohte, stürzten sich die Verliebten in die Tiefe.« Der »Peña de los Enamorados«, der »Fels des Liebespaares«, ist das Erste, was man wahrnimmt, wenn man sich Antequera nähert. Er sieht aus wie ein menschliches Gesicht im Profil. Und die hübsche Legende, die sich um ihn rankt, hat einen historischen Hintergrund. Die Stadt wurde bereits 1410 von den christlichen Truppen eingenommen und war 82 Jahre lang Grenzort zum Königreich Granada. So holt uns in Antequera im Zentrum Andalusiens die Geschichte der Reconquista wieder ein. Über der Stadt thronen die Reste der ehemaligen Maurenfestung, die fünf Monate lang der Belagerung standgehalten hatte. Antequera besitzt Denkmäler aus allen Epochen, über dreißig Kirchen und Paläste sowie bedeutende Funde aus der Römerzeit.

Doch die Stadt ist schon viel älter, ihre Geschichte beginnt vor etwa 4500 Jahren mit den Menschen der Megalithkulturen. Sie errichteten die berühmten Dolmen – wer sie besichtigen will, muss den »Umweg« über Antequera nach Córdoba wählen.

Auf der Via Podiensis in Frankreich begegnen dem Pilger zum ersten Mal Dolmen: aus hohen, rund oder oval aufgestellten Tragsteinen und von einer wuchtigen Platte abgedeckt, wirken sie wie riesige Steintische. Bereits vor 5000 Jahren beerdigten die Menschen ihre Verstorbenen darin, schütteten Erde darüber, in der Hoffnung, dass die Toten in diesen Erdhügeln die ewige Ruhe fanden. Doch leider haben nachfolgende Generationen diese Ruhe gestört, sie trugen die Erde wieder ab, nahmen den Toten den Schmuck ab und plünderten die Grabbeigaben. Später landeten auch ihre Gebeine und der

Schmuck in den Museen. Heute ragen nur noch leere Grabmale in den Himmel.

Die Dolmen liegen am Stadtausgang in Richtung Granada. Dienstags geöffnet, Glück muss man haben! Ein übermannshoher, viereckiger Eingang führt in den Dolmen von Menga, dem ältesten der drei: Ganz anders als bei den Dolmen am Jakobsweg, die unverhüllt in der Landschaft stehen, führt hier ein höhlenartiger Gang in den Hügel hinein. Über einen mindestens fünf Meter langen und ziemlich breiten Eingangsbereich gelangen wir in eine riesige Grabkammer. Auf jeder Seite mehrere aneinandergereihte, fast drei Meter hohe Felsplatten, eine einzige bedeckt die ganze Rückwand und vier die Decke. Wie hat man nur diese Felsbrocken bewegt und diese fast zwanzig Meter lange und etwa sechs Meter breite Halle errichtet? Eine Deckenplatte soll etwa zweihundert Tonnen wiegen, unvorstellbar, wie sie transportiert wurde. Drei Monolithen stützen die schwere Decke. Man schätzt, dass der Dolmen etwa 2500 v. Chr. gebaut wurde. Mit Steinen konnten die Menschen damals wahrhaftig umgehen!

Nur etwa hundert Meter vom ersten entfernt befindet sich der Dolmen von Viera, ca. 500 Jahre jünger und ein wenig kleiner. Da ein langer Korridor zur Grabkammer führt, wird er den Ganggräbern zugeordnet. Auch diese Kammer ist sehr groß, auf dem Monolithen an der Rückwand sind Löcher erkennbar, vermutlich stammen sie von Grabschändern, die hier nach Schätzen suchten. Ein wenig außerhalb der Stadt liegt der Dolmen von El Romeral, der jüngste der drei, ca. 1800 v. Chr. errichtet. Seine Seitenwände aus kleineren Steinen sehen schon »gemauert« aus, nur die Deckenplatten sind sehr groß. Nachdenklich begeben wir uns ins Freie, schauen vom Hügel aus über die Landschaft – drei solch riesige Gräber in einer Stadt, wie bedeutungsvoll mag sie gewesen sein! Welchem frühen Kulturvolk ihre Erbauer wohl angehörten, das bereits 3000 v. Chr. seine Toten in so aufwendigen Gräbern bestattete? Wir wissen wenig darüber, Gräber und Landschaft geben nur einen kleinen Teil ihrer Geheimnisse preis.

Die Kelten

»Die Kelten leben jenseits der Säulen des Herakles,
nahe bei den Kyneten (Portugiesen), die am weitesten
westlich von allen Völkern Europas leben.«

Herodot, griech. Historiker , 5. Jahrhundert v. Chr.

Palozza – galicische Rundhütte keltischen
Ursprungs in O Cebreiro

Obwohl die frühen Kelten kaum Schriftliches hinterließen, stoßen wir überall in Europa auf ihre Spuren. Ihre Hinterlassenschaften finden sich zumeist in der Natur. Die Reste von Kelten-, Römer- oder Viereckschanzen, die früher von Wällen und Gräben umgeben waren, sind im Gelände an ihrer Viereckform oftmals recht gut erkennbar. Bei genauem Hinsehen und mit etwas Fantasie kann man auch die Gräben noch erkennen. Schwieriger ist schon die Deutung dieser Schanzen, die Palette der Erklärungsversuche reicht von Verteidigungsanlagen über Gutshöfe oder Kultplätze bis hin zu speziellen Einrichtungen, um damit das Wetter zu beeinflussen. Nachgewiesen sind diese Schanzen in Deutschland, Österreich, der Schweiz und Nordfrankreich.

Unklar ist wohl auch der Ursprung der keltischen Sprache. Als eigenständige Kultur waren die Kelten im 5. Jahrhundert n. Chr. weitgehend verschwunden und nur in England, Irland oder Schottland noch weiter präsent. Ob sie sich dorthin zurückgezogen haben, in anderen Kulturen aufgingen – was nur bei Germanen und Römern bekannt ist – oder einer Katastrophe zum Opfer fielen, kann nur vermutet werden. So umgibt sie noch heute der Nimbus des Geheimnisvollen, wie immer, wenn nichts Genaues bekannt ist. Nur Griechen und Römer berichteten über sie, vermutlich nicht sehr objektiv, denn sie fühlten sich von ihnen bedroht oder führten Kriege gegen sie. Sie nannten sie Keltai, Galatai oder Galli, vermutlich mit »die Kühnen« zu übersetzen.

Sicher ist, dass sie ursprünglich in Mitteleuropa beheimatet waren und Europa ab dem Beginn der Eisenzeit prägten, ihre Wurzeln reichen allerdings weiter zurück und können bis zu den Menschen der Jungsteinzeit verfolgt werden. Die schönsten Zeugnisse keltischer Kunst sind aus der La-Tène-Zeit erhalten, ab etwa 500 v. Chr.: Skulpturen aus Stein oder Metall, Schmuck aus Gold, Silber und Bronze, Darstellungen von Menschen, Tieren oder Pflanzen auf Vasen und Gebrauchsgegenständen oder Waffen, verziert mit Ornamenten und Symbolen ihres Glaubens – verschlungene Linien, Spiralen oder Kreismuster. Auch wenn die keltische Kultur in weiten Teilen noch unbekannt ist, ihre

Kunstwerke zeugen davon, dass sie nicht die von Griechen und Römern geschilderten Barbaren, sondern eine der Hochkulturen der antiken Welt waren. In Süddeutschland erlebten sie ihre Blütezeit zwischen 200 v. Chr. bis Christi Geburt. Aus dieser Zeit stammen auch die meisten Keltenschanzen und Siedlungen. Eine spätere Hinterlassenschaft besitzen wir allerdings in Süddeutschland von ihnen, aus dem Missionsgebiet der keltischen und iroschottischen Mönche: die bis heute übliche Grußformel »Grüß Gott«, sie kommt aus dem Irischen und bedeutet »Gott sei mit dir!«

Pilger, die in München starten, beschäftigt das alte Volk der Kelten schon am ersten Pilgertag, denn etwa zwei Kilometer vor dem Kloster Schäftlarn kommt man an der sogenannten Birg vorbei. Auf einem Geländevorsprung am Steilufer der Isar liegen im Wald verborgen die Reste einer uralten Wehranlage, die bis auf die Kelten zurückgehen soll, die hier schon eine Kultstätte hatten. Seit dem Bau des Klosters Schäftlarn im 8. Jahrhundert diente die Burg als Fluchtort für das Kloster und die umliegenden Einwohner. Im Mittelalter hatte der Sage nach ein Raubritter die Burg eingenommen. Man wollte ihn los-

werden, nur ein altes Birgweibl wusste, wie es gehen konnte. Sie verriet, wo die Wasserader zur Birg lag und wie man sie abgraben konnte. Der Raubritter wurde also regelrecht »ausgetrocknet«. Doch seit er mithilfe des Birgweibls besiegt und vertrieben worden war, liegt ein Fluch auf dem Ort, erzählen die Einheimischen. Und immer wieder soll das Birgweibl auftauchen und nachts durch die Gegend geistern.

Die Spuren der Kelten verlassen den Pilger auf dem gesamten Jakobsweg nicht, tauchen in unterschiedlichsten Varianten immer wieder auf. Ob als Triskell in einem Kirchenfenster am Weg, ob in alte Wegsteine gravierte Kreise oder Spiralen oder an Skulpturen oder Kapitellen in den Kirchen entlang des französischen Jakobsweges, wie beispielsweise in Vézelay, wo sich die Kelten ab etwa 900 v. Chr. ansiedelten. Das zentrale Tympanon wird von einer großen Christusfigur mit ausgebreiteten Armen beherrscht. Sein Gewand trägt an Hüfte, Knie und Ellbogen rätselhafte gegenläufige Spiralzeichen, als Kampf zwischen den Kräften des Guten und des Bösen gedeutet. Bei den Kelten war die rechtsdrehende Spirale ein Symbol des Lebensweges ähnlich dem Labyrinth, während die linksdrehende für

195

das Ende, die Rückkehr zum Ursprung stand. Den Baumeistern des 12. Jahrhunderts dürfte auch diese Bedeutung noch geläufig gewesen sein. Die Motive an den Kapitellen der Kirche entstammen ja auch nicht nur dem Alten und Neuen Testament, sondern enthalten Szenen aus der griechischen und römischen Mythologie, Dämonen und Fabelwesen oder auch moralische Anspielungen, wie den musizierenden Esel auf der Harfe, der auf die menschliche Arroganz anspielt. In die großen Kathedralen am Pilgerweg wurde also symbolhaft die gesamte bisherige Glaubenspalette eingearbeitet. Vielleicht fühlen sich deshalb Menschen aller Überzeugungen wohl darin?

Am häufigsten präsent auf dem Jakobsweg sind die Kelten allerdings in Spanien, vor allem in Galicien, wo man bereits über 5000 keltische Dörfer fand, die meisten sind jedoch zerstört. Die Kelten überquerten etwa von 900 bis 500 v. Chr. die Pyrenäen, breiteten sich in ganz Spanien aus und vermischten sich mit den ansässigen Iberern. Als ungeduldige, leidenschaftliche Krieger, die ihren Gegnern nackt gegenübertraten, waren sie bei den Römern gefürchtet, kämpften auch manchmal zusammen mit den Karthagern gegen die Römer,

wurden aber letztlich von ihnen besiegt. Julius Caesar erkannte, dass ihre Priester, die Druiden, den Schlüssel zur Macht besaßen. Sie waren nicht nur religiöse Führer, sondern übten auch großen Einfluss auf ihre Stammesführer und Könige aus. Deshalb verfolgte und bekämpfte Caesar besonders die Druiden. Und sein Plan ging auf, noch zu seiner Zeit gingen die spanischen Kelten in der römischen Provinz auf.

Doch das keltische Erbe ist für Pilger besonders in Galicien noch augenfällig. Statt Zäunen umgrenzen aufgestellte Steinplatten Häuser und Felder, ein untrügliches Zeichen dafür, dass wir uns in einem alten Keltenland befinden. Auch die vielen »Hórreo« fallen auf, das sind Getreidespeicher auf steinernen Stelzen, die Giebel zieren auf der einen Seite das christliche Kreuz, auf der anderen Seite ein heidnisches Symbol. Darüber hinaus sind noch viele Pallozas zu sehen, keltische Bauernhäuser mit runden Mauern und schweren Kegeldächern aus Stroh und Heidekraut: Sie boten Menschen und Tieren Raum. Besonders im Dorf O Cebreiro sind etliche erhalten, eines davon ist als Museum eingerichtet und kann besichtigt werden. In Galicien mit seinem feuchten Klima, den uralten bizarren

196

Bäumen und wabernden Nebeln drängen sich unserer Vorstellungswelt die Bilder des alten Keltenvolkes förmlich auf, das mit seinen Naturgöttern und Dämonen besonders gut in diese ursprüngliche Landschaft passt. Auch der Jakobsweg als Initiationsweg ist hier am besten vorstellbar, wir begegnen vor allem immer wieder ihrem Sonnengott Lug. Das keltische Glaubenssystem war polytheistisch, sie besaßen also viele Götter, darunter auch weibliche Muttergöttinnen oder die keltische Venus. Die Frauen hatten eine starke Position. Es gab zwar auch den Witwenmord am Grab des Gatten, andererseits hatten sie viele Vorrechte, wie die weibliche Herrschaftsfolge bei Fürstentöchtern. Und schon der griechische Geschichtsschreiber Strabon wunderte sich darüber, dass in manchen Keltenstämmen die Stellung der Geschlechter »andersherum ist als bei uns«. Noch ein Grund mehr, die Kelten zu bekämpfen …

Mit dem Gott Lug verbinden sich am Jakobsweg einige bereits genannte Städtenamen und vor allem der Pico Sacro, der »heilige Berg«, in der Nähe von Santiago, der wohl ein keltisches Sonnenheiligtum darstellt. Lug wird als Sonnengott bezeichnet, obwohl die Sonne bei den Kelten stets weiblich war. Es handelt sich daher eher um einen Lichtgott, mit einem Antlitz hell wie die Sonne. Und auch die Kelten sahen das Kap Finisterre als das Ende der Welt an, es liegt deshalb nahe, dass sie dort Initiationszeremonien vornahmen. Mit dem Verbrennen der Kleider als symbolischen Akt dafür, den alten Menschen abzulegen und als neuer Mensch wiedergeboren zu werden, schließt sich der kulturelle Kreis zu den heutigen Jakobspilgern.

Mit Hannibal auf der Straße des Herakles

Der junge Herakles kam an eine Weggabel, wo ihm zwei stattliche Frauen entgegentraten. Eine davon war in kostbare Gewänder gehüllt, die andere trug schlichte Kleidung und senkte bescheiden den Blick. Zuerst sprach ihn die prächtige Frau – die Lust – an: »Wenn du meinem Weg folgst, wirst du ein Leben voller Genuss und Reichtum haben. Weder Not noch Leid werden dir hier begegnen, sondern nur Glückseligkeit!« Daraufhin sagte die andere – die Tugend – zu ihm: »Die Liebe der Götter und der Mitmenschen kann man nicht ohne Mühe und Arbeit erreichen. Auf dem Weg der Tugend wird dir auch Leid widerfahren, doch dein Lohn werden Achtung, Verehrung und Liebe der Menschen sein. Nur du kannst entscheiden, welcher Weg der deinige sein soll.« Herakles entschied sich, dem Pfad der Tugend und Ehre zu folgen ...

Prodikos, griech. Sophist, um 450 v. Chr.,
aus ›Herakles am Scheideweg‹

Meerenge von Gibraltar

Es gibt Orte auf der Welt, deren exponierte Lage immer wieder dazu angetan ist, dass von dort aus Veränderungen in der Geschichte ihren Anfang nehmen. Einer davon ist Tarifa, der gleich mit drei Besonderheiten aufzuwarten hat: Er liegt am südlichsten Zipfel Europas, an der engsten Stelle der Straße von Gibraltar und außerdem treffen Mittelmeer und Atlantik hier zusammen.

Auf den Felsen über dem stürmischen Meer mit seinen gefährlichen Wassern sitzend, kann man fasziniert die mutigen Surfer beobachten, wie sie elegant über die meterhohen Wellen tänzeln und akrobatische Sprünge riskieren. Immer schon hat diese nur 14 km breite Meerenge die Menschen beeindruckt und ihnen je nach Charakter Angst eingejagt oder ihre Fantasie beflügelt. Unwillkürlich drängt sich der antike Mythos vom Ende der Welt jenseits der Säulen des Herkules (griech. Herakles) in Homers Odyssee auf, wo am Fuß der beiden Berge dieser Meerenge zwei grässliche Ungeheuer sitzen, die greifende Skylla und die schlürfende Charybdis. Herakles richtete die zwei Säulen ein: Den Berg Moussa auf afrikanischer Seite und den Felsen von Gibraltar auf der europäischen.

Allerdings war die Welt hier nie zu Ende, mühelos können wir heute nach Afrika hinüberschauen – und lange vor unserer Zeitrechnung überquerten bereits die Griechen und Phönizier diese Meerenge. Für die Mauren war sie im Jahr 711 der erste Anlaufpunkt ihrer Invasion. Von einem Berber namens Tarif, der vorausgeschickt wurde, um das Gelände zu erkunden, hat Tarifa seinen Namen. Doch auch entlang der Ostküste stößt man immer wieder auf die mythische »Straße von Herakles«, die hier ihren Anfang nahm und später von den Pilgern des Mittelalters benutzt wurde. Auch Hannibal mit seinen Elefanten war auf seinem Kriegszug über die Alpen nach Italien auf ihr entlanggezogen. Er war ein Spross der Phönizier, einem Volk der Antike, das zu den ersten Seefahrern zählte. Sie schufen die Urform des europäischen Alphabets und waren die ersten bekannten Benutzer der Farbe Purpur. Als ausgezeichnete Seefahrer kolonisierten sie das Mittelmeer von Zypern über Sizilien bis nach Spanien.

Viele Jahrhunderte lang standen die Iberer unter ihrem Einfluss, vor allem durch die Stadt Karthago, einer weltoffenen Kulturstadt mit mehreren hunderttausend Einwohnern an der Küste Nordafrikas. Bis plötzlich ein junges, machtgieriges Volk die Bühne der Geschichte betrat: die Römer, die sich zunehmend gegen die reichen Karthager durchsetzten und sie immer mehr in die Enge trieben. Bis dahin waren die Phönizier nur am Handel interessiert gewesen, nun unterjochten sie plötzlich die einheimische Bevölkerung und eroberten Spanien bis zum Ebro. Doch sie verloren den Ersten Punischen Krieg gegen die Römer.

In dieser Zeit wurde Hannibal im Jahr 247 v. Chr. als Sohn einer Soldatenfamilie in Karthago geboren. Sein Name bedeutet »Gnade des Baal«. Als Kind erlebte er die Belagerung Karthagos mit. Als er zehn Jahre alt war, ließ ihn sein Vater, Kommandant der punischen Streitkräfte, im Tempel ewigen Hass auf die Römer schwören und nahm ihn über die Meerenge von Gibraltar mit nach Spanien. Dort wuchs er in Cádiz auf, einer multikulturellen Stadt der antiken Welt. Als sein Vater starb, übernahm er dessen Erbe. Die Römer wollten die Phönizier aus Spanien vertreiben, deshalb plante Hannibal, sie in ihrem eigenen Land zu besiegen. Da die phönizische Kriegsflotte von den Römern zerstört worden war, sann er darauf, Italien auf dem Landweg zu erreichen. Welch verrückte und geniale Idee! Was für ein fantasiebegabter Mensch muss er gewesen sein, mit wie viel Hang zum »Außergewöhnlichen«! Dass er alles auch noch bis ins Detail plante und zur Durchführung brachte, lässt auf einen starken Charakter schließen.

Die Elefanten für die Schlacht musste er in Nordafrika besorgen. Bestimmt war es nicht einfach, sie auf Segel- oder Ruderbooten überzusetzen. Und das war sicher erst der Anfang der Schwierigkeiten! Er musste ja die Elefanten auf diesen langen, beschwerlichen Weg über die Alpen vorbereiten, sie trainieren, für jedes der eigenwilligen Tiere einen eigenen Führer engagieren ... Es ist äußerst reizvoll, die noch bekannten Teile der Route Hannibals aufzusuchen und so seinen Weg nach Norden ein Stück zu verfolgen.

Cádiz, seine zweiten Heimatstadt, wurde der Sage nach von Herkules gegründet, der Geschichte nach von den Phöniziern. Sie ist die älteste noch bewohnte Stadt des Abendlandes. Schon die Griechen kamen hierher, um die Gezeiten zu studieren. Heute ist Cadiz eine geschäftige Hafenstadt, der man ihre 3000 Jahre nicht ansieht, zu oft wurde sie schon zerstört und wieder aufgebaut. Die Kathedrale aus dem 18./19. Jahrhundert ist sogar die jüngste Andalusiens. Vom Aussichtsturm Torre Tavira lässt sich das »Silbertässchen«, wie die Stadt auch genannt wird, am besten überblicken. Ob der Name von seiner Form, vom Silber oder vom viel gerühmten Licht der Stadt herrührt? Nur noch auf alten Stichen ist das Cádiz von einst zu sehen.

In Cartagena, dem »neue Karthago«, erhält man im »Castillo de la Concepción« einen multimedialen Überblick über die Geschichte, genießt den herrlichen Rundblick über die Stadt mit ihren Hügeln ringsum und dem Hafen und schaut direkt auf das römische Theater. In dieser Stadt bereitete sich Hannibal auf seinen langen Kriegszug über die Alpen vor, hier hat er seine Vorräte zusammengetragen und die Kriegskasse aufbewahrt.

Etwa 350 km nördlich von Cartagena beeindruckt die imposante Festung von Sagunt mit ihrer riesigen Mauer römischen Ursprungs, die sie umklammert. Die Stadt stand unter dem Schutz der Römer, als Hannibal sie 219 v. Chr. nach

neunmonatiger Belagerung für die Karthager eroberte. Alle Einwohner sollen damals ums Leben gekommen sein. Dieses Ereignis löste den Zweiten Punischen Krieg aus.

Über Figueres und die letzte spanische Station La Jonquera erreicht man den Pass Perthus und mit ihm wieder einen jener besonderen Orte, an denen zu allen Zeiten die Völker durchgezogen waren, auf der Suche nach neuen Lebensräumen, um Handel mit anderen Ländern zu betreiben oder eben auch als Pilger, die ja vorhandene Handelsstraßen gerne nutzten.

Nicht weit ist es bis zum Oppidum von Ensérune, das unübersehbar auf einem markanten Hügel liegt. Die römische Festungsanlage wurde erst Anfang des 20. Jahrhunderts ausgegraben. Sie schützte eine Siedlung, die vom 6. Jahrhundert v. Chr. bis ins erste nachchristliche Jahrhundert ununterbrochen bewohnt war. Von oben aus haben wir einen guten Blick auf das sternenförmige Gebilde des Montady-Teiches. Um seine kreisförmige Mitte herum sind Weingärten und Äcker strahlenförmig angelegt, so dass die Struktur noch erkennbar ist. Der trockengelegte Teich konnte über ein unterirdisches Tunnelsystem gesteuert werden. Welch tech-

nische Meisterleistung der römischen Baumeister!

Von der »Straße des Herakles« ist dagegen leider nichts mehr zu sehen. Für Hannibal war Ensérune sicher der ideale Ort für eine Unterbrechung und für die Versorgung seiner 50.000 Soldaten, 9000 Reiter, 37 Kriegselefanten und sonstigen Tiere. Er muss ein Meister der Organisation gewesen sein, so viele Menschen und Tiere über eine so lange Zeit bei Laune zu halten.

Irgendwo an der Rhône verliert sich die Spur Hannibals, erstaunlicherweise gelang ihm der Marsch über die Alpen mit seinen Elefanten. Er war zunächst sehr erfolgreich, gewann eine Schlacht nach der anderen gegen die Römer, zögerte aber nach seinem größten Triumph in Cannae, Rom direkt anzugreifen, was für ihn und seine Heimatstadt letztlich das Ende bedeutete. War ihm bewusst, dass er die Römer im eigenen Land doch nicht bezwingen konnte – oder war er ein Idealist? Glaubte er, verhandeln zu können, wenn er die Römer durch verlorene Schlachten schwächte, und damit für Karthago etwas herausholen zu können? Wir wissen es nicht. Fünfzehn lange Jahre zog er plündernd durch Italien, konnte jedoch keinen entscheidenden Sieg mehr erringen und

musste schließlich aufgeben. Als er Gefahr lief, in römische Gefangenschaft zu geraten, nahm er sich mit Gift das Leben. Durch seine Triumphe hatte er Rom wohl zu stark herausgefordert und schließlich alles verloren. In einer späten Rache wurde Karthago fünfzig Jahre später völlig zerstört und alle Schriftrollen verbrannt. Welche Ironie des Schicksals, dass ausgerechnet von den Phöniziern, die das Alphabet erfanden, keine Aufzeichnungen mehr existieren! Was wir heute über sie wissen, kennen wir nur aus den Dokumenten der Römer. Welchen Schrecken muss ihnen Hannibal eingeflößt haben! Sie sollen sogar Salz über die Stadt gestreut haben, damit dort nichts mehr wächst. Hannibal hatte alles in seiner Macht Stehende getan, um Karthago zu retten. Wie wohl die antike Geschichte weiter verlaufen wäre, wenn er Rom angegriffen und gesiegt hätte?

Die Römer hatten die alte Straße nach dem Sieg über die Karthager befestigt und fast das ganze Land in Besitz genommen. Pilger können unterwegs auch ihren Spuren begegnen, dabei erfahren, wie es den Römern in Spanien erging und wie lange es dauerte, bis das nächste aufstrebende Volk ihre Rolle übernahm.

Westgotische Impressionen

Ein Blick auf ihre Gesetze, ihre Regierungsform,
ihre Wahlkönige, Schriftzeichen, Kirchen ... genügt,
um die mit ihrem Namen irgendwie verbundene
Vorstellung, es seien Barbaren, fallenzulassen.

Cees Noteboom

Figur mit Kreuz, von Engeln flankiert.

oder Hühner? – und fantasievollen Fabelwesen. Dazwischen Buchstaben, Anagramme, ob sie noch jemand deuten kann?

Manchmal steht das Kirchlein offen und man kann durch eine niedrige Tür eintreten. Nur durch kleine Fensterschlitze in den Mauern fällt etwas Licht ins Innere. Wenn sich die Augen an das Dämmerlicht gewöhnt haben, erkennt man vor der Apsis einen großen Triumphbogen. Auch seine Steine sind behauen und verziert mit Bildern von Menschen, Tieren und Pflanzen. Die Kapitelle faszinieren: Auf dem rechten wird die Sonne – SOL steht darin – auf dem linken der Mond – LUNA – von Engeln flankiert. Der Mond hat kurioserweise einen Bart, ist also als männliche Person dargestellt, abweichend von der traditionellen Darstellung als Frau. Ob es sich hier um heidnische Symbolik handelt oder um anrührende frühchristliche Glaubenszeugnisse einer längst vergangenen Zeit? Über dem Bogen Christus als Pantokrator (Weltenherrscher). Vermutlich aus dem 7. Jahrhundert stammend, gilt das Kirchlein als frühchristlich-westgotisch mit byzantinischen Einflüssen, wie am Beispiel der Weinranken ersichtlich ist. Es erinnert auch an San Juan Bautista in Baños de

Das Kirchlein ist einfach zu schön! Ganz allein auf einem Hügel in einer Wiese stehend, zieht es Besucher magisch in seinen Bann. Das ist an Spanien so liebenswert: Stundenlang läuft oder fährt man durch einsame Landschaften, ab und zu ein Dorf, eine Schaf- oder Ziegenherde abseits des Weges, dann wieder Leere. Und urplötzlich, wie aus dem Nichts, taucht ein Kloster auf, eine Burg oder – wie hier – ein altes Kirchlein aus westgotischer Zeit: Santa Maria de Lara, etwa einen Kilometer außerhalb von Quintanilla de las Viñas.

Es liegt ein wenig abseits der Strecke zum Kloster Santo Domingo de Silos südlich von Burgos, das Jakobspilger häufig besuchen: Inmitten trockener Erde eine kleine Wiese, darauf ein westgotisches Kirchlein, klein, geduckt, altersgrau. Aus verschieden großen, ockerfarben und grau schimmernden Quadersteinen ohne Mörtel zusammengefügt, von wundervollen friesartigen Dekors durchzogen, mit Weinranken und Trauben, Blumen, Tieren – Pfaue

Cerrato südlich von Palencia aus dem Jahr 661, das die älteste erhaltene Kirche Spaniens sein soll und mit ihren Kapitellen und Hufeisenbögen ebenso beeindruckt.

Wie wohl die Westgoten zu ihrem Ruf, Barbaren oder primitiv gewesen zu sein, gekommen sind? Vermutlich durch ihr jahrzehntelanges kriegerisches Umherziehen auf der Suche nach neuem Land. Die Zeugnisse aus ihrer Zeit in Spanien, seien es Kirchen oder auch ihre Regierungsform – die spanische und schwedische Monarchie leiten sich offiziell von den Westgotenkönigen ab – sprechen eine andere Sprache.

Sie herrschten in Spanien nach den Römern vom 5. bis zum Beginn des 8. Jahrhunderts und machten Toledo zur Hauptstadt und zu ihrem Königssitz. Dem arianischen Glauben anhängend, der die Wesensgleichheit von Christus mit dem Vater verneint, regierten sie wohl zunächst nur als dünne Oberschicht. Als ihr König Rekkared auf dem Konzil von Toledo 589 offiziell vom Arianismus zum Katholizismus übertrat, kam es schnell zur Verschmelzung der Westgoten mit der ibero-romanischen Bevölkerung. Die Konzile in Toledo hatten allerdings nicht nur religiöse, sondern auch politische Bedeutung, so

wurde die Thronfolge geregelt und Gesetzesbücher neu gefasst. Kirchliche und weltliche Macht flossen in Toledo zusammen. Zum ersten Mal bildete sich so etwas wie ein Zusammengehörigkeitsgefühl der Bewohner Spaniens heraus, ohne Rücksicht auf ihre ethnische Herkunft. Und das Land entwickelte sich unter den Königen Wamba und Rekkeswind zur Hochblüte, die zweite Hälfte des 7. Jahrhunderts wird als die »goldene Zeit« des Westgotenreiches von Toledo bezeichnet. Doch es kam, wie es kommen musste, den großen Königen folgten einige weniger gute, Streitigkeiten um die Nachfolge schwächten das Reich, verursachten seine Aufteilung. Um die Spuren der Westgoten weiter zu verfolgen, lohnt sich der Besuch von Toledo. Die Kathedrale ist zwar erst im 13. Jahrhundert erbaut worden und eine der größten gotischen Kirchen, doch sie entstand auf dem Fundament eines westgotischen Gotteshauses und einer nachfolgenden Moschee, wie fast alle großen Kathedralen Spaniens. Bereits am Eingang weist eine Tafel auf eine Besonderheit hin: Noch heute wird in der Kathedrale mit Billigung des Papstes jeden Tag eine mozarabische Messe gefeiert, deren Ursprung auf die westgotische Liturgie zurückgeht, die ansonsten lange verboten und vergessen ist. Das Innere ist monumental, erscheint aber durch seine Breite nicht ganz so hoch wie die meisten gotischen Kirchen, sodass man sich darin geborgen fühlen kann. Der Hauptaltar mit seiner gewaltigen Fülle wird durch ein schmiedeeisernes Gitter verdeckt. Dennoch kann man Jesus als Schmerzensmann, eine thronende Madonna, Bilder aus der Heilsgeschichte und sogar die Figur eines muslimischen Rechtsgelehrten ausmachen. Wer das prachtvolle Gitter genauer ansieht, entdeckt darin zwei Säulen des Herkules, mit dem Spruch »Plus ultra«, was so viel heißen soll wie: »Übers Mittelmeer hinaus jenseits der Straße von Gibraltar die Neue Welt erobern.« In dieser außergewöhnlichen und vielschichtigen Kirche sind Baustile vieler Künstler miteinander verwoben. In der Sakristei beeindrucken Bilder von El Greco und anderen großen Künstlern wie Rubens, Tizian oder Goya. Die Schatzkammer birgt etwas, was man kaum fassen kann: Eine riesige Prozessionsmonstranz, an der ein Goldschmied aus der Kölner Gegend acht Jahre lang arbeitete und dabei zweihundert Kilogramm pures Gold und Silber verarbeitet hat – es soll das erste Gold aus der gerade eroberten Neuen Welt

Amerika gewesen sein. An Fronleichnam wird die Monstranz durch die Straßen der Stadt getragen. Kolumbus sei Dank!

Toledo hat den Titel eines Weltkulturerbes inne und wird die Stadt der drei Kulturen – christliche, jüdische und maurische – genannt. Ihre Spuren begegnen einem in den Gässchen auf Schritt und Tritt: Kirchen im Mudéjar- oder gotischen Stil, Moscheen, Synagogen, westgotische, römische oder jüdische Gebäude, Renaissance-Paläste, Museen aller Stilrichtungen, alles im Schlendergang erreichbar und doch den Kopf bis zum Bersten füllend. In der Kirche Iglesia de San Román, heute Museum der Konzile und der Westgotenkultur, lassen sich Fresken, Grabmäler und Kapitelle aus der Zeit vom 5. bis 8. Jahrhundert bewundern. Im Museum Santa Cruz finden hin und wieder Ausstellungen über die spanische Westgotenzeit statt. Objekte aus allen großen Museen Spaniens sind in den großzügigen Räumen zu besichtigen. Einen ganzen Saal füllen Bilder der unterschiedlichsten Maler mit einem einzigen Motiv: Der Legende des westgotischen Stadtheiligen Toledos, Ildefonso, von Maria wird ihm ein weißes Messgewand übertragen, weil er die Lehre von ihrer Jungfräulichkeit verteidigte. Eine Vitrine

birgt alten Schmuck – wie mögen die Frauen, die ihn vor mehr als tausend Jahren trugen, gedacht und gefühlt haben? Wer sich auch noch für den Untergang der Westgoten interessiert, begibt sich am besten zur Meerenge von Gibraltar, nach Tarifa, dem Ort, von dem aus Spaniens Geschichte einen neuen Verlauf nahm: Als die Westgoten Roderich zu ihrem König gewählt hatten, musste er sogleich nach Norden eilen, um einen baskischen Aufwand niederzuschlagen. Währenddessen empfahl Julian dem arabischen Gouverneur in Tunis namens Musa die Gelegenheit zu nutzen und zugunsten der Witizaner in Spanien zu intervenieren. Der Rat war verhängnisvoll, denn Musa ließ sofort den Berber Tarif über die Meerenge setzen, um das Gelände zu erkunden. Es gelang ihm, ein ganzes Heer überzusetzen und sich auf Gibraltar zu verschanzen. Roderich erhielt diese Nachricht in Pamplona und warf seine Truppen in höchster Eile nach Süden. Doch die geschwächten Goten waren nicht in der Lage, das Land gegen die schlagkräftige Truppe der Araber zu verteidigen.

Man muss ein bisschen suchen, um die kleine Brücke über den Guadalete bei Jerez de la Frontera zu finden, an der Goten und Araber aufeinandergetroffen sein sollen. Bei einem winzigen Dorf in der Nähe des Klosters Rábida wurden wir fündig. Still ist es dort und einsam. Am Ufer wachsen hohe Pflanzen, Insekten summen, Vögel zwitschern, und doch soll es hier gewesen sein. An der Frontlinie, die sich heute noch im Namen »de la Frontera« widerspiegelt, gibt es viele solcher Orte, die meisten allerdings zeugen von der Reconquista. Doch auch die große Niederlage des Westgotenkönigs Roderich hat sich hier abgespielt. Die Söhne seines Vorgängers Witiza liefen während der Schlacht zum Feind über, der von ihm befehligte Teil der Goten hielt einige Tage stand, doch am 26. Juli 711 war alles zu Ende. König Roderich wurde wahrscheinlich noch während des Kampfes ermordet, Genaueres ist über sein Schicksal nicht bekannt. Nach seiner Niederlage stand das Land den Fremden offen, war dem maurischen Zugriff ausgeliefert und in Spanien begann eine neue Epoche mit neuen Herrschern, die achthundert Jahre lang dauern sollte.

Die Zerstörung des westgotischen Spaniens vernichtete eine wohl bedeutend gewordene Kultur, mit der sich auch die Bevölkerung des Landes identifiziert hatte.

Pelayo und der Beginn der Reconquista

Wir fügen euch jetzt das Leid zu, das diejenigen von euch uns
zugefügt haben, die damals gegen uns zogen. Wir verlangen nur
unser Land, das ihr uns einst am Beginn eurer Herrschaft entris-
sen habt und das ihr die euch zugemessene Zeit bewohnt habt …
Kehrt also auf eure Seite des Meeres zurück und lasst uns unser
Land …

Worte von Fernando I. – König von León und Kastilien anlässlich der
Friedensverhandlungen mit den Muslimen in Toledo – entnommen
der arabischen Chronik des Ibn Idârî

Covadonga

Wenden wir uns nun einem echten spanischen Helden zu: dem Adeligen Pelayo. Bereits zehn Jahre nach dem Maureneinfall erkämpfte er einen ersten Sieg über sie und setzte dadurch die Reconquista in Gang. Um sich ausgiebig mit Pelayo zu beschäftigen, ist das asturische Nationalheiligtum Covadonga ein vortrefflicher Ausgangspunkt. Wallfahrtsstätte und Basilika zur heiligen Jungfrau von Covadonga liegen am Rand des Nationalparks »Picos de Europa«, einer großartigen Hochgebirgslandschaft an der kantabrischen Küste im Norden Spaniens. Diese »Spitzen Europas« bekamen ihren Namen im Mittelalter von heimkehrenden Seefahrern. Da ihre Entfernung zum Meer nur 25 km beträgt, waren sie oft das Erste, was die Männer vom Schiff aus von ihrer Heimat sahen.

Dort in den engen und unzugänglichen Tälern mit seinen tiefen Schluchten und schroffen Abhängen fand der Kampf zwischen Pelayo und den Mauren statt. Wir erinnern uns, als der letzte Westgotenkönig Roderich die Schlacht gegen die Mauren verloren hatte, überrannten diese innerhalb kürzester Zeit das ganze Land und beherrschten es nun von Andalusien bis zu den Pyrenäen. Die Westgoten empfanden den Sieg der Sarazenen wohl als Strafe Gottes für die Sünden ihres Volkes, vor allem ihrer Könige, die kein christliches Leben mehr geführt und die Konzile missachtet hätten. Der Versuch einer Rückeroberung des Landes war für sie selbstverständlich, sie griffen dabei auf alttestamentarische Vorbilder zurück und hofften auf die Hilfe Gottes.

Was passierte in diesem engen und unzugänglichen Tal, elf Jahre nach der Schlacht am Guadalete, die mit der Niederlage der Westgoten endete? Hierher in die Picos de Europa flüchtete der Adelige Pelayo. Er hatte zur Leibgarde der toten Könige Witiza und Roderich gehört. Der muslimische Präfekt von Gijon, der Berber Munuza, hatte wohl ein Auge auf seine Schwester geworfen und schickte ihn nach Córdoba, um sich gegen seinen Willen mit ihr zu vermählen. Das war zu viel für Pelayo, der sowieso schon an Aufstand gedacht hatte, um die Kirche zu retten. Er floh in die asturischen Berge, scharte so viele Gefolgsleute um sich, wie er bekommen

konnte, und ließ sich zu ihrem Anführer wählen. Der König von Córdoba wollte sich diese Rebellion natürlich nicht gefallen lassen und schickte eine Armee aus, um Pelayo gefangen zu nehmen. Der Legende nach zog sich dieser in die Höhle von Covadonga zurück und betete. Da erschien ihm die Muttergottes, zeigte ihm ein Kreuz und versicherte ihm, dass er mit diesem Kreuz siegen werde. Pelayo ließ sich das Kreuz aus Holz schnitzen, das »Cruz de la victoria«, und verschanzte sich mit diesem Schutz und seinen Genossen rund um die Felsen von Covadonga. Soweit die Legende.

Jedenfalls ließ er sich nicht zum Aufgeben bewegen und die Muselmanen griffen an, waren zahlenmäßig weit überlegen. Doch Pelayo und die Asturier kannten das Gelände besser, warfen von den hohen Felsen aus große Steinbrocken und Baumstämme in das enge Tal, durch das die Angreifer anrückten. Und es glückte tatsächlich! Sie siegten! Wie zu jener Zeit üblich, wurde in den Chroniken dieser Sieg legendär ausgeschmückt – nur mit dem Wunder im Roten Meer vergleichbar dargestellt, »die Sarazenen scheiterten am Wirken Gottes« – Tatsache bleibt jedoch, dass die Asturier gewannen. Die Muselmanen zogen ab, für sie war es nur ein kleines Scharmützel, das sie nicht so ernst nahmen, und überließen Pelayo das Feld. Doch kleine Ursache – große Wirkung: Der Sieg Pelayos hatte das Selbstbewusstsein der Asturier und der Spanier gestärkt, sie wussten nun, dass es möglich war, die Sarazenen zu vertreiben. Pelayo wurde zum König von Asturien gewählt und legte seinen Sitz nach Cangas de Onis. Als »Don Pelayo« und als Begründer des Königreichs Asturien ging er in die Geschichte ein. Nach seinem Tod fiel das Königreich an Alfonso I., der von hier aus das weite Gebiet der Meseta vom Ebro bis zum Duero zurückeroberte und damit als eigentlicher Begründer der asturischen Monarchie gilt. Weitere zehn Jahre später – man schrieb das Jahr 732 – stoppte Karl Martell das Vordringen der Mauren nach Frankreich bei Poitiers.

Wer sich die zerklüfteten Berge und das enge Tal genauer anschaut, kann sich gut vorstellen, dass es sich so abgespielt haben könnte. Hier muss man ja heute noch aufpassen, um keinen Stein auf den Kopf zu bekommen. Und das damalige Geschehen beweist wieder einmal, dass man nicht so schnell aufgeben soll.

Auf dem großen Platz vor der Basilika steht die große Bronzestatue Pelayos wirkungsvoll vor der Bergkulisse. Mitten in der Felswand gegenüber öffnet sich eine Vertiefung, in der sich die Grotte mit der Jungfrau von Covadonga befindet. Hier soll Pelayo die Muttergottes erschienen sein. Die Grotte ist heute ein Nationalheiligtum und zu allen Tageszeiten gut besucht, trotzdem ist es sehr still darin, viele Menschen knien in den Bänken und auf dem Steinboden und sind in tiefe Andacht und im Gebet versunken. Die Wallfahrtsstätte steht nicht nur für die tiefe Religiosität der Spanier, sondern auch für ihren Widerstand gegen die islamische Herrschaft und für den mythischen Ursprung der Reconquista. Und an der römischen Brücke von Cangas de Onis, der heutigen Bezirkshauptstadt, hängt eine Nachbildung des Cruz de la victoria, des Siegeskreuzes des Pelayo. Die Geschichte der Rückeroberung Spaniens für das Christentum dauerte noch sehr lange, aber sie nahm hier in Covadonga ihren Anfang. Durch den Sieg Pelayos und durch die Massenbewegung in Europa zum Jakobsgrab nach Santiago wurden die Spanier wirtschaftlich und psychisch in die Lage versetzt, ihr Land für sich und das christliche Abendland zurückzuerobern.

In Medien und Büchern wird gerne über die damalige Toleranz der Mauren in Spanien und das friedliche Zusammenleben der Religionen in diesem Land berichtet. Das ist sicher zum Teil richtig, vor allem, wenn man es mit den Fundamentalisten des heutigen Islam vergleicht. Dass es die Menschen in Spanien anders sehen, ist dennoch verständlich, denn sie wurden unterdrückt, waren »fremdbestimmt« und welche Nation möchte auf Dauer damit leben müssen? Spanien ist ein europäisches Land und nicht nur als solches, sondern überall in der Welt möchten die Menschen eines Landes in Freiheit leben und über ihre Staatsform und Religion selbst bestimmen.

Wenngleich die Spanier nach dem Fall von Granada und damit dem Ende der Reconquista 1492 auszogen, um neue Länder zu erobern, dort als Kolonialherren herrschten und Macht ausübten ... Sie hätten es eigentlich besser wissen müssen! Aber das wäre wieder eine neue Geschichte, die jedoch den Rahmen dieses Buches sprengen würde.

Sehr reizvoll ist es, von Covadonga aus einen Ausflug in die herrliche Gebirgslandschaft zu unternehmen. Ein kleines Landsträßchen schlängelt sich etwa zehn Kilometer hinauf in die Weite der Hochfläche. Dort liegen zwei wun-

dervolle Seen vor den Bergen aus Kalkstein: der Lago de la Encina und der Lago Enol. Letzterer ist der Legende nach aus einer Träne Marias entstanden. Wunderschöne Wanderungen führen um den See, auf dem Wiesenboden davor weiden große Rinderfamilien. Wuchtige Stiere wachen über unzählige Kühe und noch mehr ganz junge Kälber. An ihnen vorbei leiten schmale Pfade ins Bergmassiv, schlängeln sich über weiche Grasmatten, zwischen ginsterbewachsenen Felsen hindurch und an kleinen Steinhüttchen vorbei. Hinter jeder

Biegung tun sich neue faszinierende Ausblicke auf, die Bergspitzen sind noch mit silbern glitzerndem Restschnee bedeckt. In urigen Almhütten gibt es deftige Brotzeiten. Ein Naturschutzgebiet, das an den allerdings seltenen Schönwettertagen wunderbar zum Wandern und Entspannen geeignet ist.

Pilger können auf ihrem Weiterweg auch um diesen mächtigen Gebirgsstock wandern und das Kloster Santo Toribio de Liébana besuchen, einen der wenigen Pilgerorte mit dem Privileg eines Heiligen Jahres.

Abstecher zu Beatus von Liébana

»Darauf sah ich hin, und siehe, es war eine große Schar,
die niemand zu zählen vermochte, aus jeder Nation und
aus allen sieben Stämmen, Völkern und Sprachen; sie standen
vor dem Thron und vor dem Lamm, angetan mit weißen
Gewändern und mit Palmen in ihren Händen.«

Offenbarung des Johannes 7, 9

...et gloria et virtus Deo nostro est Ap

Dignus est Agnus qui occisus est

accipere honorem fortitudinem et gloriam Aps

...hi sunt qui venerunt ex magno tribulatione et lavaverunt albas sua...

et dealuaverunt eas in sanguine Agni Ap

Bild aus dem Beatus-Kommentar zur Apokalypse

»**Ein Tag wie jeder** andere, seit sie durch die brettflachen *Petites Landes* wandern. Wälder, Moore, Sände, tausendfach wechselnde Nuancen in Grün, je nach der Wolken Flug, der Sonne Zugriff. Manchmal peitschende Regengüsse. Der Weg vor ihnen ein endloses Band, das ihr Fuß auspulen muss … Das Gestern? Sie denken nicht mehr daran. Fast haben sie den eigenen Namen vergessen; niemand unter den Gefährten kennt oder braucht ihn. Das Namentliche, Ichhafte bedeutet nichts mehr, schon gar nicht, was einer tat oder trieb. Einzig die Wanderschaft gilt, in der jeder das Gleiche leistet, die gleichen Wünsche, das nämliche Schicksal hat. Alles ist allen gemeinsam, Krankheit oder gar Tod? Wer liegen bleibt, sank in Gottes Schoß. Gelegentlich überfällt sie eine plötzliche Niedergeschlagenheit, ein Gelächter brandet wie ein Vogelschwarm über sie hin … Sie stehen unter einem Bann, leben in der Dauer des Unabänderlichen, sind abgesondert von jenen Mitmenschen, die manchmal zuschauend am Wegrand stehn.«

Dieser Teil des »Beatus-Kommentar« drückt genau die Gefühle aus, die Pilger empfinden, zum Beispiel auf der Via Lemovicensis in Aquitanien. Eine einzige Kopie aus den zweiunddreißig verschiedenen Fassungen dieses fleißigen Mönches wurde in Saint-Sever erstellt, der letzten großen Abtei auf französischem Boden. Sie hängt heute in der Nationalbibliothek in Paris.

Doch wo befindet sich der Ort, an dem der asturische Mönch Beatus von Liébana im 8. Jahrhundert seinen berühmten Kommentar zur Apokalypse verfasste? Hinter Covadonga zieht sich ein kleines Sträßchen durch die wundervolle Gebirgslandschaft der asturischen Berge parallel zur Küstenstraße. Hinter Panes tauchen am Rand der Straße vertraute Muschelschilder auf, sie bezeichnen einen Nebenweg vom Camino del Norte nach Santo Toribio.

Nach fünfzehn Kilometern durch die romantische Hermida-Schlucht mit ihren senkrechten Felswänden entlang des Deva-Flusses tauchen plötzlich am rechten Wegrand ein Turm und ein winziges Kirchlein im mozarabischen Stil auf – Santa Maria de Lebeña: Kragsteine mit geometrischen und pflanzlichen Moti-

ven; Spiralen, Swastikas, Blüten, Sterne, westgotische, asturische und byzantinische Symbole bunt gemischt, dazu hufeisenförmige Bögen, einfach schön. Sogar eine Gründungsgeschichte aus dem Jahr 925 ist überliefert: »Im Namen Gottes! Es sei bekannt gegeben und offenbar, dass ich, Graf Alfonso, und meine Ehefrau, die Gräfin Justa, die Kirche Santa Maria de Lebeña gebaut haben, um die sterblichen Überreste des heiligen Toribio hierher zu überführen und zu begraben. Meine Diener nahmen und begruben ihn, und wie sie ihn genommen hatten, um ihn zu begraben, wurde ich durch ein Gottesurteil gestraft und wurde blind bis heute ... Daraufhin übergab ich mich und alles, was ich in Liébana besitze, dem Heiligen Toribio und dir, Abt Opila ...« Das Kirchlein war also ursprünglich als Grabkapelle gedacht. Es strahlt Stille und Geborgenheit aus.

Über Potes, der Hauptstadt des reizvollen Tales von Liébana, erreichen wir das nahe gelegene Kloster Santo Toribio de Liébana. Neben Rom, Jerusalem und Santiago de Compostela genießt Liébana das Privileg, ein Heiliges Jahr feiern zu dürfen, was einer von Papst Julius II. gewährten Bulle aus dem Jahr 1512 zu verdanken ist. Immer wenn der Geburtstag des heiligen Toribio, der 16. April, auf einen Sonntag fällt, wird das Jubeljahr gefeiert. Pilgern, die durch das Gnadentor eintreten, wird Ablass ihrer Sünden ermöglicht.

Im Kloster werden die sterblichen Überreste des Heiligen Toribio de Astorga und die von ihm aus dem Heiligen Land mitgebrachte Reliquie aufbewahrt: Ein wertvoller Reliquienschrein birgt das »Lignum Crucis«, den größten erhaltenen Splitter des Kreuzes Christi aus über 2000 Jahre altem Zedernholz. Das Kloster wurde im 6. Jahrhundert durch Toribio, den Bischof von Palencia, gegründet und zählt zu den ältesten des Tales. Schon seit dem 8. Jahrhundert ist es ein Wallfahrtsort, der bis heute seine Anziehungskraft nicht verloren hat. Die heutige Kirche ist allerdings gotisch und stammt aus dem 14. Jahrhundert.

Hier also lebte und arbeitete der Mönch Beatus de Liébana, schon beim Betreten des Klosters sind alle Zweifel beseitigt, denn im Kreuzgang hängen Reproduktionen von Bildern, die sein Buch illustrierten. Er war einer der Wortführer gegen den Adoptianismus, also gegen die Vorstellung, Jesus sei nur ein Mensch gewesen. Bekannt wurde er aber durch seinen Kommentar zur Offenbarung des Johannes, womit er noch lange nach seinem Tod ganz Europa in Atem hielt. Sein Hauptwerk umfasst zwölf Bücher und ist in einer Zeit geschrieben, als die Menschheit das nahe Weltende erwartete, vermutlich war das auch seine Motivation für das Werk. Neben dem Text der Apokalypse benutzte er auch Aussagen von Kirchenvätern wie Hieronymus, Augustinus und Isidor. Seine Darstellungen handeln von der Endzeit, vom Tod der Welt. Sie flößen Angst ein vor der Prophezeiung, vor Ungeheuern, Feuer, Hunger und Pest. Jeden Schrecken aus der Apokalypse beschrieb er ausführlich und präzise, noch eindringlicher sind die Bilder dazu.

Sein Werk war eines der großen Leitbücher des Mittelalters und wurde oft kopiert. Vierundzwanzig Exemplare existieren noch von der mit kostbaren Buchmalereien ausgestatteten Fassung. Eine der Handschriften wird in Seo de Urgel aufbewahrt. In westgotischen Lettern geschrieben und mit besonders schönen Initialen ist sie eine der am vollständigsten erhalten gebliebenen. Und erst die Bilder: Wie Christus in leuchtendem Rot vor dunkelblauer Wolke zur Menschheit hinunterfährt; zu den Harfe spielenden Erwählten, die Engel der sieben Plagen preisen das Lamm. Violett und leuchtendes Gelb bestimmen das Bild über dem mit Feuer gemengten Meer.

Eindringlich und bunt auch die vier Reiter der Apokalypse: Der Reiter des weißen Pferdes führt einen Bogen und erhält eine Krone, um zu siegen. Der auf einem zweiten, feuerroten Pferd schwingt ein Schwert, ihm wird Macht gegeben, den Frieden von der Erde zu nehmen, so dass sich die Menschen gegenseitig umbringen. Der Reiter des dritten schwarzen Pferdes hält eine Waage in der Hand, der des vierten, fahlen Pferdes stellt den Tod dar und ist mit der Macht ausgestattet, zu töten – durch das Schwert oder durch Hunger und Pest und die wilden Tiere auf Erden.

Neben Bestien aller Art gibt es aber auch Verspieltes und Farbenfrohes, wie zum Beispiel die Arche Noah: In einzelnen Stockwerken sind alle Tiere untergebracht, Elefanten, Pferde, Raubtiere, Hühner und Kühe, sogar ein Känguru ist dabei. Ganz oben auf dem Dachboden die Menschen. Beatus muss eine sehr lebhafte Fantasie besessen haben.

Seine Bilder dienten auch als Vorlagen für Skulpturen und Kapitelle in den großen Kathedralen entlang des Jakobsweges. Die stilisierten mozarabischen Darstellungen können uns noch heute erschrecken. Im Mittelalter mögen sie neben anderen Gründen mit dazu beigetragen haben, dass sich so viele Menschen aus Angst vor der Hölle auf den Pilgerweg begaben, um ihre Sünden zu sühnen und Läuterung zu erfahren und damit für das bald zu erwartende Jüngste Gericht gut vorbereitet zu sein. Der Kommentar sollte jedoch auch die Gläubigen ermutigen, er berichtete nicht nur über das Ende der Welt, sondern auch über das himmlische Jerusalem.

Nach so viel Kultur können sich Jakobspilger wieder der Natur zuwenden und von Santo Toribio aus in Richtung Südwesten wandern. Bei Mansilla de las Mulas kurz vor León mündet der Weg in den Camino francés.

Al-Andalus und Córdoba

O erhabene Mauern, o Türme gekrönt
Von Ehre, Majestät und Kühnheit!
O großer Fluss, großer König Andalusiens,
Von edlem, ja goldenem Sand!
O fruchtbare Ebene, o aufsteigendes Gebirge
In der Gunst des Himmels und vergoldet vom Tag!

Luis de Góngora, Córdoba, 1561-1627

Mezquita in Córdoba

Andalusien! Vom Liebreiz seiner südlichen Landschaft schwärmen die Poeten noch heute; die Lage Rondas über zerklüfteten Felsen und tiefen Schluchten begeistert, an den »weißen Dörfern« vor dem strahlend-blauen Himmel kann man sich gar nicht satt sehen, ist von der Schönheit Sevillas, Granadas und der Alhambra fasziniert und hingerissen – doch die Mezquita in Córdoba ergreift uns im Innersten, rührt ans Herz. Um sie zu verstehen, muss man sich mit dem Umfeld ihrer Entstehungsgeschichte in Andalusien beschäftigen.

Jahrhundertelang hatten die Mauren in Spanien geherrscht. Um ihre Kultur und den Baustil näher kennenzulernen, lohnt sich ein Besuch des reizvollen Süden Spaniens, dort waren sie am längsten präsent und vieles aus dieser Zeit ist erhalten geblieben.

Neben Granada ist vor allem auch Córdoba eng mit der Maurenherrschaft verknüpft. In dieser Stadt erreichte die Macht des Islam in Europa ihren Höhe-punkt. Als wir in Mitteleuropa noch vorwiegend im »finsteren Mittelalter« lebten, befand sich das maurische Spanien bereits in seiner Hochblüte und hinterließ dem Abendland die Schriften antiker griechischer Philosophen und arabischer Gelehrter. Aristoteles und andere wurden zuerst aus dem Griechi-schen ins Arabische, später meist von Juden vom Arabischen ins Kastilische und dann vom Kastilischen ins Lateini-sche übersetzt. Die griechischen Philo-sophen wurden so dem Abendland erst zugänglich, Latein wurde an den Univer-sitäten gesprochen und von den christ-lichen Gelehrten verstanden. Der Höhe-punkt maurischer Machtentfaltung lag in der Zeit der Kalifate im 10. und 11. Jahr-hundert. Córdoba hatte fast eine Million Einwohner und war neben Konstantino-pel eine der größten und glanzvollsten Metropolen Europas.

Schon vor dreitausend Jahren gab es eine iberische Siedlung, die die Kartha-ger ausbauten. Nach der Niederlage Hannibals fiel die Stadt an die Römer, wurde Hauptstadt einer hispanischen Provinz. Seneca, der Lehrer Neros und stoische Philosoph, wurde hier geboren, Andalusien hat seine Lehren verinner-licht, sie sind heute noch aktuell. Als das Römische Reich zerfiel, zogen die West-

goten ein, ihr letzter König Roderich und dessen Vetter Pelayo stammten aus Córdoba. Fünf Jahre nach dem Einfall der Mauren wurde Córdoba Hauptstadt von Al-Andalus. Der Omaijade Abd ar-Rahman gründete hier das erste unabhängige Emirat und begann 785 mit dem Bau der großen Hauptmoschee. Einer seiner Nachfolger ernannte sich 929 zum ersten Kalifen, dem »Nachfolger des Propheten Allahs«, und dehnte seinen Einfluss auf die ganze Halbinsel aus. Die Mezquita entwickelte sich zur heiligen Pilgerstätte des Islam, Córdoba zu einem kulturellen Zentrum, das Gelehrte aus allen Ländern anzog. Dem Feldherrn des letzten Herrschers Almansor gelang es, das Kalifenreich vor seinem Zerfall nochmals auszudehnen, er ging als »Geißel der Christenheit« in die Geschichte ein. Auf dem Rücken christlicher Sklaven ließ er die Glocken der Kathedrale von Santiago de Compostela in die Mezquita transportieren und dort als Lampen aufhängen. Später trugen die islamischen Gefangenen die Glocken auf demselben Weg nach Santiago zurück – ein Beispiel, das den Aberwitz der diversen Religionsfehden deutlich macht. Als nach etwa achtzig Jahren des Kalifats das zentral regierte Reich in Teil-Königreiche zerfiel, begann der poli-

tische Abstieg. Córdoba wurde 1031 zu einem von vielen »taifas«. Als Zentrum der Wissenschaft und der Kultur blühte es dennoch nochmals kurzzeitig auf. Moslems, Juden und Christen standen in regem kulturellen und religiösen Dialog miteinander. Als die von der Reconquista bedrohten Mauren die nordafrikanischen Almoraviden und Almohaden zu Hilfe holten, verbreiteten diese einen fanatischeren Islam und machten Sevilla zu ihrer Hauptstadt.

Córdoba befand sich bereits in den Händen der Almohaden, als sie noch zwei einzigartige Persönlichkeiten hervorbrachte, den arabischen Philosophen und Mediziner Averroës und den Juden Moses Maimonides, ebenfalls Arzt und Theologe, der einer angesehenen Familie Córdobas entstammte. Seine philosophischen Werke wurden zu Klassikern, er verfasste Schriften zu Recht und Moral sowie eine Einführung in die Logik des Aristoteles und gilt als bedeutendster jüdischer Gelehrter des Mittelalters. Averroës übersetzte und interpretierte die Werke des Aristoteles und versah sie mit zahlreichen Kommentaren. Er fand, dass nur die Logik die Möglichkeit bietet, zu Wahrheit und Erkenntnis zu kommen. In der islamischen Welt werden seine Werke bis heute abgelehnt, wohl aber lasen ihn die Gebildeten Europas und lernten dadurch die Philosophie des Aristoteles kennen. Seine Schriften wurden im 13. Jahrhundert in Toledo ins Lateinische übersetzt und Thomas von Aquin entwickelte auf dieser Grundlage sein katholisches Lehrsystem. Aristoteles ist also auf dem Umweg über Averroës zu »dem« Philosophen des Mittelalters geworden. Sowohl Maimonides als auch Averroës setzten gegen die bisherige Tradition, dass Wahrheit nur im Glauben erfahrbar sei, die Logik als Gesetz des Denkens und der Wahrheit. Beide mussten Córdoba verlassen.

Während zweier Jahrhunderte wuchs die Mezquita beständig, wie durch ein Wunder wurde sie nie beschädigt. Als im Jahr 1236 der kastilische König Ferdinand III. Córdoba eroberte, war er von der Schönheit der Hauptmoschee so angetan, dass er ihre Erhaltung anordnete.

Zuerst stand ein römischer Tempel an ihrer Stelle, später eine westgotische Kirche. Nach der islamischen Eroberung teilten sich ein halbes Jahrhundert Muslime und Christen den Raum. Abd ar-Rahman kaufte die zweite Hälfte den Christen ab und ließ die neue Moschee bauen. Doch die Bevölkerung Córdobas wuchs beständig, deshalb wurde die Mezquita in den folgenden Jahrhunderten immer wieder erweitert und verschönert. Sie war die prächtigste der etwa 600 Moscheen der Stadt.

Wenn man sie betritt, fühlt man sich schlagartig um Jahrhunderte zurückversetzt. Nicht einmal in Granada ist dieses Nebeneinander von Kulturen so deutlich bemerkbar wie in dieser Moschee! Im ersten Moment kommt man sich allerdings in diesem Säulenwald vor wie im sprichwörtlichen Wald, den man vor lauter Bäumen nicht sieht: Ein Raum, der unendlich zu sein scheint, seine fast tausend steinernen Säulen, in unterschiedlichen Farbtönen schillernd und überspannt von zwei Reihen rot und weiß gestreifter Bögen, vermitteln den Eindruck von Schwerelosigkeit. Aus der alten Basilika, Palästen und antiken Ruinen stammen die Säulen und Kapitelle römischen, westgotischen oder byzantinischen Ursprungs. Bei den Erweiterungsbauten ergänzte man sie auch um Elemente aus der eigenen Werkstatt in Córdoba. Mit ihren vielen Säulenreihen ähnelt die Mezquita einem märchenhaft schönen Palmenhain. Maurische, byzantinische und christliche Elemente, alles ist scheinbar ohne genaue Anordnung in einem Gotteshaus verteilt und vereint. Mit dem Kopf ist diese Moschee schwer

zu fassen. Nur das Gefühl erkennt sofort das Großartige, Mystische und Heilige, ohne auch nur ahnen zu können, wie es die Baumeister geschafft haben, diese phänomenale Wirkung zu erzielen.

Jegliches Zeitgefühl geht verloren in diesem Säulenwald, er ist wunderbar dazu geeignet, sich treiben zu lassen. Staunend steht man vor den Säulen und Vielpassbögen der Capilla de Villaviciosa und vor dem Mihrab: Von byzantinischen Künstlern geschaffen, ist er das Glanzstück der Moschee. Den Eingang zur Gebetsnische rahmt ein Lebensbogen in Hufeisenform ein; über der achteckigen Nische schwebt eine halbkugelförmige Kuppel in Form einer Weltmuschel, als Symbol für das Leben und das göttliche Wort. Der Mihrab bildete den Rahmen für den Kniefall vor Allah: »Wo du dich auch immer hinwendest, dort ist das Gesicht Gottes.« Mit Worten ist diese Moschee schwer zu beschreiben, jedes Detail atmet den Glauben an Gott und Schöpfung, ist im Stein sichtbar geworden.

Irgendwann landet man in der christlichen Kathedrale, die zur Zeit Karls V. mitten in die Moschee »hineingepresst« wurde. Für sich allein betrachtet, wäre sie schön, in Gotik und Renaissance gehalten, doch hier wirkt sie mehr wie ein Fremdkörper. Karl V. hatte seine Einwilligung gegeben, ohne die Moschee zu kennen. Als er das Ergebnis sah, soll er gesagt haben: »Was Ihr gebaut habt, hätte man überall bauen können, was Ihr zerstört habt, war einmalig auf der Welt.« Auch die Statue von Jakobus als Matamoros ist auf einem Sockel untergebracht, er hat hier seinen Platz als Stellvertreter für die Reconquista. Nirgendwo sonst liegen alle Elemente des Glaubens an einen einzigen Gott in unterschiedlichen Auffassungen so nahe beieinander wie in der Mezquita.

Córdoba ist noch immer Provinzhauptstadt, jedoch viel kleiner als im Mittelalter, von ihrer einstigen Pracht ist nicht mehr so viel erhalten. Dennoch wirkt sie anheimelnd, vor allem durch die engen Gässchen und die vielen hübschen Patios vor den Häusern. Nachdenklich steht man vor den Denkmälern von Averroës und Maimonides. Beide Philosophen hatten mit ihrem Gedankengut das sich langsam entwickelnde christliche Abendland beeinflusst. Ob es irgendwann einmal möglich sein wird, den fruchtbaren Dialog fortzusetzen, den sie mit Menschen der drei Religionen der Bibel führten? Vielleicht unter anderen Voraussetzungen, gleichberechtigt und in gegenseitigem Vertrauen?

Letzte Blüte maurischer Kultur in Spanien – Granada

... so komm und schau:
Die Stadt ist eine Dame, ist eines Berges Frau.
Gürtelgleich umspannt ein Fluss ihres Leibes Schimmern:
Blumenhaft an ihrem Halse die Juwelen flimmern.

Ibn Zamrak, 14. Jahrhundert

Löwenhof der Alhambra, Granada

Was im Jahr 722 in den Bergen Nordspaniens mit Pelayo begann, endete erst 1492 in der Alhambra von Granada: die Reconquista.

Möglicherweise hätte die Geschichte einen anderen Verlauf genommen, wäre der letzte maurische König Boabdil mutiger, brutaler oder politisch klüger vorgegangen. Vielleicht wenn er über ein ähnlich taktisches Geschick verfügt hätte wie der erste König von Granada, Mohammed Ibn Ahmar, der 1238 den Grundstein für die Herrschaft der Nasriden legte. Ihm war es trotz der bereits fortgeschrittenen Rückeroberung Spaniens gelungen, in Andalusien ein letztes islamisches Königreich zu gründen, mit Granada als Hauptstadt. Und vielleicht in Vorahnung des nahen Endes schwang es sich zur höchsten Blüte maurischer Hochkultur auf, die wir heute noch bewundern können. Als Mohammed von den Königen von Aragón und Kastilien bedroht wurde, stellte er sich schlitzohrig unter den Schutz des kastilischen Königs und rettete damit Granada für 250 Jahre für den Islam. Der Preis war allerdings hoch, er musste nicht nur Tribut zahlen, sondern sich auch am Kampf gegen seine eigenen Glaubensbrüder beteiligen, in dessen Verlauf Sevilla fiel. Als er in seine Heimatstadt zurückkam, empfing man ihn mit Siegesrufen. Er aber antwortete: »Es gibt keinen Sieger außer Gott!« Dieser Sinnspruch blieb weiterhin sein Leitsatz, der sich in vielfachen Wiederholungen über die Wände des Königspalastes der Alhambra zieht.

Was beim ersten Hinsehen wie Zeichnungen und Ornamente erscheint, sind in Arabisch geschriebene und wunderbar blumige Gedichte über die Liebe, die Gärten, das Wasser und über Allah. Die Alhambra gleicht wahrlich einem Märchen aus tausendundeiner Nacht. Allein die vielen aus westgotisch einfachen Hufeisenbögen entstandenen, maurisch und mozarabisch verfeinerten und mit Ornamenten verzierten Bögen lassen einem den Mund offen stehen ob so viel Schönheit und Irrealismus. Man schlendert durch den früheren Moscheehof und die Gebetsräume mit den Marmorsäulen und Kapitellen, bewundert die kunstvolle Fassade des Comares-Palastes und freut sich über ein bekanntes Symbol: einen Lebensbaum – als umge-

kehrten Baum, der die Sterne des Universums trägt und seine Wurzeln ins Paradies steckt. Der Myrtenhof mit seinen Brunnen und Wasserspiegelungen fesselt Besucher ebenso wie die vielfältigen Keramikfliesen, deren Rhythmus die Mystik und Mathematik bestimmen. Der Löwenhof war das Zentrum der Privatresidenz des Sultans, seine Pracht ist überwältigend. Um den Brunnen herum steinerne Löwen, dahinter eine Säulenwand, die symbolisch an den Palmenhain einer Oase erinnern soll. Hinter dem Hof die Räume für den Harem.

In der Alhambra ist man heutzutage nie allein, viele Besucher strömen plaudernd und lachend durch die Höfe. Sicher war es auch früher nicht ganz ruhig hier, schließt man die Augen, hört man im Geiste die Haremsdamen kichern und stellt sich vielleicht den letzten Maurenkönig Boabdil vor, wie er sich von seinen schwierigen Verhandlungen mit den christlichen Herrschern zu entspannen suchte.

Im Saal der zwei Schwestern lässt der Blick aus den großen Fenstern in den entzückenden Park und die leise vor sich hin plätschernden Springbrunnen die Zeit vergessen. Eine Inschrift im Zimmer fragt: »Habt Ihr jemals einen so wunderbaren Garten gesehen?« Spontan kann man das nur mit »niemals« beantworten. Das ist wirklich der schönste Garten, den wir je gesehen haben, mit lauschigen Ecken voller Anmut, Teichen, kleinen Terrassen, gestuften Balkons und vielen exotischen Pflanzen. »Ein Blumengarten, durch den die Bäche fließen«, so beschreibt der Koran das Paradies. Und in den Gärten der Alhambra kommt man sich wirklich wie im irdischen Paradies vor.

Von den Türmen der Alcazaba genießt man eine wunderbare Rundumsicht über die Stadt und vor allem auf die Berge der Sierra Nevada. Auf dem höchsten Berg des spanischen Festlandes, dem 3482 m hohen Mulhacén, soll der Vater des letzten Maurenherrschers begraben worden sein. Von ihm, Mulay Hacén, habe der Berg seinen Namen. Legenden, Märchen und Wirklichkeit liegen in Granada nahe beieinander.

Lässt man nach einem interessanten Tag auf der Alhambra die Bilder des Tages Revue passieren, stellt man erstaunt fest, dass man ja gar keine »Bilder« gesehen hat, zumindest keine von der Art, wie wir sie gewohnt sind und wie sie in ihrer Bilder- und figürlichen Fülle besonders in den Kirchen des Jakobsweges beeindrucken. Was ist es also, das in der Alhambra eine ähnlich starke Wirkung erzielt? Im Islam soll der Mensch nicht durch Bilder an bestimmte Vorstellungen gebunden werden, sondern sich in einen meditativen Zustand versetzen, z. B. durch Betrachten von Feldern im Wind oder Meereswellen. Diese Wirkung erzielt in vorzüglicher Weise die Arabeske in ihrer rhythmischen Wiederholung. Auch geometrische Rosen und Sterne stehen als Symbol für die göttliche Wirklichkeit. Vor allem aber scheint die Schrift eine hohe Bedeutung zu haben. Könnte das daher kommen, dass der Islam ursprünglich für ein Nomadenvolk entstanden ist? Wo es keine Kirchen gab für sonntägliche Zusammenkünfte, sondern nur die Bilder der Landschaft oder des Wüstenhimmels? Ein Buch kann man immer dabei haben, darin lesen und vor allem danach leben. Weil Arabisch die Sprache war, in der der Koran geschrieben wurde, ist es zum Symbol der moslemischen Kultur geworden. Und die Alhambra durch ihre wichtigen Inschriften zu einem steinernen Buch. Jakobspilgern gefällt natürlich vor allem auch das oft wiederholte Symbol der Muschel, für sie vor allem Symbol des Weges, hier steht es für das Wasser, für den Ursprung des Lebens. Wer einmal in diese unvergleichliche »Rote Burg« eintauchen konnte, ist sich

sicher: Diese märchenhafte Anlage kann nur im Zeichen der Hochblüte einer Kultur, auf ihrem absoluten Höhepunkt entstanden sein.

Doch auch in Granada ließ sich die Geschichte nicht aufhalten. Die Heirat von Isabella von Kastilien und Ferdinand von Aragón krönte den Zusammenschluss der großen Reiche des Nordens und ließ sie erstarken. Der Papst verlieh ihnen den Titel »die Katholischen Könige« und sie wollten nun auch die letzte maurische Bastion für Spanien und den christlichen Glauben zurückerobern. Nach zehnjährigem Ringen zogen die Christen in Granada ein und beendeten damit endgültig die maurische Herrschaft auf spanischem Boden. Der letzte maurische König Boabdil spielte dabei eine ziemlich unrühmliche Rolle, er sah wohl keine Chance, die Stadt zu halten, denn er übergab im Januar 1492 Granada kampflos und ritt mit seinen Getreuen in die südlichen Berge der Sierra Nevada davon. Das Tor, durch das er die Alhambra verließ – der Überlieferung nach unter Tränen – wurde auf seinen Wunsch hin zugemauert. 15 km südlich von Granada heißt eine Anhöhe noch heute »Pass des Seufzers des Mauren«. Obwohl er in zähen Verhandlungen ansehnliche Bedingungen für die Men-

schen erreicht hatte, wie die Glaubensfreiheit für Mauren und Juden und eine eigene Rechtssprechung für die Anhänger des Islam, hat man ihm sein Vorgehen sehr übel genommen, selbst von seiner Mutter sind folgende Worte überliefert: »Du tust wohl daran, wie ein Weib zu beweinen, was du als Mann nicht verteidigen konntest.«

Ferdinand und Isabella veranlassten auf dem Platz der ehemaligen großen Moschee den Bau einer Kathedrale, die den Triumph des Christentums über den Islam symbolisierte. Der christliche Glaube sollte in der Gegend wieder Fuß fassen, wo er verwurzelt gewesen war. Ein weiteres Zeichen setzten sie, indem sie sich in der Stadt ihres größten Triumphes beerdigen ließen. In der Capilla Real, der Königlichen Kapelle. Hier sind die Grabmale des Königspaares und daneben das ihrer Tochter Johanna zu sehen. Tatsächlich liegt Isabellas Kopf tiefer als der von Ferdinand – der Volksmund behauptet, das läge am schwereren Kopf, denn Isabella sei die Klügere von beiden gewesen …

Jederzeit kann man auf den Plätzen von Granada in ein Konzert mit spanischen Musikstücken geraten und dem unverhofften Musikgenuss lauschen. Wenn zum Abschluss die ersten Takte der Zugabe erklingen, springen die Menschen von den Stühlen und klatschen begeistert in die Hände: »Granada, Märchen aus uralter Zeit, deine Schönheit lockt – wie vor vielen hundert Jahren – noch heut.« Und das vor dieser fantastischen Kulisse! Eine tolle Stadt!

Fast achthundert Jahre lebten in Andalusien Muslime, Christen und Juden friedlich zusammen. Allerdings nur scheinbar, denn solange die beherrschende Religion die anderen nur »duldet«, können sich diese nicht frei entfalten und es gibt kein dauerhaftes Miteinander. Als nach der Reconquista die beherrschende Religion wechselte, wurde es leider noch schlimmer. Weil ein wirklich friedliches Zusammenleben unterschiedlicher Religionen Gleichberechtigung und Toleranz erfordert, Achtung vor Andersgläubigen, die so viel gepriesene Demut und vor allem die Umsetzung der Bibelworte: »Liebe deinen Nächsten wie dich selbst«. Wie viele Jahrhunderte wird es noch dauern, bis wir dafür reif sein werden, dies bei der Ausübung der christlichen Religionen zu beherzigen? Und damit nach den vielen Religionskriegen der Vergangenheit endlich gemeinsam einen wesentlichen Anteil dazu leisten, unsere Welt friedlicher und gerechter zu gestalten.

Auf dem mozarabischen Jakobsweg, der Via de la Plata

»Herkules erbaute mich,
Julius Cäsar umgab mich mit Mauern und Türmen,
Und der Heilige König nahm mich ein.«

Inschrift auf einem Tor in Sevilla

Auf der Via de la Plata

Via de la Plata – bereits im

Namen schwingt das Abenteuer. Flirrende Hitze, rötlich-braune Erde, selten nur Bäume, die Schatten spenden. Im Hochsommer ist die Extremadura wirklich extrem, bei Temperaturen um die vierzig Grad rinnt den Pilgern das Wasser in kleinen Bächen über den Körper. Sie müssen maßhalten, sich nicht zu viel, nicht zu schnell bewegen. Das Leben von Mensch und Tier ist auf das Notwendigste eingeschränkt – und doch: Selten fühlt man sich so lebendig wie in solch lebensfeindlicher Umgebung. Wo ringsum alles tot erscheint, wird das eigene Leben viel intensiver wahrgenommen.

Der etwa tausend Kilometer lange Weg von Sevilla nach Santiago durchquert die Regionen Andalusien, Extremadura, Kastilien und León und Galicien. Und damit auch völlig verschiedene Klimazonen. In Andalusien und der Extremadura kann es im Sommer extrem heiß werden, in den Übergangszeiten regnet es öfters. Kastilien liegt viel höher, steigt bis zu tausend Metern an,

ist im Sommer auch heiß, hat aber kühlere Nächte. Und in Galicien herrscht eher mitteleuropäisches Klima, es gibt zwar selten Frost oder Schnee, regnet aber zu allen Jahreszeiten viel. Eine Herausforderung also für Pilger, das Richtige in den Rucksack zu packen.

Der Weg entschädigt jedoch durch seine Ursprünglichkeit für die Unbill. Der Landstrich ist dünn besiedelt: Kraniche und Störche ziehen über den Himmel, der Pilger wandert durch unberührte Naturparks, in denen er Geier und Adler beobachten kann oder sein Brot mit den frechen blauen Elstern teilt und die ausgefallene und vielfältige Flora genießt. In den Steineichenwäldern fühlen sich die berühmten schwarzen Schweine wohl – sie sehen so munter aus, dass man ein schlechtes Gewissen bekommt, wenn man bisher nur an ihren hervorragenden Schinken gedacht hat. Ihre dunkle Farbe rührt daher, dass sie überwiegend die Eicheln der Steineichen fressen. Auch viele Schäfer mit ihren Hunden ziehen übers Land, meist sind sie schon von Weitem erkennbar und unterhalten sich gerne ein wenig mit Pilgern, für ihre Hunde trifft das allerdings weniger zu. Tore führen in immer neue Weidegebiete, in denen sich Pferde und Rinder gütlich tun. In

riesigen, mit Steinmauern und Stacheldraht eingezäunten Arealen halten sich schwarze Kampfstiere auf, die vor allem in Andalusien und der Extremadura gezüchtet werden. Sorgsam muss man auf die Markierungen achten. Granitquader mit grünen oder gelben Tafeln weisen den Weg, die historische Straße flankieren römische Meilensteine. Die Dörfer am Weg vermitteln den Eindruck, dass sie von mehr Störchen als Menschen bevölkert werden, auf jeder Turm- oder Kirchenspitze tummeln sich die Großfamilien. Ob das an den vielen Stauseen in dieser Gegend liegt? Nur das Geschnäbel der Störche erfüllt die Luft, sonst ist es tagsüber eher still, kaum ein Dorf oder eine Kleinstadt kommt ohne arkadengesäumte Plaza Mayor mit charaktervollen alten Häusern und bunten Blumen davor aus. In den kleinen Städtchen lohnt sich abends ein Spaziergang, beispielsweise in Zafra, einem der ältesten und traditionsreichsten Orte der Extremadura.

Die Kehrseite der Via de la Plata: Es gibt noch zu wenig Herbergen, ihre Qualität ist sehr unterschiedlich. Deshalb sind teilweise lange Strecken zu bewältigen oder Übernachtungen unter dem »Sternenhimmel« angesagt. Außerdem führt der Weg öfters über asphaltierte Straßen, was den Füßen nicht so gut gefällt. Und im Sommer setzen Sonne und Hitze den Pilgern zu.

Früher, als dieser Weg von Andalusien nach Galicien entstand, soll es ja in Spanien viel mehr Wald gegeben haben. Kelten, Griechen, Phönizier, Römer, Mauren, im Mittelalter dann die Pilger, wer ist nicht alles schon auf diesem Weg entlanggegangen? Silberstraße nennt man die Route auch. Doch es waren vorwiegend Metalle und Gold, die schon in der Zeit der Phönizier vom Norden Spaniens nach Sevilla transportiert wurden. Der Name Via de la Plata stammt nicht vom Silber, sondern Plata kommt von palata, das heißt »gepflasterter Weg«, eine Straße zwischen römischen Provinzen, eine Handelsstraße, die später von den Arabern übernommen wurde. Auch mozarabischer Jakobsweg wird sie genannt, nach den unter maurischer Herrschaft lebenden Christen im Süden des Landes, die nach Santiago pilgerten. Sie kamen aus Granada und Córdoba, stießen in Mérida auf die Via de la Plata, weiter nördlich teilt sich der Weg, man kann über Ourense oder Astorga nach Santiago wandern.

Auf dieser Straße, die bereits seit vorrömischer Zeit genutzt wird, führt die Zeitreise zurück bis zu den Ursprüngen der europäischen Zivilisation. Später zogen Mönche und Menschen aus dem nördlichen Spanien über das zentrale Plateau in die fruchtbaren Täler des Rio Guadalquivir. Sie transportierten nicht nur ihre Waren, sondern auch ihre Kultur und ihre Gedanken. Ein wichtiger Weg in der Entwicklung Spaniens also.

Nur Spaniens? Nein, denn nahe der Via de la Plata liegt auch Trujillo, das unscheinbare Provinzstädtchen, in dem Francisco Pizarro geboren wurde. Ihm gelang es, mit weniger als 200 Soldaten, vierzig Mann Kavallerie, zwei kleinen Kanonen und dem großen Meister Zufall das uralte Inkareich zu stürzen, die prachtvollen Städte in Schutt und Asche zu legen und die Kultur der Inka zu vernichten. »Ein hartes Land erzeugt harte Männer« hat einmal einer gesagt. Mag sein. Sehr viel Glück hat das Gold Spanien nicht gebracht, aber viele Paläste und Kirchen wurden damit ausgestattet. Außerdem wurde viel Geld ausgegeben, um den Protestantismus in Europa zu stoppen und im Heiligen Krieg gegen die Türken zu kämpfen. Und Spanien entwickelte sich zur Kolonial- und Weltmacht.

In Tordesillas wird jedes Jahr ein Fest gefeiert, das an die Ereignisse von damals erinnert. Soldaten und Menschen in prächtigen Gewändern marschieren auf. Als Portugiesen, Spanier der verschiedenen Regionen, Papst mit Schweizer Garde, Vertreter der Katholischen Könige spielen sie in feierlicher Zeremonie nach, was sich 1494 hier abspielte. In diesem kleinen Ort wurde große Weltpolitik geschrieben. Hier haben sich Spanier und Portugiesen mit Genehmigung des Papstes bereits zwei Jahre, nachdem Kolumbus Amerika entdeckt hatte, die Neue Welt aufgeteilt.

Daneben ist Tordesillas als der Ort bekannt, in dessen Klarissenkloster König Ferdinand II. seine Tochter Johanna die Wahnsinnige gesperrt hatte, als sie nicht über den Tod ihres Mannes, Philipp des Schönen von Habsburg, hinweggekommen war.

Die Via de la Plata beginnt in Sevilla, der heutigen Hauptstadt Andalusiens, direkt neben der Kathedrale. Diese drittgrößte Kirche der Christenheit ist riesig, monumental, größer sind nur noch der Petersdom in Rom und die Saint Paul's Cathedral in London. Wie damals üblich, wurde nach der Eroberung der Stadt die Kirche in der ehemaligen Moschee eingerichtet und nach einem Erdbeben im 15. Jahrhundert zu dieser gotischen Kathedrale ausgebaut. Ganz bewusst haben die Domherren die Ausmaße so

gestaltet, »dass künftige Generationen uns für verrückt erklären werden«. Will man mehr von ihr sehen, reicht ein Tag nicht aus. Fünf Schiffe auf sechzig Pfeilern und zahlreiche aneinandergereihte Kapellen wollen verdaut werden. Bereits von der Fülle des Hauptaltars gehen einem die Augen über. Neben der Prinzentür befindet sich der Sarkophag von Christoph Kolumbus, er wird von vier Herolden getragen und wirkt ein wenig kurios.

Das ehemalige Minarett, die Giralda, hat als Glockenturm der Kathedrale überlebt, die Bronzestatue darauf symbolisiert den Triumph des Glaubens. Andalusien besitzt sehr viele Glaubenssymbole, die sich gegenseitig an Schönheit oder Monumentalität zu übertrumpfen suchen.

Ihren ganz besonderen Charme entfaltet die Stadt in den Gärten des Alcázar und ihren bezaubernden Parks. Unzählige Palmen, exotische Blumen und die Blütenpracht der Bougainvillea- und Jacaranda-Bäume verwöhnen die Augen mit der ganzen Farbenpracht des Südens. Pilger können sich vor dem Aufbruch wunderbar auf den Weg einstellen und Kraft sammeln.

Bereits ein paar Kilometer hinter Sevilla stoßen wir in Itálica auf die Spuren der Römer. Ihr Feldherr Scipio hatte sie nach dem endgültigen Sieg über Hannibal bereits 206 v. Chr. als eine der ersten römischen Städte Spaniens gegründet und Kriegsveteranen des Zweiten Punischen Krieges dort angesiedelt. Rund sechshundert Jahre lang herrschten die Römer in Spanien, bevor auch ihre Macht zerbröckelte. Auf der Via de la Plata sind ihre Spuren am eindrucksvollsten in Mérida, einem ehemals wirtschaftlichen und kulturellen Zentrum der westlichsten Provinz Roms. Eine römische Brücke führt in den Ort, wo der alte Aquädukt, das römische Amphitheater, der Dianatempel und die Alcazaba besichtigt werden können. Sie erinnern an die Vergänglichkeit der Menschen mit ihrem Besitz und ihrer Macht. Alle Eroberer Spaniens haben ihre Spuren hinterlassen, Karthager und Römer, Westgoten und Mauren. Letztlich mussten sich alle wieder zurückziehen und heute gehört Spanien den Spaniern, so wie es sein soll. Was von den Eroberern blieb, sind ihre Bauwerke und die Kultur, ihre Straßen und Brücken, auf denen man noch etwas über sie erfahren kann.

Eine wichtige Station der Via de la Plata ist Salamanca. Schon wenn man sich der Stadt nähert, liegt sie mit ihren Spitzen und Türmen verheißungsvoll in

239

der weiten Landschaft. Von Süden her führt die römische Brücke über den Rio Tormes in die Stadt. Gleich dahinter fällt uns die keltische Figur eines iberischen Stiers, Verraco, auf. Ach ja – Kelten, Phönizier, Römer ... Auch hier hat Hannibal gegen die Römer gekämpft, die Stadt schließlich eingenommen und irgendwann wieder verloren. Nach den Römern Westgoten, Mauren, Christen ... eine turbulente Geschichte. Im Mittelalter entwickelte sich Salamanca langsam zu einem religiösen und akademischen Zentrum. Ihr Weltruhm ist vor allem auf die Gründung der Universität im 13. Jahrhundert zurückzuführen.

Ob es an der alten Brücke, an der dahinterliegenden Santiago-Kirche im Mudéjar-Stil oder dem Anblick der Stadt selbst liegt, dass sie einen sofort verzaubert? Auch sie besitzt eine Kathedrale von monumentaler Größe. Genauer gesagt sind es zwei, die Alte Kathedrale stammt aus dem 12. Jahrhundert; als die Stadt ständig wuchs, baute man vom 16. bis 18. Jahrhundert die Neue Kathedrale an. Meterdick sind ihre Säulen, die Verzierungen an der Decke kann man bei dieser Höhe kaum mehr erkennen – ein großer Spiegel inmitten der Kirche hilft, wenigstens eine Übersicht über die Architektur zu bekommen. Im rechten

Seitenflügel schließt sich die Alte Kathedrale an. Besonders das Altarbild aus dem Jahr 1445 ist sehenswert, in 53 Tafeln erzählt es vom Leben Christi und Maria, darüber das Jüngste Gericht. Nur der Kreuzgang sieht etwas amputiert aus, schade, dass er bei dem großen Erdbeben von Lissabon 1755 zerstört wurde. Aus der romanischen Zeit sind nur noch Fragmente vorhanden. Im Innenhof lagerten im Mittelalter die Pilger.

Auch die Klosterkirche San Esteban mit dem Kreuzgang der Könige hat gewaltige Ausmaße. Allein schon ihre Fassade mit den vielen Figuren, dem plateresken Dekor und den Wappen zu studieren, kann lange dauern. Was für eine Stadt! Und was für Kirchen! Irgendwie führen alle Straßen zur Plaza Mayor – gibt es einen schöneren Platz? Ein geschlossener Arkadenplatz mit ringsum dreistufigen Balkonen, nur das Rathaus weicht mit seiner Zweistufigkeit etwas ab, fügt sich aber harmonisch in das Ganze ein.

Immer wieder fallen in Spanien die vielen Männergrüppchen auf. Auf den öffentlichen Bänken der Stadt sitzend, Leute und spielende Kinder beobachtend, ab und zu fällt ein Wort. Auch in den fast dunklen Bars sind sie nach-

mittags zu finden, wo sie sich Stier-kämpfe oder Autorennen anschauen. Keine Frau weit und breit. Retten sie ihr altes Macho-Dasein vielleicht nur noch hierher? Die in der Café-Bar unterhalten sich allerdings sehr angeregt, vielleicht ist das die städtische Sorte?

Die Universität von Salamanca ge-hörte neben Paris und Oxford zu den bedeutendsten Bildungseinrichtungen Europas. Es dauert lange, bis man unter den vielen Details der Fassade den berühmten Frosch findet. Er soll den Studenten, die ihn entdecken, Glück bringen. Interessant sind die alten Hör-säle, in denen teilweise noch Katheder und die primitiven Holzbänke aus der damaligen Zeit erhalten sind. Sie schei-nen der geistigen Entwicklung mehr ge-nutzt als geschadet zu haben, viele nam-hafte Menschen haben hier studiert.

Im 16. Jahrhundert besaß Salamanca siebzig Lehrstühle und hatte 12.000 Studenten.

Jakobspilger besuchen vor dem Ver-lassen der Stadt die »Casa de las Con-chas«, das Muschelhaus. Es ist über und über mit Muscheln verziert. Ende des 15. Jahrhunderts wurde es von einem Ritter des Santiago-Ordens gebaut und die vierhundert Muscheln geben der Fassade einen ganz eigenen Reiz. Für Pilger ein guter Abschied von Sala-manca. Über viele weitere interessante Orte und Landschaften der Via de la Plata gelangt man nach Zamora und muss sich entscheiden: entweder nach Astorga und weiter auf dem Camino francés oder über Ourense auf dem mozarabisch genannten Weg nach San-tiago zu wandern.

Kreuzgang-Betrachtungen

»Deine unvergänglichen Bögen und Kapitelle,
wer hat sie geschaffen? Ein Dichter oder ein Bildhauer?
… oder sind gar Engel vom Himmel herabgestiegen
mit Plänen gezeichnet vom Herrgott selbst?«

Fray Justo Pérez de Urbel, Mönch aus Silos

Kreuzgang Kloster Santo Domingo de Silos

die alten Religionen waren noch nicht vergessen. Heidnische Elemente sind ebenso häufig wie christliche und beide finden sich einträchtig nebeneinander.

Ein Kreuzgang, der zu den schönsten Spaniens gehört, liegt in der einsamen kastilischen Hochebene südlich von Burgos. Aus Steineichen- und Wacholderwäldern ragen langgestreckte Kalkbänder heraus, darunter Hänge voller im Juni blühender Zistrosen, Lichtungen mit betörend duftenden Lavendelbüschen, ab und zu eine einsame Kirche. Dann rücken die Berge immer näher zusammen, über engen Schluchten mit steilen Felsen kreisen Geier, plötzlich ein in eine kleine Talmulde geschmiegtes Dorf, an seinem Rand das gleichnamige Kloster Santo Domingo de Silos. Schon In der Westgotenzeit stand hier ein Kloster, doch es wurde von den Mauren geplündert und teilweise zerstört. Im 11. Jahrhundert begann der damalige Abt, der heilige Dominikus, mit dem Wiederaufbau. Doch ist aus dieser Zeit nicht viel erhalten, einige Kunstwerke, die den Wirren der Säkularisation nicht zum Opfer fielen, kann man im Museum besichtigen, das im mittelalterlichen Hospiz untergebracht ist. Auch die Kirche stammt aus dem 18. Jahrhundert, »nur« der romanische Kreuzgang steht

Kreuzgänge! Jeder von ihnen bedeutet eine kleine Pause, eine Reise in die Vergangenheit, in die Zeit der großen Baumeister und Steinmetze, die das Mittelalter in so reicher Zahl besaß.

Ihre kunstvollen Kapitelle erzählen als steingewordene Erfahrungen vom Glauben der Menschen und ihren Legenden: Von Dämonen aus der griechischen Göttersage ebenso wie von Fabelwesen aus grauer Vorzeit, von streitenden Löwen, Monstervögeln, geflügelten Gazellen oder von Sonne, Mond und Sternen. Neben Handwerkszünften finden sich Elemente aus dem Orient und keltische Spiralen in vielerlei Formen. Dekorative Blätter, Blüten oder Korbgeflechte schmücken Darstellungen aus dem Alten und Neuen Testament. Besonders beliebt scheinen auch Motive wie Tugenden und Laster gewesen zu sein, zu erwartende Höllenstrafen sind oft drastisch dargestellt. Ob es sich teilweise auch um versteckte Anspielungen mutiger Künstler handelte? Das Mittelalter war eine Zeit des religiösen Umbruchs,

wie durch ein Wunder noch! Aber was für ein Wunder! Ein zweigeschossiges! Die herrlichen Säulen und Kapitelle schuf ein wahrhaft genialer Künstler. Die Arbeiten im Ost- und Nordflügel stammen aus dem späten 11. Jahrhundert, West- und Südflügel aus der zweiten Hälfte des 12. Jahrhunderts. Die ältesten Werke vom ersten Meister sind zugleich die besten. Doch der Steinmetz hat weder ein Datum noch seinen Namen hinterlassen. In seinem Werk machte er sich dennoch unsterblich, mit unzähligen Mustern, fantastischen Tieren, Lebensbäumen, Pflanzenornamenten, die das ganze Kapitell umfassen, Laubarabesken und Korbmustern, die wirklich wie geflochten aussehen. Die Deutung der Symbole in den Szenen fällt teilweise schwer, doch ist erkennbar, dass sie gezielt eingesetzt wurden. Langsam tastet man sich zu den Kostbarkeiten an den großen Reliefplatten der Eckpfeiler vor, sie enthalten wundervolle und feinfühlig gestaltete biblische Motive wie die der Grablegung, Himmelfahrt, Auferstehung oder die Geschichte vom ungläubigen Thomas. Sie zu betrachten, ist ein ästhetischer Genuss. An der Emmaus-Szene bleiben Pilger sofort hängen: Christus trägt eine Jakobsmuschel auf seiner Tasche, ist demnach als Santiago-Pilger charakterisiert. Also hatte schon der alte Meister die Idee, das Leben oder die irdische Wanderschaft von Jesus in Beziehung zur Pilgerschaft nach Santiago de Compostela zu setzen! Doch das Genie des Meisters ist nicht nur daran zu erkennen. Es ist ihm gelungen, nur einen einzigen flüchtigen Moment einzufangen: Wie der auferstandene Jesus die zwei Jünger, denen er begegnet und die ihn nicht erkennen, wieder verlassen will, sein Fuß ist schon zum Gehen gewendet. Der Jünger in der Mitte versucht, ihn zurückzuhalten: »Bleibe bei uns, denn es will Abend werden und der Tag hat sich schon geneigt.« (Lukas 24, 29). Der linke Jünger wirkt dabei ergriffen und als ob er etwas ahnt. Hier benötigen wir keine Auslegung, die ausdrucksstarke Szene spricht für sich. Die Leichtigkeit, mit der Körper, Gewand und Füße dargestellt werden, zeigt, dass der erste Meister von Silos aus dem maurisch besetzten Süden Spaniens gekommen sein muss, die Anordnung der Figuren stammt aus der islamischen Welt.

Auch die Kassettendecke ist maurischen Stils, wir lesen in einer verkehrten Welt über seltsame Tiergeschichten, wie die von einem Wolf, der einen Esel tötet und auf dem nächsten Bild die Messe liest oder von Eseln, die die Laute spielen. Hier scheinen wieder versteckte Anspielungen enthalten, deren ehemalige Bedeutung wir nur ahnen können. Rätsel geben auch drei Säulen auf, die sich fest »umschlungen« halten, als ob sie miteinander tanzten. Im rechteckigen Kreuzgang stützen jeweils zwei gerade Säulen ein Kapitell, warum wird ein einziges von drei gedrehten, ineinandergeschlungenen Säulen getragen? Was hat den Meister wohl dabei bewegt, wollte er uns etwas damit sagen? Dass es in unserer Welt keine absolute Ordnung oder Vollkommenheit gibt? Oder dass außergewöhnliche Schönheit immer einen kleinen Fehler braucht?

Der Kreuzgang ist seit seiner Errichtung Dreh- und Angelpunkt im Leben der Klostergemeinschaft, seine klösterliche Mitte. Als umlaufender Wandelgang kann man von ihm aus alle Räume, die um ihn herum gruppiert sind, erreichen. Er fasst einen wunderschönen Garten ein, in dessen Mitte ein Brunnen plätschert und eine schlanke Zypresse in den Himmel ragt. Der Garten symbolisiert das Paradies, soll ein irdisches Abbild davon sein. Fast alle romanischen Kreuzgänge sind in dieser Art angelegt. Es ist der ideale Ort, um zur Ruhe zu kommen. Er ist wie geschaffen zum Gehen, um beim besinnlichen Durchschreiten die angenehme Atmosphäre auf sich wirken zu lassen, die Schönheit des Gartens zu bewundern, die Säulen und Kapitelle in seiner Gesamtheit zu begreifen versuchen, sich zu versenken und zu meditieren. Wie eine Landschaft auf dem Pilgerweg muss ein Kreuzgang »ergangen« werden. In der Tradition der Mönche ist er von jeher ein Ort der Stille, der durch keine Worte gestört werden darf. Der heilige Domingo soll ja ein wahrer Meister des Schweigens gewesen sein. Man erzählt sich von ihm folgende Anekdote: Er hatte in seiner Zeit als Prior eine Kirche gebaut, die geweiht werden musste. Der Bischof schickte ihm einen Kanoniker. Dieser weigerte sich entrüstet, die Weihe vorzunehmen, weil er sah, dass der Prior mit zwei Frauen zusammenwohnte. Domingo sagte kein Wort dazu. Erst der Bischof klärte den Kanoniker auf, dass es Mutter und Schwester des Mönches waren, die bei ihm wohnten. In unserer heutigen Zeit, die von Rhetorik und gezielter Manipulation durch viele Worte lebt, ist so etwas kaum mehr vorstellbar.

Seit dem 10. Jahrhundert betet und arbeitet die Klostergemeinschaft in Silos nach den Regeln und dem Vorbild des Heiligen Benedikt. Das Kloster besaß im Mittelalter eine der größten Manuskriptsammlungen Europas, im Skriptorium auf der Ostseite des Kreuzgangs, wurden Abschriften angefertigt. Das berühmteste heute noch erhaltene Manuskript ist das des »Beatus«, das in Silos kopiert wurde und sich heute im Britischen Museum in London befindet.

Pilger freuen sich, wenn sie am Tagesablauf der Mönche ein wenig teilnehmen können und die abendliche Vesper oder die Messfeier der Klostergemeinschaft mitfeiern dürfen. Die gregorianischen Gesänge der Mönche rühren an ihr Herz, klingen noch lange in ihnen nach, wenn sie das Kloster verlassen haben und wieder auf ihrem Pilgerweg unterwegs sind.

Wallfahren, Pilgern, Religion

Die Religionen sind verschiedene Wege,
die im gleichen Punkt münden.
Was macht es, wenn wir verschiedene Wege gehen,
wenn wir nur das gleiche Ziel erreichen?

Mahatma Gandhi

Wallfahrt in Schondorf am Ammersee

»Etliche sagen, er liegt in Frankreich zu Tholosa, aber sie sind ihrer Sache auch nicht gewiss. Drum lauft nicht dahin, denn man weiß nicht, ob Sankt Jakob oder ein toter Hund oder ein totes Ross da liegt.« So versuchte Luther die Protestanten zum Verzicht auf eine Pilgerreise zu bewegen. Und viele hielten sich an seinen Rat, das Pilgern verschwand mehr und mehr aus ihrem Bewusstsein. In der katholischen Kirche hingegen blieb die Tradition des Pilgerns oder Wallfahrens ungebrochen.

Pilgern ist ein Brauch, den es in fast allen Religionen gibt und der davon ausgeht, dass an bestimmten Orten oder auf speziellen Wegen göttliche Kräfte wirksamer sind als anderswo. Dieser Glaube an heilige Orte ist in den Menschen seit jeher verwurzelt. Sie wollen Gott loben, ihm danken und seine besondere Zuwendung spüren.

Seitdem die Jakobswege vor einigen Jahrzehnten wiederbelebt wurden, pilgern Menschen aller Konfessionen nach Santiago. Interessanterweise hat gerade bei den Protestanten ein verstärkter Trend dazu eingesetzt, viele evangelische Priester in Deutschland kümmern sich um Pilger und helfen aktiv bei der Wiederbelebung von Pilgerwegen mit. Sie haben wohl die religiöse und spirituelle Dimension des Pilgerns erkannt und auch die Chance, damit auch Menschen mit wenig religiöser Bindung besser erreichen zu können. Denn wer sich auf eine Pilgerreise begibt, ist meist auch empfänglich dafür, das »Heilige« bestimmter Orte mit allen Sinnen zu erfahren und zu genießen.

In der katholischen Kirche sind nach wie vor eher die organisierten Wallfahrten beliebt. Diese Gruppenreisen zu Fuß oder mit dem Bus werden häufig von den Pfarreien organisiert, unterwegs singt und betet man unter Anleitung eines Priesters gemeinsam, an der Wallfahrtsstätte angekommen, wird ein Gottesdienst gefeiert und man erlebt die wohltuende Gemeinschaft von Gleichgesinnten und Gleichgläubigen.

Im Gegensatz dazu steht das individuelle Pilgern, das wohl eher vom Mönchtum abgeleitet werden kann: ein Mensch, allein in der Fremde unterwegs und auf der Suche nach Gott. Das Verhältnis zu Fußpilgern scheint in der Amtskirche etwas differenziert betrach-

tet zu werden: »Was sind denn das für Menschen, die da gehen, sind das überhaupt ›richtige‹ Pilger?« Dieser Frage sahen wir uns sogar in Klöstern einige Male ausgesetzt. Auch gibt es immer noch Kirchen entlang des Jakobswegs, die tagsüber geschlossen sind, der schöne Brauch der abendlichen Pilgermesse entwickelt sich erst langsam und ist auch in Spanien nur in einigen Orten am Pilgerweg obligatorisch. Könnte es sein, dass sich die Verantwortlichen darum sorgen, ob denn die Mitglieder ihrer Kirche das »Richtige« denken und glauben? Wenn sie so lange allein unterwegs sind, sich ihre eigenen Gedanken machen und sich mit vielen Andersgläubigen austauschen, glauben sie da noch so, wie es die Kirchenlehre vorsieht?

Umso tiefer ist das Erlebnis, unterwegs die Gemeinschaft von Pilgern in einen Gottesdienst miterleben zu können. Wie beispielsweise im spanischen Triacastella oder in Rabanal, wo Pfarrer oder Herbergsväter vorher die Pilger fragen, aus welchem Land sie kommen und die Gebete und Lieder in den Sprachen der anwesenden Pilger austeilen. Ein Sprecher aus jedem Sprachraum betet dann in »seiner« Sprache die Gebete vor. Für das »Vater Unser« ist Vorbeten nicht nötig. Es rührt in allen Sprachen an und

die Sprachmelodie dieses Gebets ermöglicht das gemeinsame Beten trotz babylonischen Sprachgewirrs. Zufrieden und gestärkt verlassen die Pilger diese abendlichen Einkehren bei Gott. Auch die vielen kleinen Kirchen direkt am Wegrand werden von vielen genutzt, um sich ein wenig auszuruhen und dabei stille Zwiesprache mit Gott zu halten. Sie tragen ihre Freude und ihren Dank in die dafür aufgelegten Pilgerbücher ein, bevor sie ihren Weg fortsetzen.

Bleibt zu hoffen, dass die Kirchen der christlichen Konfessionen das Potenzial und die geistige Kraft, die ihnen durch die Pilger zuwächst, auch erkennen. Wer auf einer Pilgerreise seinen Glauben vertieft oder ihn wiedergefunden hat und geläutert zurückkommt, ist häufig bereit, sich auch als aktiver Christ zu betätigen. Was allerdings von kirchlicher Seite die Bereitschaft erfordert, sich auch mit kritischeren Geistern konstruktiv auseinanderzusetzen. Bereits in den Kirchengemeinden und Klöstern am Pilgerweg gibt es vielfältige Möglichkeiten, in Dialog miteinander zu treten.

Schließlich trägt ja der heutige Papst, Benedikt XVI., in seinem Wappen eine goldene Pilgermuschel.

Im Land des Don Quijote

»An einem Orte der Mancha, an dessen Namen ich mich nicht erinnern will, lebte vor nicht langer Zeit ein Junker, einer von jenen, die einen Speer im Lanzengestell, eine alte Tartsche, einen hagern Gaul und einen Windhund zum Jagen haben.«

Miguel de Cervantes

—

Don Quijote und Sancho

Die steinerne Brunneneinfassung dient der lebhaften Bubenmannschaft als Tor, vor dem Cafetischchen spielen ein paar Mädchen »Seilhüpfen«, während andere gerade »Himmel und Hölle« auf das Pflaster malen – mit seinen fünf Längs- und drei Querkästchen erinnert es an den Grundriss einer Kathedrale. Woher dieses Spiel wohl stammt und seinen Namen bezieht? Fröhliches Treiben bestimmt die Plaza Mayor in Almagro. Frauen mit Kinderwagen, Freunde bei einem Glas Wein, die obligatorische Altmännergruppe auf der Bank vor dem Brunnen. Wenn sich der spätnachmittägliche Schatten über den Platz legt, scheint er als »Wohnzimmer« für den ganzen Ort zu fungieren. In den kleinen Geschäften unter den Lauben kann man alles kaufen, was das Herz begehrt. Über den Arkaden sitzen zwei Reihen Glasveranden mit grün gestrichenen Fensterrahmen, hübsch und einladend anzusehen – ein »Wohlfühl-Platz«.

Almagro, das Zentrum des Campo de Calatrava, bildete lange Zeit das Grenzland zur moslemischen Welt. In der Nähe gibt es zwei Burgen: Die Ruine der maurischen Grenzfestung Salvatierra auf der einen Seite und schräg gegenüber die Burg Calatrava la Nueva, 1217 von den Calatrava-Rittern gebaut. Sie war Hauptsitz des Ordens, der 1158 gegründet worden war, um die Muslime aus Spanien zu vertreiben. Zu seiner Zeit soll er der reichste und mächtigste Orden Spaniens gewesen sein. Almagro lag an einem wichtigen strategischen Punkt zwischen Andalusien und Kastilien und war daher heiß umkämpft. Wappengeschmückte Paläste erinnern an die Zeit, als der Ritterorden hier seinen Hauptsitz hatte. Die Altstadt allerdings wurde von der Augsburger Kaufmannsfamilie der Fugger gebaut, die sich im 16. Jahrhundert als Bankherren hier niederließen. Sie hatten Karl V. bei seiner Wahl finanziell unterstützt und besaßen Verbindungen zu allen Teilen des spanischen Weltreichs. Ihr Renaissance-Lagerhaus ist noch zu besichtigen, der prächtige Innenhof fasziniert. Im Garten führen verwinkelte Wege zu römischen Steinsäulen und Brunnenspeichern. Große Plakate im Haus erzählen die Geschichte der Fuggerfamilie in Almagro und ihren Einfluss auf die Stadt. Aus dem »Golde-

nen Zeitalter Spaniens«, in dem Almagro eine bedeutende Stadt war, hat sich das »Corral de Comedias«, ein Freilufttheater aus dem 16. Jahrhundert erhalten. In jedem Sommer findet auf den Plätzen und in Theaterräumen ein Internationales Festival für Klassisches Theater statt. Der Rundgang durch die kleine Stadt brachte uns auch ins ehemalige Kloster Santa Catalina – heute ein Parador – haben hier früher auch Calatrava-Ritter gelebt? Im Dämmerdunkel durch diese alten Gemäuer schlendernd, auf großen Wandteppichen die farbenprächtigen Bilder des Beatus von Liébana vor Augen, gesellen sich in der Einbildung auch in den langen Gängen herumirrende Männer in weißen Mänteln mit rotem Lilienkreuz dazu.

Vom Burghof des Kastells Calatrava la Nueva blickt man in die Weite der ockerfarbenen Landschaft, ab und zu ragt ein Hügel oder Fels heraus – und entdeckt auf einem schroff ansteigenden Felsen den Burgturm der alten Maurenfestung, die die Calatrava-Ritter einnahmen und damit den letzten maurischen Widerstand in dieser Gegend brachen. Hier also saßen sie sich gegenüber, hatten fast Blickkontakt miteinander in diesem ansonsten fast leeren Gebiet der südlichen Mancha.

Zwangsläufig stoßen wir in diesem Landstrich auch auf den Ritter, der weit bekannter ist als die meisten anderen: Don Quijote, der Ritter von der traurigen Gestalt. Fast an jedem Ortseingang auf der »Ruta de Don Quijote« in Kastilien-La Mancha schaut uns seine spindeldürre Gestalt von einem metallenen Bild entgegen. Dieser Ritter, der nur in der Fantasie eines Menschen existierte, ist bekannter als sein Erfinder. Miguel de Cervantes parodierte mit seiner Erzählung die in seiner Zeit üblichen Ritterromane. Sein Don Quijote ist ein kleiner Landadeliger, der irgendwo in der Mancha lebt. Er liest einen Ritterroman nach dem anderen, bis er schließlich glaubt, selbst ein fahrender Ritter zu sein. Verrückt geworden, stürzt er sich todesmutig in Gefahren, »um Abenteuer zu suchen und all das zu üben, was, wie er gelesen, die fahrenden Ritter übten, das heißt jegliche Art von Unbill wiedergutzumachen und sich in Gelegenheiten und Gefahren zu begeben, durch deren Überwindung er ewigen Namen und Ruhm gewinnen würde«. Seinem alten Gaul gibt er den Namen Rosinante; weil ein richtiger Ritter eine Angebetete braucht, kürt er ein Bauernmädchen dazu, in das er eine Zeitlang verliebt gewesen ist, und nennt sie klangvoll

Dulcinea von Toboso. Einen Bauer aus seinem Dorf, Sancho Pansa, nimmt er zu seinem Schildknappen, der ihn immer begleitet. Er stellt sich eine Rüstung zusammen und bricht auf.

Sein Erfinder muss die Mancha gut gekannt haben. Die Bilder, die er im 16. Jahrhundert mit seinen Worten zeichnete, sind gut nachvollziehbar, vor allem der Kampf gegen die Windmühlen, sie thronen auch heute noch auf vielen Höhenrücken: »Dort siehst du, Freund Panso, wie dreißig Riesen oder noch etliche mehr zum Vorschein kommen; mit denen denke ich einen Kampf zu fechten und ihnen allen das Leben zu nehmen.« Und als Sancho fragt: »Was für Riesen?«, entgegnet er: »Jene, die du dort siehst, die mit den langen Armen, die bei manchen wohl an die zwei Meilen lang sind.« Und als ihn Sancho darauf hinweist, dass es sich nicht um Riesen, sondern um Windmühlen handelt, erwidert er: »Wohl ist's ersichtlich, dass du in Sachen der Abenteuer nicht kundig bist; es sind Riesen und wenn du Furcht hast, mach dich fort von hier und verrichte dein Gebet, während ich zu einem grimmen und ungleichen Kampf mit ihnen schreite.« Und prompt greift er die Windmühlen an und wird dabei übel zugerichtet. Der Ausdruck »gegen Windmühlen kämpfen« geht auf diese Geschichte einer eingebildeten Gefahr zurück.

Wenn der Wind über die karge Hochfläche bläst und die Wolken vor sich hertreibt, bekommen die Windmühlen auf den Hügeln tatsächlich etwas Bedrohliches und ähneln durchaus Männern mit wild fuchtelnden Armen. Nur in einem solchen Land kann ein derartiger Roman spielen und geschrieben worden sein, wo es so viel Weite und Leere gibt und irrationales Denken und Tagträume durch nichts gestört werden. Nur durch »Höhenflüge« der Fantasie kann Neues entstehen, doch man muss Althergebrachtes loslassen, um sich Fata Morganas auszudenken und seine Träume zu verwirklichen.

Sein Ritterfräulein Dulcinea wohnte in El Toboso. Unterwegs dahin kommt man durch Puerto Lápice, den Ort, wo Don Quijote sich im Gasthof, der ihm wie eine Burg schien, von einem gerissenen Wirt zum Ritter schlagen ließ. Der heutige Wirt macht sich das zunutze und lebt nicht schlecht davon. Zumindest ruhiger ist es in El Toboso, dessen Santiagokirche sich in der Fantasie Don Quijotes zum Ritterschloss von Dulcinea wandelte. Ihr Geburtshaus wurde nachgebaut. Es mutet eigentümlich und

komisch zugleich an, das echte Haus einer Dame zu betreten, die es nur in der Fantasie eines Dichters gegeben hat und dennoch ihre Küche, Kamin, Tisch und Bett vorzufinden ... Man steht in der Wohnung eines Menschen, den es nie gab! Wie soll man zwischen Wirklichkeit und Einbildung unterscheiden? Ganz offensichtlich trägt hier die Fantasie den Sieg davon! Cervantes veröffentlichte den ersten Teil seines Romans im Jahr 1605; für die Region La Mancha ist Don Quijote heute so gut wie real und – obwohl oder weil er nie lebte – unvergänglich. Dennoch ist er ein Symbol für das Irrationale.

Das bringt uns gedanklich wieder zurück auf den Jakobsweg, der gleich mehrfache Parallelen zu Don Quijote aufweist: Das Grab des Apostels Jakobus, das man im 9. Jahrhundert zu finden glaubte, gibt es dort wahrscheinlich gar nicht. Dennoch hat es eine grandiose Pilgerfahrt ausgelöst, die Millionen von Gläubigen aus allen Ländern der Christenheit auf den Weg brachte. Und dieser Mythos Jakobsweg hat letztlich dazu geführt, dass Spanien die Kraft und das Selbstvertrauen bekam, die arabische Fremdherrschaft zu überwinden.

Noch heute brechen viele Menschen nach Santiago auf, müssen vielleicht Tausende von Kilometern zu Fuß gehen und tun es nur mit einem Rucksack auf dem Rücken – irgendwie ist das auch ein wenig irrational. Und dennoch oder gerade deshalb schenkt der Weg so viel Gutes und führt uns auch in die eigene Seele! Dazu kommt, dass auch Jakobspilger Gefahren eingehen und sich auf Neues einlassen müssen, wenn sie die eingefahrenen Bahnen ihres Lebens ändern wollen.

Kommen noch entsprechende Träume dazu, ist es zum Sieg der Fantasie nicht mehr weit ... Und hat das nicht in bestimmten Situationen durchaus seine Berechtigung? Haben wir nicht alle schon manchmal festgestellt, dass wir unsere ganze Einbildungskraft und Fantasie aufwenden müssen, um aus Sackgassen und eingefahrenen Gleisen herauszukommen, um unser reales – wirkliches – Leben mit all seinen Höhen und Tiefen zu bejahen und ihm eine positive Wendung zu geben?

Wasser, Brücken, Übergänge

Als wir auf der schwankenden Brücke standen,
waren wir sehr betroffen,
unsere ganze Gruppe so gefährdet zu sehen.
Wir sahen die Meereswellen
in ihrer Wut.
Ihr Anprall ließ uns zittern
und ums Leben fürchten.
Wir riefen die Jungfrau Maria an.

Aus dem Großen Wallfahrerlied der Santiago-Pilger

Brücke der Königin in Puente la Reina

Wasser! Element des Lebens, aus dem wir alle stammen und aus dem unser Körper zu etwa zwei Dritteln besteht. Unentbehrliches Lebenselixier für Pilger und Wanderer, die bei Anstrengungen besonders viel davon benötigen. Für uns ist es heute selbstverständlich, überall Trinkwasser zu bekommen, aus der Wasserleitung, im Supermarkt oder Gasthaus, auf dem Jakobsweg können wir aus unzähligen Brunnen schöpfen, die am Weg entlang und in den Dörfern und Städten angelegt wurden.

Die Wasser unterwegs erfrischen und erfreuen. Das Rauschen der Flüsse klingt wie Musik in den Ohren und glucksende Bächlein oder plätschernde Flüsse entwickeln sich als angenehme Wandergefährten. Auch die vielen Seen stellen eine willkommene Abwechslung dar.

Die Pilger des Mittelalters hatten es ungleich schwerer. Gewässer, die ihnen unbekannt waren, stellten eine große Herausforderung dar: War das Wasser genießbar oder bekam man vielleicht schlimme Krankheiten davon? Wie gelangte man an das andere Ufer, wenn keine Brücke vorhanden war? Ob es vielleicht irgendwo einen Fährmann mit einem Boot gab oder eine Furt, seicht genug zum Durchwaten? Man wanderte am Ufer entlang, bis eine Stelle kam, an der man es wagen konnte, den Fluss zu durchqueren oder bis man eine Fähre oder Brücke fand. Nicht selten mussten weite Umwege in Kauf genommen werden. Alte Pilgerberichte erzählen von abenteuerlichen Flussüberquerungen, lebensgefährlich für Menschen und Pferde. Vor allem, wenn Hochwasser dazukam, das vorhandene Stege wegschwemmte, oder wenn das Betreten schwankender Brücken viel Mut erforderte.

Natürlich berichteten die Pilger abends in den Herbergen von ihren Abenteuern, die sie wie durch ein Wunder glücklich überstanden hatten, und flößten damit ihren Gefährten Mut ein. Wie etwa bei der Legende von den tausend italienischen Pilgern, die sich nicht über einen Hochwasser führenden Fluss trauten. Niemand wagte sich auf den wackelig aussehenden Steg. Da hob eine Frau, Bona von Pisa, die Arme flehend zum Himmel und trat auf die Brücke. Alle anderen gingen hinter ihr

her und sie bezeugten, dass die Heiligen den Steg gestützt hätten. Bona soll auch noch andere Pilgergruppen begleitet haben und wurde später heiliggesprochen.

Es gab zwar viele römische Brücken auf den Handelswegen, doch sie durchquerten die Landschaft meist gradlinig, Pilger allerdings wanderten von einer Reliquie und einem Heiligtum zum anderen und die Pilgerpfade mäanderten durch die Landschaft. Der Bau von neuen Brücken auf dem Weg nach Santiago galt deshalb als frommes Werk. Häufig errichtete man daneben ein Hospiz zur Versorgung der Pilger, so wie bei der Pont d'Artigues zwischen den alten französischen Bischofsstädten Condom und Eauze, dessen romanische Brücke eigens für die Pilger gebaut wurde, sie gehörte ursprünglich dem Erzbistum von Santiago de Compostela. Auch in Cahors gab es bereits eine steinerne Römerbrücke, später gesellte sich eine zweite dazu. Doch offensichtlich machte die florierende Betriebsamkeit in Cahors, das mit aller Welt Geschäfte machte, eine Befestigung nötig und so beschlossen die Stadtväter 1306, eine dritte Brücke zu bauen, den Pont Valentré. Von oben bietet er über der großen Schleife des Lot einen überwältigenden Anblick und zählt zu den besterhaltenen

Wehrbrücken Europas. Mit seinen drei Türmen ist das Bollwerk gut gelungen und kein Gegner hat ihm je etwas anhaben können. Wie bei so vielen Brücken half der Teufel bei der Erbauung und wurde am Ende ausgetrickst. Und deshalb reißt er immer wieder den obersten Stein aus dem mittleren Turm heraus … In Cahors und anderswo hat man sich wohl damit abgefunden und die Legende wurde von den Pilgern eifrig weitererzählt.

Dass Brücken häufig auch etwas Geheimnisvolles haben, erfährt man in Spanien bereits in einem der ersten Dörfer, in Zubiri, in das man über eine große gotische Brücke über den Arga gelangt. Sie wird auch »Tollwutbrücke« genannt, weil man in dieser Gegend traditionell die Viehherden dreimal um den Mittelpfeiler kreisen lässt, damit sie von der Seuche verschont bleiben. Die überirdische Kraft wird den Reliquien der Heiligen Quiteria zugeschrieben, die im Bogenpfeiler ruhen. Auch in den nächsten Ort Larrasoaña kommt man über eine gotische Brücke mit dem sprechenden Namen »Banditenbrücke«. Hier lauerten die Straßenräuber den Pilgern auf, um sie auszuplündern. Doch bereits im 11. Jahrhundert gab es auch ein Augustinerkloster, das sich um die

261

Jakobspilger kümmerte, wie im Führer von Aimeric Picaud erwähnt.

Extra für die Pilger gebaute Brücken begleiten uns weiter, über Pamplona, Puente la Reina, Logroño nach Santo Domingo de la Calzada, wo einer der großen bekannten Brückenbauer des Jakobswegs begraben liegt. Domingo hatte wohl in Klöstern studiert, war jedoch nicht aufgenommen worden und kümmerte sich hier als Einsiedler um die Pilger, die sich ganz in der Nähe damit abquälten, den Fluss Oja zu durchwaten. Seine Brücke hat vierundzwanzig Bögen. Aimeric schrieb: »In Spanien muss man den Leichnam des heiligen Domingo besuchen, der zwischen der Stadt Nájera und Redecilla del Camino das Stück Straße erbauen ließ, an dem er ruht.« Auch Herberge und Kirche sowie weitere Brücken soll er gebaut haben. Er kann also nicht nur Einsiedler, sondern muss zwangsläufig auch Baumeister gewesen sein.

Sechs Jahrzehnte später lebte nur zwei Tagesetappen weiter ein zweiter großer Baumeister: San Juan de Ortega. Ihm schreibt man die Brücken über den Ebro in Logroño und die in Nájera zu. Die Klosterkirche wurde von San Juan de Ortega selbst entworfen, in ihr befindet sich auch sein Mausoleum.

Beide Heiligen waren also als Baumeister ausgebildet, sind auf Wanderschaft gewesen – vermutlich nutzten sie den Pilgerweg als Initiationsweg – und weihten später als Eremiten ihr Leben den Pilgern.

Die Liste der Brücken am Jakobsweg ließe sich beliebig fortsetzen, eine der berühmtesten führt über den Rio Órbigo, von Puente de Órbigo nach Hospital de Órbigo. Berühmt wurde sie nicht nur wegen ihrer beeindruckenden Länge und Architektur, sondern einer eigenartigen Geschichte wegen. Sie war zwar zuvor schon öfters Schauplatz von Zusammenstößen, bereits zwischen Westgoten und Sueben, später bei der Reconquista, doch ihre Berühmtheit erlangte sie vor allem durch ein spezielles Ereignis, den »Paso honroso« – ehrenvoller Waffengang. Der Ritter Suero de Quiñones aus León und neun Gefährten – kämpften hier gegen alle waghalsigen Ritter, die es wagten, die Brücke zu überqueren. Die Auslegungen reichen von einem hier abgehaltenen Ritterturnier über den Versuch, Brückenzoll zu erzwingen bis zu der hübschen Geschichte, dass Suero de Quiñones von seiner Liebe an eine Dame gefesselt war, von der er sich befreien wollte. Der Ritter hatte erklärt, dass er Santiago als Zeu-

gen aufgerufen und geschworen habe, dreihundert Lanzen zu brechen. Dreißig Tage lang soll er mit seinen Mannen gegen französische, italienische, deutsche, portugiesische und spanische Ritter gekämpft haben. Danach pilgerten alle zusammen nach Santiago de Compostela. Suero de Quiñones vermachte dem Apostel zum Dank eine goldene Kette seiner Herzensdame. Diese Kette wird noch immer in der Kathedrale von Santiago aufbewahrt, sie ist dem Kopfreliquiar von Jakobus dem Jüngeren umgelegt. Auch ein Zusammenhang mit den Tempelrittern wird bei dieser Begebenheit vermutet. Doch vor allem tragen die Überlieferungen einen großen Teil zum Sammelsurium von Geschichten und Legenden bei, die sich rund um den Jakobsweg ranken. Viele davon haben sich am Wasser zugetragen, von der letzten kurz vor Santiago

und ihrer besonderen Bedeutung für die Pilger berichtete schon Aimeric: »Und ein Fluss, Lavacolla genannt, weil die Pilger sich in dem Gelände, durch das er in zwei Meilen Entfernung von Santiago fließt, entkleideten und aus Liebe zum Apostel den Schmutz des ganzen Körpers abwuschen.«

Viele Pilger wandern nach dem Besuch des Apostelgrabes in Santiago weiter bis zum Ende der Welt nach Finisterre. Und spätestens hier am Meer, wo sich der Kreislauf des Wassers vollendet, enden alle Wege. Diesem Kreislauf des Lebens von Werden und Vergehen ist alles Leben unterworfen. Und gleichzeitig beginnt hier am Meer ein neuer Kreislauf: Wasserdampf steigt auf ... Und Pilger kehren als gereinigte, erneuerte Menschen zurück in ihren Alltag ...

Last ablegen am Cruz de Ferro

Der Kieselstein in meiner Hand
ist mir vertraut geworden
wie die Sorgen, die ich ihm anvertraute.
Er stammt aus den Bergen des Karwendels,
wurde immer weiter mitgerissen, abgeschliffen
auf seinem Weg ins Tal, bis er diese runde Form annahm.

Wie oft habe ich ihn in der Hand gehalten,
seine glatte Wärme gespürt, mit ihm gesprochen.
Wie lange wird es dauern, bis sich meine Seele
so rund und ausgewogen anfühlt wie er?
Ich lege ihn nun zu den anderen Steinen,
die aus aller Welt den Weg hierhergetragen wurden,
sie werden sich viel zu erzählen haben.
Mit ihm lasse ich los von den Sorgen
die mich beschwert haben,
an beide hatte ich mich gewöhnt.
Leichten Schrittes gehe ich weiter, meinem Ziel entgegen.

Steine am Cruz de Ferro, Camino francés

»Willst du aber meiner Empfehlung folgen, sollst du dich rechts halten, da brauchst du keinen Berg zu bewältigen, du lässt sie alle auf der linken Seite liegen. Hüte dich vor dem Rabenel, das ist mein Rat.«

Warum wohl Hermann Künig die Pilger so eindrücklich vor dem Rabanal-Pass warnte? Fürchtete er den steilen Berganstieg oder hielt er einfach nur den Manzanal-Pass für den angenehmeren Übergang? Über den von ihm empfohlenen Weg fahren heute nur noch die Autos, der Fußweg verläuft über den Rabanal-Pass am Monte Irago.

Mindestens seit den Römern ist diese Route wohlbekannt, die Reisenden warfen nach alter Tradition an der höchsten Stelle des Übergangs einen Stein auf den »Merkurberg«, um damit ihren Gott gnädig zu stimmen. Waren die Römer wirklich die Ersten, die gerne Gebräuche oder sogar die Götter von den Bewohnern der von ihnen besiegten Ländern übernahmen? Gab es nicht schon bei den Kelten einen Steinkult?

Der römische Gott des Handels wird dem griechischen Gott Hermes gleichgesetzt, dessen Eigenschaften auf Merkur übertragen wurden. Hermes? Eine heiße Spur … Sein Namensgeber und kultischer Ursprung ist der Herme (griech. hermaion), ein auf einem Steinhaufen errichteter Pfeiler aus Stein, auf dem sich eine Statue befand. Sie dienten auch als Grenz- oder Wegsteine. Hermes – der Gott im Steinhaufen? Jedenfalls war er vielseitig: Schutzgott der Hirten und Kaufleute, der Diebe und der Redekunst, auch Patron der Wege, der Reisenden und Wanderer. Und vor allem der schnelle Götterbote, der die Botschaften seines Vaters Zeus und der anderen Götter den Sterblichen überbrachte. Er gab nicht nur Wanderern sicheres Geleit, sondern führte auch die Seelen in die Unterwelt. Seine Attribute sind ein breitkrempiger Hut, geflügelte Schuhe und ein Heroldsstab!

Auch die Kelten errichteten an wichtigen Orten Stützpunkte oder Kultstätten. Überliefert ist der keltische Ermin oder Irmin. Trotz der Ähnlichkeit von Ermin und Hermes ist diese Spur nicht so eindeutig, doch auch hier finden sich Hinweise auf eine »gewaltige Säule«, manchmal sogar auf eine »Weltensäule«, einen Stamm unter freiem Himmel.

266

Leiten sich von Ermin vielleicht die Eremiten ab, die solche Stützpunkte betreuten – markierten die Kelten die Wege zu ihren Kultstätten mit Steinpyramiden und Kultpfählen? Oder reicht dieser Brauch schon in vorkeltische Zeiten zurück und werden Steinhaufen schon seit der Jungsteinzeit aufgetürmt? Der höchste Punkt des Camino de Santiago auf der 1504 m hohen Passhöhe des Monte Irago ein uralter Übergang, vielleicht sogar Kultplatz? Die Christianisierung des Brauchs soll der Eremit Gaucelmo im 12. Jahrhundert vorgenommen haben, er stellte das erste Kreuz auf. Seither steht an dieser Stelle eines der ältesten Denkmale des Pilgerwegs, das ebenso einfache wie berühmte Cruz de Ferro. An der Spitze eines etwa fünf Meter hohen Holzstammes, der in einem großen Steinhügel steckt, ragt ein kleines Eisenkreuz in den Himmel. Unzählige Pilger haben diese Steine aufgehäuft. Wie viele Geschichten mögen hier verborgen liegen …

Doch zurück nach Astorga, wo die Pilger im Mittelalter nochmals ihre Kräfte sammelten, vor der letzten schweren Etappe und dem Aufstieg in die leonesischen Berge. Der Pfad ist auch heute noch anstrengend, steigt stetig an, schlängelt sich durch eine trockene,

gottverlassene Gegend, die in ihrer seltsamen Wildheit so recht dazu angetan ist, den bisherigen Pilgerweg nochmals Revue passieren zu lassen. Nur rote Erde und viel Himmel, nichts lenkt ab …

Pilger haben hier oftmals schon eine lange Wegstrecke hinter sich gebracht und eine gute Kondition aufgebaut. Sie erwarten deshalb für die restlichen 250 km nach Santiago keine Beschwerden mehr. Dennoch treten interessanterweise gerade in diesen letzten Etappen plötzlich nochmals Probleme auf. Soll uns die Beschwernis der Pilgerreise nochmals vor Augen geführt werden? Ist es die Erwartung des nahen Ziels, das Freude und Traurigkeit zugleich auslöst und sich auch körperlich auswirkt? Lastet der von zu Hause mitgebrachte Stein plötzlich doppelt schwer im Rucksack und im Herzen?

Auch mein Mann bekam plötzlich starke Sehnenschmerzen und wir mussten die bergige Strecke im Schneckentempo zurücklegen. Schritt für Schritt, mühsam und schmerzhaft, plagte er sich Meter für Meter aufwärts. Jede Bar am Weg wird so zum willkommenen Anlass zum Ausruhen. Bei jedem Aufstehen verstärkten sich die Schmerzen, man denkt daran, abzubrechen, aufzuhören. Kurz vor Rabanal del Camino setzten wir uns nieder, ohne viel Hoffnung massierte ich seine überanstrengte Sehne ein letztes Mal mit Heilsalbe. Wir erhoben uns wieder, Reinhold in Erwartung der Schmerzen ganz vorsichtig – ein verblüffter Blick: »Ich spüre gar nichts«, ein paar unsichere Schritte, dann ein ungläubiges »es tut gar nicht mehr weh, ist wie weggeblasen!« Ein Wunder? Beflügelten Schrittes eilten wir Rabanal del Camino entgegen.

Das Dorf wird schon in den Karlssagen erwähnt. Die Nachfahren von Berbern hatten sich in dieser ursprünglichen Gegend niedergelassen und ihr altes Brauchtum lange erhalten. Durch die Landflucht war Rabanal fast völlig ausgestorben. Heute regt sich wieder Leben. Das Refugio Gaucelmo ist schön restauriert und auch sonst wird überall gebaut und ausgebessert. Eines der wenigen romanischen Bauwerke der Gegend ist die Kirche Santa Maria. Ihre Schutzpatronin deutet darauf hin, dass hier ein Sitz des Templerordens war. Erinnert der große Riss in der Wand des Altarraums nicht eindrucksvoll an die Zerrissenheit der heutigen Kirche? Die aber trotzdem fest zusammenhält und den Menschen Zuflucht bietet? Seit 2001 leben wieder Mönche in Rabanal, das Kloster San Salvador del Monte Irago

wurde durch die Erzabtei St. Ottilien in Oberbayern gegründet, was uns als Bayern natürlich besonders freut. Die Benediktinermönche laden fünfmal am Tag zu Gottesdiensten ein, die gemeinsam mit den Pilgern gestaltet werden, und viele folgen dieser Einladung, besonders zur abendlichen Vesper und der Komplet. Die gregorianischen Gesänge und der Pilgersegen, der mit den gleichen Worten erfolgt wie schon im Mittelalter, gehen zu Herzen. Wer noch einmal innehalten und sich auf das Cruz de Ferro oder die Ankunft in Santiago vorbereiten möchte, ist eingeladen, ein paar Tage in der Stille des Klosters zu verbringen. Am Morgen vor dem Weitergehen können Pilger den Stein, den sie am Cruz de Ferro ablegen wollen, segnen lassen. Zum Abschluss geben die Mönche den Pilgern ein Gebet mit auf den Weg und machen darauf aufmerksam, dass man nicht nur mit den Füßen, sondern auch mit dem Herzen geht. Dem ist nichts hinzuzufügen.

Am nächsten Morgen geht es auf leicht ansteigendem Weg nach oben, allmählich umgibt die Pilger nur noch ungeheure Weite, gleich ihnen ziehen die Wolken am Himmel dahin. Foncebadón, das letzte Bergdorf vor dem Übergang, war früher eine wichtige Pass-

Station mit Hospiz und sogar Schauplatz eines spanischen Konzils, ist jedoch im Laufe der Zeit völlig verfallen. Die einsame Öde inspirierte den brasilianischen Schriftsteller Paulo Coelho in seinem Buch vom Jakobsweg, hier gegen einen schwarzen Hund kämpfen zu müssen, der das Dämonische symbolisieren soll. Vielleicht ahnte er hier einen alten Kultort. Das ganze Augenmerk ist nur noch nach oben gerichtet, wo das schlichteste, aber dafür bekannteste Kreuz des Camino – das Cruz de Ferro – in den Himmel ragt. Seit tausend Jahren und länger ist es Tradition der Pilger, hier einen Stein abzulegen als Zeichen menschlicher Last und des Loslassen-Könnens. Geschichten über Geschichten türmen sich auf, die Schicksale vieler Menschen liegen auf diesem Hügel. Einzeln tasten sich die Pilger über die losen Steine zum Kreuz hinauf, legen ihren Stein ab, verabschieden sich still, versuchen dabei, sich gedanklich oder mit einem Gebet von den Sorgen und Nöten zu lösen, die sie symbolisch damit verbunden haben; gehen langsam wieder zurück, machen Platz für den nächsten. Auch heute noch ein Ritual!

Anschließend sitzen alle erleichtert an der kleinen Kapelle beieinander, je nach Temperament weinend oder fröh-

lich miteinander lachend, die Erleichterung durch das Ablegen des Steines macht sich bemerkbar und sorgt dafür, dass der restliche Weg nach Santiago auch wirklich als leichter empfunden wird.

Viele Pilger müssen ja schon zu Beginn ihrer Wanderung Last ablegen, indem sie ein Päckchen mit überflüssigen Dingen nach Hause schicken. Diese äußere Last ist natürlich leichter loszuwerden als die innere, die ein vorheriges Verarbeiten auf dem Pilgerweg erfordert, damit wir auch einsehen, dass wir sie wirklich loslassen können. Dabei gibt es bestimmt noch vieles im Leben, was wir krampfhaft festhalten. Vielleicht sollten wir uns zu Hause oder am nahen Weg »von der eigenen Haustür aus« ein Plätzchen suchen, wo wir immer wieder einmal einen Stein ablegen. Mit Dingen, von denen wir uns heute noch nicht zu trennen wagen, obwohl wir wissen, dass sie uns belasten – oder wenn sich wieder neue Sorgen oder Alltagsprobleme angesammelt haben. Ein kleines Ritual, das uns an den Jakobsweg erinnert und daran, wie wir einfacher und unbeschwerter leben können.

Universität Jakobsweg

Das Schönste, das wir erfahren können, ist das Rätselhafte.
Es ist die Quelle aller wahren Kunst und Wissenschaft.
Wem die Emotion fremd ist, wer nicht mehr innehalten kann,
um zu staunen und von Ehrfurcht erfüllt dazustehen,
ist so gut wie tot; seine Augen sind verschlossen.

Albert Einstein

Alter Hörsaal der Universität in Salamanca

tionen, den Mustern an der Felsoberfläche und an Höhlenmalereien erklärten sie ihnen Tiere und Pflanzen und ihre überlieferte Schöpfungsgeschichte. Sie besaßen also eine »steinerne Schule«.

Auch bei uns in Deutschland war ja im Spätmittelalter die Wanderschaft der Gesellen Pflicht und Voraussetzung dafür, Meister zu werden. Vorher sollten sie neue Länder und Arbeitspraktiken kennenlernen. Diese Gesellen auf Wanderschaft wurden als »Fremde« bezeichnet, was an »Peregrino« als Bezeichnung für Pilger erinnert. Vielleicht rührte diese Praxis vom älteren Brauch her, dass Handwerker des mittelalterlichen Abendlandes am Ende ihrer Ausbildung mit einer Initiationszeremonie in eine Bruderschaft aufgenommen wurden. Es wäre logisch gewesen, den Weg nach Santiago für die Wanderschaft zu wählen, dort gab es die meisten großen Baustellen zum Lernen und Arbeiten und einem Meister war es möglich, das theoretische Wissen durch praktische Anschauung »am Stein« zu vertiefen. Die Lernenden konnten an sich selbst die Wirkung erproben, die ein bestimmter Grundriss, ein Gewölbe oder die Skulpturen an Tympanons und Kapitellen auf sie ausübten. Wo hätten sie die unterschiedlichsten Baustile seit der Antike

»Der Weg nach Compostela war die große Volks-Universität des Mittelalters, ohne den die Romantik nicht zu dem geworden wäre, was sie war ... ihre Bereicherung erfuhr sie durch die symbolische, die überlieferte Wissenschaft«, so meint Louis Charpentier. Er deutet den Jakobsweg nicht nur als Pilgerweg, sondern auch als alte Wallfahrtsstraße lernender Handwerker.

Wie oft wundert man sich über die vielen herrlichen Kirchen und Kathedralen entlang des Jakobsweges. Wie brachten es die Baumeister zustande, derart vollkommene Schönheit zu schaffen, wodurch erzielten sie diese positive Wirkung auf das körperliche und geistige Wohlbefinden? Der Jakobsweg als Straße, auf der die Kathedralenbauer ihr Handwerk erlernten und zu Meistern wurden, wäre eine Erklärung dafür. Und erinnert an die Aborigines in Australien: Da sie als Nomaden durchs Land zogen, mussten sie ihre Kinder in der Natur lehren und taten das vor allem an ihrem heiligen Berg Uluru. An seinen Felsforma-

besser kennenlernen können? Auf dem alten Initiationsweg hatte sich vermutlich auch altes Wissen über Baukunst und Steinkultur erhalten und wurde mündlich weitergegeben.

Nach der Auffindung des Apostelgrabs in Santiago begaben sich viele Pilger auf den Weg dorthin. Erfuhr damit die »Straße der Baumeister« eine starke Wiederbelebung, schickte man christliche Baumeister auf den Initiationsweg, als man mehr Pilgerkirchen benötigte? Erwarben sich auf diesem Weg auch die Mönche, zum Beispiel in Cluny, die unentbehrlichen Kenntnisse über die alten Wissenschaften? Weil den Lernenden nicht nur vermittelt wurde, wie man sichere Gewölbe baut, sondern auch, wie Erdströmungen eingefangen und so geleitet werden, dass sie bei den Menschen Wohlbefinden erzeugen? Die Kirchen für die Christen sind ja häufig über alten Kultstätten errichtet worden. Belebte die Weisheit der Druiden unser Christentum, weil sie bei der Christianisierung ihr Wissen einbrachten, das damit indirekt weiterhin zugänglich war? Sind die Kathedralen so meisterhaft gelungen, weil sie aus einer Synthese aus keltischem und christlichem Wissen bestehen? Beispiele dafür gibt es genug. In Le Puy steht die Kathedrale auf dem Platz, wo früher ein Dolmen stand. In den Kathedralen von Vezeley oder Chartres sind antike und keltische Spuren unübersehbar. Übernahmen die Christen die alten Stätten, ohne die Bedeutung ihrer Symbole zu kennen? Konnten oder wollten sie nicht verhindern, dass weiterhin Darstellungen verwendet wurden, die es seit Jahrtausenden gab?

Vielleicht war es ihnen nicht so wichtig und häufig wurden sie ja auch im christlichen Sinn umgedeutet. Oder verhält es sich mit den Symbolen wie beim Jakobsweg, sie wirken, auch wenn man ihre Bedeutung nicht kennt. Das Einzige, was deutlich wahrnehmbar ist, ist die positive Wirkung dieser Bauten auf die Menschen, egal ob es sich um Klöster, Kirchen oder ganze Stadtteile handelt – die Altstadt von Santiago in ihrer vollendeten Harmonie spricht für sich. Offensichtlich riss irgendwann die jahrtausendealte Wissenskette ab – ein Nachteil der Geheimhaltung in den Bruderschaften? – denn viele Planer unserer modernen Städte scheinen wenig Ahnung davon zu haben, wie man »Wohlfühl-Städte« für Menschen baut. Liegt es daran, dass man heute vor der Berufsausübung nicht mehr auf Wanderschaft gehen muss?

Der Jakobsweg und seine Brüder

»Wohin gehst du«, fragte Titsang.

»Auf eine Pilgerreise«, antwortete Fayen.

»Was ist der Grund deiner Pilgerreise?«, wollte Titsang wissen.

»Ich kenne ihn nicht«, antwortete Fayen.

»Ihn nicht zu kennen, kommt ihm an nächsten«,
sprach Titsang.

Dialog aus dem Zen-Buddhismus

Keramik-Dekoration in der Alhambra, Granada

Säulen des Islam. Mindestens einmal im Leben muss jeder volljährige Moslem nach Mekka pilgern. Die Wallfahrt ist im Gegensatz zum Jakobsweg nur für Muslime zugelassen.

Legt man die Motive der Jakobspilger im Mittelalter zugrunde, die nach Seelenheil und Vergebung ihrer Sünden strebten, um ins Paradies zu gelangen, sind diese denen der Mekkapilger ähnlich. Gewissenserforschung, also Innenschau, Sündenvergebung und die Bitte nach einer positiven Bilanz am Tag des Gerichts sind auch das Ergebnis des positiven Hadsch. Hinzu kommt, dass sie ihrem Propheten Mohammed nachfolgen, der im 7. Jahrhundert nach Mekka pilgerte. Die Riten, die er bei seiner Wallfahrt vollzog, sind verbindlich für die Pilger aller Zeiten.

Erstaunlich groß ist die Übereinstimmung in der Vorbereitungsphase. Von den Muslimen wird verlangt, dass sie vor ihrer Pilgerreise ihre familiären und geschäftlichen Angelegenheiten in Ordnung bringen, ihr Testament machen, ihre Schulden bezahlen und in Frieden scheiden. Das war auch für mittelalterliche Jakobspilger obligatorisch. Heute versuchen Jakobspilger manchmal, sich mitten in einer Krise auf den Weg zu begeben, und erhoffen sich dadurch mög-

»Gibt es einen vergleichbaren Pilgerweg, der heute noch begangen wird und Jahrtausende alt ist wie der Jakobsweg?« Häufig wird diese Frage in den Herbergen diskutiert.

Für die Christenheit gab es im Mittelalter drei große Pilgerorte: Jerusalem, Rom und Santiago de Compostela. Nach Rom führt auch heute noch ein alter Fußpilgerweg über die Schweiz, und sowohl von dort als auch von Santiago gibt es Wege nach Jerusalem. Sie bilden ein Netz von Pilgerwegen, die ganz Europa durchziehen. Doch nur der Weg nach Santiago erlebte in den letzten Jahrzehnten wieder einen Aufschwung und wird hauptsächlich zu Fuß begangen, die Wallfahrtsorte Rom und Jerusalem werden, von wenigen Ausnahmen abgesehen, meist mit Flugzeug, Auto oder Bahn besucht.

Nicht ganz so alt wie diese Pilgerwege, aber wichtiger in ihrer religiösen Bedeutung ist die Wallfahrt nach Mekka, der »Hadsch«. Für Muslime ist er religiöse Grundpflicht und eine der fünf

lichst schnell eine Lösung ihrer Probleme. Ob sie allerdings zur Ruhe kommen können, wenn sie in einer Scheidungskrise stecken oder wenn Familienangehörige schwer krank sind, sei dahingestellt. Nach wie vor hat man am meisten davon, wenn bestimmte Phasen abgeschlossen sind und man den Kopf frei dafür hat, auch über das Leben und Lebensänderungen nachdenken zu können. Doch gibt es keine Regel ohne Ausnahme und letztlich weiß jeder Jakobspilger selbst am besten, wann der beste Zeitpunkt für eine Pilgerreise gekommen ist.

Gut vergleichbar ist sicherlich die Ankunft in Santiago mit der Vollendung des Hadsch. Das Ziel erreicht zu haben, die Erfüllung der Sehnsüchte, an Mühsal ebenso reich wie an Beglückung, diese Euphorie und das Glück darüber empfinden alle Pilger. Auch das Beten und Ausrichten von Grüßen von Angehörigen und Freunden mag sich ähneln, genau wie das Äußern von Bitten, Wünschen und Anliegen, sei es für uns selbst oder stellvertretend für Freunde. Das ergreifende Gefühl der Santiago-Pilger, wenn sie ihre Finger in die Vertiefungen des Glorienportals legen und Jakobus in der Kathedrale umarmen, ist sicher vergleichbar mit dem der Muslime, in

der großen Moschee von Mekka die Kaaba zu erblicken und zu umrunden. Die Kaaba ist ein würfelförmiges Gebäude im Innenhof der Hauptmoschee. Der Überlieferung nach wurde sie vom Propheten Abraham gebaut und sie gilt als Haus Gottes auf Erden. Ihre Ecken zeigen in die vier Himmelsrichtungen.

Die Vergebung der Sünden nach dem neunten Tag des Hadsch, den die Pilger am Berg Arafat – dem Berg der Vergebung – im Gebet und Kontemplation verbracht haben, erinnert an die »Portale der Vergebung« in Villafranca und in Santiago de Compostela für die Jakobspilger. Auch Gebet und Versenkung und das Ziel der Läuterung der Menschen sind beiden Pilgerwegen eigen.

Vergleichbar ist auch das Geschäft, das man mit Pilgern machen kann, wenn sie in Scharen strömen. Am Jakobsweg wurden viele Orte wegen der Pilger gegründet und auch heute noch kann man dort gut davon leben. Der Hadsch ist ein noch besser florierendes und riesiges Geschäft mit den Pilgern.

Die größten Unterschiede bestehen im Ablauf der Pilgerschaft. Während Jakobspilger ihren Weg, die Aufbruchszeit, Ablauf und Ankunft persönlich frei wählen können – auch wenn sie früher meist im Frühjahr aufbrachen, um auf der langen Wanderung nicht in den Winter zu geraten –, unterliegt der Hadsch einer weitgehenden Ritualisierung. Der Zeitpunkt der Pilgerfahrt ist der letzte Monat – Dhul-Hidscha – im islamischen Kalender. Der eigentliche Hadsch beginnt am achten Tag mit dem Anlegen des Pilgergewandes. Zwei ungenähte weiße Tücher müssen um Hüften und Schulter geschlungen werden. Frauen haben es etwas leichter, sie tragen lange Gewänder. Damit versetzen sich die Pilger auch äußerlich in einen Weihezustand – Ihram –, den sie bis zum Ende der Wallfahrt nicht durchbrechen dürfen. Im Ihram ist verboten: Haare und Nägel schneiden, genähte Kleidung oder Kopfbedeckung, feste Schuhe oder Socken, Parfüm benutzen, Geschlechtsverkehr, Tiere töten. Die Pilger verrichten in Mekka ihre Wallfahrtsrituale, wie das siebenmalige Umrunden der Kaaba und die vorgeschriebenen Gebete; immer wieder ertönt der Pilgerruf: »Ich stehe vor Dir, Allah, ich stehe vor Dir, neben Dir gibt es keinen ...«. Am nächsten Morgen brechen sie auf zum Berg Arafat, dies soll die Seelenreise symbolisieren. Das Aufhalten in seinem Bereich gehört zu den Höhepunkten der Wallfahrt. Gott wird um Vergebung gebeten, für die Pilger der emotionalste Teil der Wall-

fahrt. Bis zum Sonnenuntergang halten sie sich hier auf, begeben sich dann zum Übernachten nach Muzdalifa und nutzen den Aufenthalt auch, um Steinchen zu sammeln. Am nächsten Morgen begeben sie sich in die Zeltstadt Mina. Jeder Pilger wirft sieben Steine auf Säulen oder aufgestellte Wände. Die Steine sollen den Teufel bzw. die sieben Egos im Menschen symbolisieren. An diesem zehnten Tag ist es üblich, ein Tier zu opfern, und in der gesamten islamischen Welt wird an diesem höchsten Feiertag das Opferfest begangen. Die Opfertiere der Pilger werden heutzutage in großen Metzgereien geschlachtet, die Pilger behalten davon nur wenig für sich. Nach dieser Opferung ist der Weihezustand des Ihram teilweise aufgehoben. Die Pilger wandern die sechs Kilometer von Mina nach Mekka, umrunden dort wieder siebenmal die Kaaba, verrichten ihre Gebetsrituale und kehren nach Mina zurück, wo nochmals Rituale der Steinigung des Teufels stattfinden. Damit ist die vorgeschriebene Pflichtwallfahrt beendet, die Pilger können zurückkehren in ihre Heimat, viele bleiben noch ein paar Tage in Mekka. Sie kommen als »Hadschi« zurück, als jemand, dem Respekt gebührt, und mit einer Ahnung von einem perfekten reli-

giösen und einfachen Leben. Ob sie jedoch ihr Leben ändern oder bei den alten Gewohnheiten bleiben, liegt sicherlich, genau wie nach dem Jakobsweg, in der Natur jedes Einzelnen begründet.

Während also der Jakobsweg ein individueller Weg ist, was auch daraus ersichtlich ist, dass viele Stätten am Weg von Einsiedlern erbaut wurden, die dort auch einsam lebten, gibt es im Islam wenig Platz für Eremiten oder für das Leben von Mönchen in Klöstern. Auf dem Hadsch wird vor allem das Zusammenleben vieler Menschen erlernt und versucht, eine soziale Ordnung aufzubauen, indem sich die Gemeinschaft an ein göttliches Gesetz hält und ein spirituelles Leben inmitten des quirlenden Lebens zu führen imstande ist. In der Millionenstadt Mekka lernen die Pilger, überall zu beten, in Einkaufszentren ebenso wie hinter Schaufenstern und Autos oder auf viel befahrenen Straßen. Jedes Jahr pilgern etwa 2,5 Millionen Muslime in die Geburtsstadt des Propheten. Für die meisten Jakobspilger ist schon das kurzzeitige Begehen einer viel befahrenen Straße störend und es ist fast unvorstellbar für uns, in diesem Tumult von Menschen auch noch zu beten. Die Gruppe wird zwar auch gesucht, um Gedanken auszutauschen, der Schwerpunkt aber liegt auf dem Gehen, dem Weg und der Erfahrung unterwegs. Was natürlich auf einem Weg voller kultureller und landschaftlicher Höhepunkte am leichtesten fällt.

Aus dieser Sicht ragt ein Pilgerziel von Millionen von Menschen besonders heraus: Der Kailash im Westen Tibets, von dem schon Heinrich Harrer schwärmte, als er 1944 auf einem Fußmarsch an ihm vorbeiwanderte: »Einsam stand er in seiner majestätischen Schönheit vor uns, isoliert von der übrigen Himalayakette. Unsere Tibeter warfen sich bei seinem Anblick zu Boden und sprachen Gebete.« Er bezeichnet das Ufer des Manasarovar-Sees, von dem aus man einen herrlichen Blick auf die 6714 m hohe, makellose Schneepyramide des Kailash hat, als einen der schönsten Plätze der Erde. Vier der großen Flüsse Asiens entspringen in seinem Umkreis und sie fließen in die vier Himmelsrichtungen. Für den tibetischen Buddhismus, Hinduismus, Jainismus und die Anhänger der Bön-Religion gehört er zu den bedeutendsten spirituellen Orten und gilt als heiliger Berg. Er ist seit viertausend Jahren mythischer Mittelpunkt und vielleicht die älteste Wallfahrtsstätte unserer Erde. Falls der Jakobsweg als Initiationsweg nicht ebenso alt ist …

Für die Tibeter ist der Berg seit jeher heilig und von Göttern und Geistern bewohnt; für die Hinduisten gilt er als Sitz Shivas; in der buddhistischen Tradition ist er ein Abbild des Kosmos, Zentrum eines gigantischen Mandalas, von der Natur geschaffen, das sowohl Seen und Flüsse als auch landschaftliche Besonderheiten einschließt. Mandala bedeutet Kreis oder Ring und meint in religiöser Sprache einen heiligen Bezirk. Er hat vier Eingänge und wird durch das östliche Tor betreten, im Uhrzeigersinn folgen die drei weiteren Eingänge. Über den äußeren Kreis nähert sich ein Pilger dem Zentrum und gelangt schließlich über den inneren Kreis zur Mitte. Das erinnert mich vor allem an das Labyrinth, bei dem man ja auch von außen nach innen und zur Mitte gelangt und welches ein Sinnbild für den Pilgerweg oder Lebensweg darstellt.

Die Pilger umwandern den Berg wie einen heiligen Schrein. Das hat eher Ähnlichkeit mit dem Umkreisen der Kaaba bei den Muslimen.

Die Tibeter sind teilweise wochen- und monatelang unterwegs, zu Fuß, auf Pferden oder Yaks, aber auch mit Fahrzeugen. Wer den Berg sieht, dem werden die Sünden vergeben – diese Belohnung am Ziel scheint auf allen Pilgerwegen gleich zu sein. Wer ihn umkreist, erspart sich eine oder mehrere Wiedergeburten. Eine Umrundung auf dem etwa 50 km langen Weg ist also das wichtigste Pilgerziel für die Anhänger dieser Religionen. Auch die Anzahl hat eine Bedeutung, zehn Umrundungen sollen die Verunreinigungen eines ganzen Zeitalters beseitigen. Nach dreizehn Runden ist man so weit gereinigt und geläutert, dass man den inneren Kreis des Kailash betreten darf – ein Weg in die Seele des Berges, ins Allerheiligste. Und wem es gelänge, den Kailash hundertmal zu umrunden, der ginge direkt ins Nirwana ein.

Von betörender Schönheit sollen auch die dem Kailash vorgelagerten Seen sein: Links der halbmondförmige Raksastal, rechts der Manasarovar-See. Den Gläubigen gilt er als heilig: »Wann immer einer den Boden um den Manasarovar berührt oder wenn er in dem See badet, so wird er ins Paradies des Brahma eingehen; und der, der von seinen Wassern trinkt, wird in Shivas Himmel eingehen und wird von den Sünden von hundert Wiedergeburten erlöst werden«, so steht es im hinduistischen Epos Ramayana. Das Wasser soll sehr klar sein, mit ganz feiner Energie,

allerdings auch eiskalt. Um das Ufer des Sees führt auch ein Pilgerpfad.

Der zweite See – Raksastal – steht für die dunklen Kräfte der Natur und gilt als Sinnbild für das Unbewusste. Und er soll noch kälter sein als der Manasarovar-See! Haben wir es bei so viel positiver Ausstrahlung dieses ganz besonderen Weltenberges Kailash mit der Ableitung der negativen Energien zu tun, die ja Orte der Kraft auch haben?

Das weibliche Gegenstück zum Kailash ist die 7728 m hohe Gurla Mandhata. Sie liegt vollständig in Tibet und gilt ebenfalls als heilig. Aus der Luft betrachtet, soll sie die Form eines Hakenkreuzes haben, im Hinduismus ein Symbol für Sonne und Energie.

Im Gegensatz zu den christlichen oder islamischen Pilgerwegen verwischen am Kailash die Religionsunterschiede. Jeder Pilger gehört zur Gemeinschaft von Suchenden nach der Wahrheit, nach einer höheren Wirklichkeit, die für alle gleich ist. Dieser Ansatz ist heute durchaus häufig auch bei den Pilgern des Jakobswegs zu finden. Und dass der heilige Berg Kailash seit Tausenden von Jahren für Heilige, Yogis und Eremiten eine Quelle der Inspiration bedeutet, zu der sie ziehen, um Erleuchtung zu finden, entspricht ebenfalls dem Verhalten der frühen Eremiten des Jakobswegs.

Allen Pilgerwegen ist gemeinsam, dass sie mit dem Erreichen eines heiligen Ortes verbunden sind. Sie bedeuten Rückzug in die eigenen verborgenen Tiefen, ohne Alltagsstress, mit neuen Erfahrungen und Begegnungen. Und wenn sie zusätzlich der Suche nach Frieden und der menschlichen Weiterentwicklung dienen, ist jeder Pilgerweg und jeder heilige Ort gleich gut dafür geeignet, ob tibetisches Kloster oder Benediktinerkloster oder die Pilgerwege dieser Welt.

281

Der Jakobsweg und das christliche Abendland

»Europa ist auf der Pilgerschaft geboren und das Christentum ist seine Muttersprache«.

Johann Wolfgang von Goethe

Kreuze am Ibañetapass

Die Präambel unseres deutschen Grundgesetzes beginnt mit den Worten: »Im Bewusstsein seiner Verantwortung vor Gott und den Menschen« und zeigt auf, dass unser Menschenbild stark vom Christentum geprägt worden ist. Wir leben zwar heute in einer säkularisierten Gesellschaft, unsere Werte- und Moralvorstellungen schöpfen jedoch noch immer aus dem Selbstverständnis unserer christlichen Wurzeln. Vielleicht liegt es daran, dass es auf die Frage nach dem Sinn des Lebens, die Menschen auch heute noch bewegt, in einer säkularisierten Gesellschaft keine Antworten gibt. Und der Glaube daran, dass durch den Fortschritt in Wissenschaft und Technik alles machbar sei, erweist sich zunehmend als Trugschluss, vor allem bringt dieser Fortschritt nicht automatisch Glück und Wohlbefinden mit sich. Doch wie kam dieses »christliche Abendland« zustande? Immer wieder hört man, dass die europäische Kultur auf dem Pilgerweg entstanden sei. Wie könnte das gemeint sein?

Wenn wir an die Wiege Europas denken, müssen wir die Antike und das alte Griechenland einbeziehen, mit seinen Mythen und seinen berühmten Philosophen wie Aristoteles, Platon, Sokrates u. a. und dem Beginn der Wissenschaft. Nicht zu vergessen das Römische Reich. Vieles aus dieser Zeit liegt jedoch noch im Dunkel der Geschichte, die uns erst mit Karl dem Großen vertrauter wird, der als »Vater Europas« die Einheit des Reiches und die Einheit des Glaubens schuf.

Spanien war zu dieser Zeit noch weitgehend von den Mauren besetzt, ihr Vordringen nach Frankreich konnte durch Karl Martell gestoppt werden. Während sein Enkel Karl der Große durch Kriege und Unterwerfung große Teile Europas in einem Reich vereinte und dort den katholischen Glauben einführte, stand das Emirat von Córdoba, das von Andalusien bis weit in den Norden Spaniens reichte, auf der Höhe seiner Macht. Doch der Widerstand regte sich, wie wir bereits erfahren haben, schon 722 in Covadonga, als Pelayo einen ersten kleinen Sieg über die Mauren erringen konnte und zum König von Asturien gewählt wurde. Dieser Erfolg wird als Beginn der Reconquista gewertet.

Auch der spätere König Alfons II.

kämpfte gegen die Mauren. Als erster spanischer König nahm er Kontakt zu Mitteleuropa auf, zu Karl dem Großen und Ludwig dem Frommen. Er war es auch, der die erste kleine Kapelle über dem in dieser Zeit wiederentdeckten Grab des Apostels Jakobus erbauen ließ. Millionen von Menschen machten sich auf den Weg, sein Grab im fernen Spanien zu besuchen. Von allen Seiten des europäischen Westens, Nordens und Ostens kamen sie, strebten aus allen Regionen des »Heiligen Römischen Reiches« den Pyrenäen zu. Das gemeinsame Ziel führte die Menschen Europas zusammen, sie lernten sich unterwegs kennen und konnten miteinander kommunizieren. Aus diesem regen Kulturaustausch ergab sich ein Zusammengehörigkeitsgefühl der Völker Europas und die kulturelle Vielfalt entwickelte sich im Laufe der Zeit zu einer gedanklichen und religiösen Einheit. Der Pilgerweg führte nicht nur zum Grab von Jakobus, sondern diente auch dem Transport und der Verbreitung von Gedanken und Ideen.

Als weiterer Baustein auf dem Weg zu unserem heutigen Europa sind die herrlichen romanischen und gotischen Kirchen entlang des Pilgerwegs zu betrachten. Wenn der Jakobsweg ein uralter Initiationsweg gewesen ist, auf dem alte

Kenntnisse, auch solche über die Baukunst, mündlich weitergegeben wurden, kann sich auf diese Weise viel Wissen aus vorchristlicher Zeit in das entstehende Abendland und bis in unsere heutige Zeit »hereingerettet« haben. Auf dem »Umweg« über die Baubrüderschaften gelangten die Informationen auch in die zahlreichen Klöster am Weg, deren Mönche – vor allem die Benediktiner – nicht nur hervorragende Baumeister waren, sondern sich auch um die körperliche und geistige Betreuung der Pilger kümmerten. Der Papst der katholischen Kirche trägt ja heute noch inoffiziell den Titel »Pontifex Maximus« – oberster Brückenbauer –, der nach der Christianisierung vom römischen Kaiser auf ihn übergegangen war.

Auch die Schriften und Bilder des Mönches Beatus von Liébana aus dem 8. Jahrhundert über die Offenbarung des Johannes haben die Jahrhunderte auf dem Jakobsweg überdauert, sie wurden häufig als Vorlage für Darstellungen an Kapitellen und Tympanons benutzt. Da viele Menschen nicht lesen und schreiben konnten, wurden die Erzählungen des Beatus als Bild oder Skulptur dargestellt. Cees Noteboom bemerkt treffend dazu: »Als Worte haben sie Spanien verlassen, als Bilder sind sie entlang der Pilgerstraße nach Santiago de Compostela wieder zurückgekehrt.«

Nicht zu vergessen auch die maurische Hochkultur in Spanien, in der über Jahrhunderte hinweg ein intellektueller Austausch zwischen Juden, Christen und Muslimen stattfand. Beispielsweise fanden die Schriften des Aristoteles im antiken Christentum wenig Aufnahme. Von den Muslimen wurden sie schon früh ins Arabische übersetzt, später dann in Toledo vom Arabischen ins Lateinische, das die Gelehrten lasen. So ist Aristotoles erst über einen Umweg zu »dem« Philosophen des Mittelalters geworden und fand Eingang ins katholische Lehrsystem.

Sicherlich übten auch die Ritterorden der damaligen Zeit großen Einfluss aus, vor allem die Templer, die ja nach dem Verlust des Heiligen Landes nach Frankreich und Spanien zurückkehrten und u. a. Herbergen und Hospize für die Pilger bauten und diese betreuten. Auch ihr vielfältiges Gedankengut hat sich über den Jakobsweg weiterverbreitet.

Das Rittertum des Mittelalters, das in vielen Romanen zur Verherrlichung des Ritterlebens geführt hatte, inspirierte Miguel de Cervantes zu seinem berühmten Roman der Weltliteratur – Don Quijote. Nur vordergründig betrachtet stellt er eine Parodie auf die Ritterromane dar. Cervantes wuchs wohl beim Schreiben über sich selbst hinaus, er beschäftigt sich wie sein Zeitgenosse William Shakespeare mit dem Konflikt zwischen Ideal und Realität. Alles wird zweideutig, Sinne, Worte und selbst Namen, kann man ihnen vertrauen? Durch die Erfahrungen und Erkenntnisse seines Schöpfers Cervantes wird letztlich aus dem verrückten Ritter ein weiser Mensch und die gewonnene Reife spiegelt sich selbst in seinem vorher einfältigen Begleiter wider. Auch dieser, tief von der spanischen Seele durchdrungene Roman spiegelt Grundformen des europäischen Selbstbewusstseins wieder.

Die vorausgegangenen Überlegungen beziehen sich überwiegend auf den Jakobsweg und Spanien, natürlich muss man für die Entstehung des christlichen Abendlandes auch die übrigen europäischen Länder, vor allem auch das Christentum in Nordeuropa mit Irland und Britannien und seinen Missionaren betrachten, was jedoch hier zu weit führen würde.

Dennoch mag es für geschichtsbewusste Pilger interessant sein, sich Gedanken darüber zu machen, in welchem

Europa wir heute leben würden, wenn es Karl Martell nicht gelungen wäre, die Mauren in Frankreich zu stoppen, und wenn es Pelayo und seine Nachfolger bis hin zu den Katholischen Königen Ferdinand und Isabella nicht geschafft hätten, Spanien für das Christentum zurückzuerobern. Wäre Europa heute möglicherweise komplett islamisch? Und nicht nur das – nachdem der letzte maurische Widerstand in Granada 1492 zusammengebrochen war, erreichte Kolumbus Amerika und Spanien entwickelte sich zu einer Weltmacht. Der christliche Glaube wurde auch in die neu eroberten Länder transportiert. Wäre vielleicht auch Amerika islamisch geworden? Waren es solche Gedanken, die Goethe zu seiner Aussage inspiriert haben, dass Europa auf dem Pilgerweg entstanden sei – und das Christentum seine Muttersprache sei?

Dass der Jakobsweg seit 1993 zum Weltkulturerbe der Unesco zählt, macht ihn zu einem starken politischen und religiösen Symbol für die christlichen Wurzeln Europas.

Es wäre schön, wenn wir uns darauf besinnen würden, dass uns Europäer nicht nur politische und wirtschaftliche Interessen verbinden, sondern auch unser Erbe an kulturellen und religiösen Gemeinsamkeiten. Daraus und aus den dadurch geschaffenen Werten ist der Begriff des »christlichen Abendlands« entstanden.

Endlich in Santiago ...

Ein langer Weg geht heute zu Ende.
Endlich dürfen wir den Apostel umarmen!
Lange hat er uns geführt, umsorgt, auf die Probe gestellt,
aber meistens viel Spaß und Freude bereitet.

Über ihn und seinen Weg durften wir
unsere gemeinsame europäische Kultur neu entdecken,
Menschen aus aller Welt kennenlernen,
über den Sinn unseres menschlichen Handelns nachdenken,
die Gastfreundschaft und Hilfe vieler Menschen am Weg erleben,
die Nähe Gottes und seine Liebe erfahren.

Danke für alles, danke, dass wir fast 3000 km gesund
überstanden haben.

Eintrag von Monika und Reinhold Hanna im Gästebuch des
Pilgerbüros in Santiago de Compostela am 12. September 2000

Kathedrale von Santiago vom
Park Herradura aus

Enttäuschung. Schweigsamer als sonst gehen sie in diesen letzten galicischen Tagen ihrem Ziel entgegen. Die Sinne liegen offen, die Nervenenden bloß, was würde sie in Santiago erwarten?

Und wenn man endlich die Treppen zur Kathedrale hinuntersteigt, dringt schon im Torbogen die Musik der galicischen Dudelsackspieler durch Mark und Bein. Und kurz danach auf dem Obradoiro-Platz zu stehen und diese monumentale Kathedrale, das wochen- und monatelange Ziel aller Wünsche, zum ersten Mal vor Augen zu haben, wo jeder Pilger für sich plötzlich begreift »ich bin angekommen«, dieser Augenblick ist mit Worten nicht zu beschreiben. Die heitere Atmosphäre des Platzes, die vielen fröhlichen Menschen ringsum, das Gedränge nach langer Einsamkeit, all das gehört zusammen und trägt mit bei zu diesem einmaligen Gefühl des Ankommens. Überall das gleiche Bild: Pilger fallen sich mit tränennassen Augen in die Arme, wortlos, nur aus Gefühlen bestehend. Immer wieder tauchen irgendwo neue Weggefährten auf, die Umarmungen wollen kein Ende nehmen. Ob es bereits die Ahnung des bevorstehenden Abschieds ist, die das Glücksgefühl noch verstärkt? Der Abschied von lieb gewordenen

Es ist schon etwas Seltsames um die Ankunft in Santiago: Sie wirft ihre Schatten weit voraus, liegt schon Tage vorher in der Luft, so als ob es zu viel sei, »alles auf einmal« verkraften zu müssen. Bei einer so langen Pilgerreise kommt man mit jedem Tag ein Stück mehr am Ziel seiner Reise an. Und es scheint sich zu bestätigen, dass bestimmte Wegabschnitte auch bestimmte Gedanken produzieren. Wie könnte es sonst sein, dass die letzten Tage vor der Ankunft bei vielen Pilgern ähnlich verlaufen?

Schon an der Grenze von Galicien werden sie von einer merkwürdigen Unruhe erfasst. Nirgends halten sie es mehr lange aus, ihre Fantasie klammert sich nur noch an das Ziel: Santiago. Und weil es nun so nahe ist, geht alles viel zu schnell, sie möchten am liebsten innehalten und dennoch drängen sie vorwärts, ergriffen von einer seltsamen Mischung aus Dankbarkeit über den geschafften Weg, Erwartungen für die Ankunft und ein wenig Angst vor einer

Freunden, vom Weg und nicht zuletzt von Santiago? Wer noch Zeit hat vor der Messe, holt im Pilgerbüro die begehrte Urkunde, die Compostela, ab, bevor er in die Kirche zu Jakobus eilt, um ihn endlich zu umarmen. An der Säule des Portico de la Gloria, auf der Jakobus sitzt, legen seit tausend Jahren die Pilger ihre Finger in die Vertiefungen, die sich im Laufe der Jahrhunderte in den Stein gegraben haben. In alter Tradition vertrauen sie Jakobus an, was sie auf dem Herzen haben, was sie auf den Weg brachte und sie hierher begleitet hat. Und ein wunderbares Glücksgefühl breitet sich in ihnen aus. Jakob in dieser Kathedrale begrüßen zu können, in der jeden Tag mit immer neuen Pilgern gefeiert wird, gibt Zuversicht fürs Leben und vielleicht auch für das, was danach kommt. Genau diese Freude und Zuversicht strahlt aus den Augen all derer, die hier gewesen sind, und verändert – vielleicht für immer – die Einstellung zum Leben.

Zur Pilgermesse am Mittag versammeln sich Menschen aus aller Welt: Touristen, Buspilger, Besucher, die das berühmte Weihrauchfass sehen möchten. Diejenigen, die pilgernd einen langen Weg hinter sich gebracht haben, sind in der Minderheit und doch lebt die Pilgermesse von ihnen. Rucksack an Rucksack

reiht sich an den Wänden entlang, man schaut in viele erschöpfte, bewegte, begeisterte Gesichter; in den Bänken, auf dem Steinboden, überall knien Pilger in tiefer Andacht und völlig in sich gekehrt. Und die Kathedrale, dieser stärkste Kraftort des Jakobswegs, das so gelungene und würdige Haus des Apostels, übt seine wunderbar beruhigende Wirkung auf sie alle aus, richtet sie auf und trägt mit zu der Gelassenheit bei, die Angekommene von nun an ausstrahlen. Auch das Ritual des Botafumeiro erfreut alle: Priester streuen Weihrauch hinein, der entzündet wird, und der Zeremonienmeister setzt das Weihrauchfass mit einem großen Schwung in Bewegung. Sechs Männer ziehen an den Seilen, das Fass schwingt sich hoch hinauf, pendelt mehrfach durch das Querschiff der Kathedrale, begleitet von der glockenklaren Stimme der Vorsängerin.

Im Mittelalter trug der Weihrauch dazu bei, die Ausdünstungen der vielen Pilger zu übertönen und erträglich zu machen. Unter lautem Beifall der Anwesenden wird der Botafumeiro zum Stehen gebracht.

Der letzte Segen für die Pilger beendet die Pilgermesse und damit auch ihre Pilgerreise. Nun sind sie endgültig angekommen. Ein Ritual haben sich die meisten noch aufgespart: den Besuch der großen Apostelfigur hinter dem Altar. Mit großer Inbrunst umarmen sie Jakobus, bedanken sich nochmals für alles, was sie auf dem Weg erleben durften, und legen ihm die Sorgen und Wünsche all derer ans Herz, die ihnen ihre Anliegen mitgegeben haben.

Ganz leicht erschließt sich hier die Wirkung von Ritualen. Vielleicht sind das die Folgen des langen Unterwegsseins und die Wirkung der Landschaft und des hohen Himmels, die Mühen der Fußwanderung, die Erfahrung des Weges und die langsam gereifte Erkenntnis, dass es die kleinen Freuden sind, die uns glücklich machen. Die man nicht kaufen, sondern nur mit Mühe und Schweiß erringen kann. Jede Etappe trug ein wenig mehr dazu bei, dies zu begreifen. Und Pilger hoffen, dass sie die Erkenntnisse ihres Jakobswegs in der Hektik des Alltags nicht vergessen.

Anschließend genießt man noch ein oder zwei Tage das Flair von Santiago, dieser heiteren, lebendigen Stadt, schlendert durch die barocke Altstadt, freut sich am galicischen Dudelsack und der mittelalterlichen Musik, bummelt durch die verwinkelten Gassen Santiagos, doch es zieht einen immer wieder zurück zur Kathedrale.

Sie zu beschreiben, ist für Laien schier unmöglich, häufig wurde sie an- und umgebaut, die Barockzeit hat sich vor allem der Fassade bemächtigt, ihre innere Form ist wundervolle, harmonische Romanik, Ausstattung und Kapellen jedoch eine bunte Mischung aus verschiedenen Jahrhunderten. Diese Kirche wurde von Baumeistern entworfen und gebaut, die über sehr viel Wissen verfügten, die Wirkung von Bauwerken auf die Menschen kannten und nichts dem Zufall überließen. Nur so ist es erklärbar, dass sie alle Ein- und Umbauten verkraftete und die Menschen sich in ihr trotzdem wohl und geborgen fühlen. Gleich beim Betreten der Kirche steht man vor ihrem eindrucksvollsten Werk, dem Portico de la Gloria, den Meister Mateo schuf, schier unerschöpflich in seiner Vielfalt an Figuren und Ausdrucksformen. Jakobus sitzt auf der Mittelsäule, die den Lebensbaum Jesse darstellt, und empfängt die Eintretenden, im Tympanon über ihm thront Christus, von den Evangelisten mit ihren Symbolen flankiert, darüber musizieren die vierundzwanzig Ältesten der Apokalypse. Auf der rechten Seite die Apostelfiguren von Petrus, Paulus, Jakobus und Johannes, gegenüber die Propheten, darunter Daniel. Er fällt auf, weil er der

Einzige ist, der glücklich vor sich hin lächelt. Von manchen als das »erste Lächeln der aufkeimenden Gotik« in Compostela interpretiert, weiß es der Volksmund besser: Gegenüber dem Portico de la Gloria hat die Königin Esther ihren Platz, der Künstler stattete sie mit einem üppigen Busen und roten Wangen aus. Und weil David lächelt, errötet sie. Als ein übereifriger Bischof die vollbusige Esther bemerkte, veranlasste er, dass ein Steinmetz tätig wurde und den Busen verkleinerte. Die roten Wangen hat sie noch. Die üppigen Rundungen leben allerdings nur noch in den Käselaiben von Santiago fort ... Auch die Figuren der Apostel sehen sehr lebendig aus, Anlass für eine weitere hübsche Geschichte. Jakobus und Johannes flüstern sich etwas zu: Sie wollten nach getaner Arbeit noch etwas trinken gehen, stellten aber fest: das geht ja gar nicht, Petrus hat ja die Schlüssel in der Hand ... Auf der anderen Seite in Richtung des Hochaltars kniet Meister Mateo, der sich selbst hier verewigt hat. Die Mütter drücken die Köpfe ihrer Kinder sachte an seinen Kopf und hoffen, dass diese dadurch genauso klug werden wie er.

In der Krypta unter dem Glorienportal – wo heute das Museum untergebracht ist – verbrachten die mittelalterlichen Pilger ihre erste Nacht in Santiago, um zu beten und sich vorzubereiten. Waren ihre Kleider gar zu zerlumpt, verbrannte man sie auf dem Dach der Kathedrale und kleidete arme Pilger neu ein. Dieser Brauch ist wohl ein paar Tagesetappen weitergewandert zur Küste in Finisterre. Neue Kleider müssen sich die Pilger dort allerdings selbst kaufen.

Für die mittelalterlichen Pilger war die Reise zu Jakobus sicher einmalig in ihrem Leben. Es bedeutete, ein Jahr und länger unterwegs zu sein, und beileibe nicht alle kehrten nach Hause zurück.

Heute ist die Pilgerfahrt wiederholbar, mit dem Auto, Rad oder auch zu Fuß. Und immer mehr Pilger nutzen die Möglichkeiten der verschiedenen Wege und kommen mehrfach. Sind sie vielleicht immer wieder pilgernd unterwegs, weil sie etwas suchen, was viel schwerer zu erreichen ist als das Grab des Apostels in Santiago? Und jede Ankunft nur ein kleiner Meilenstein auf diesem Weg ist? Weil unser ganzes Leben einer Pilgerreise gleicht und wir erst an seinem Ende wirklich am Ziel angelangt sein werden?

Auch wir verließen Santiago mit Wehmut und in der Hoffnung wiederzukehren, solange es unser Lebensweg, der ja auch ein Pilgerweg ist, zulässt.

293

Am Ende der Welt – Finisterre und Muxia

Des Menschen Seele
gleicht dem Wasser:
Vom Himmel kommt es,
zum Himmel steigt es,
und wieder nieder
zur Erde muss es,
ewig wechselnd.

Seele des Menschen,
wie gleichst du dem Wasser!
Schicksal des Menschen,
wie gleichst du dem Wind!

Johann Wolfgang von Goethe

Finisterre

wollen zu Salvator eingahn, groß Wunderzeichen anschauen: So rufen wir Gott und Sanct Jakob an und unser liebe Frauen.« Für sie war vor der Entdeckung Amerikas durch Kolumbus die Welt hier wirklich zu Ende! Wie mögen sie sich gefühlt haben, nach ihrem ungeheuer langen Weg durch die »halbe Welt« von damals, wenn sie hier ankamen und in die Unendlichkeit des Meeres blickten, welche Gedanken sie wohl bewegten? Ob sie sich verloren fühlten und ängstigten im Angesicht dieser Weite?

Schon im Altertum löste der äußerste Punkt des Festlandes Schrecken aus. Der römische Historiker Lucius Florus berichtete, dass die römischen Legionäre beinahe in panischer Angst geflohen wären, als sie die Felsen von Finisterre ersteigen sollten. Nur mit hartem Durchgreifen konnte eine Massenflucht verhindert werden. Die Pilger haben auch damals hier ihre alten Kleider verbrannt – als Zeichen dafür, den alten sündigen Menschen hinter sich zu lassen und als veränderter Mensch weiterzuleben. Was wiederum an die Kelten mit ihren Initiationsritualen erinnert, bei denen auch symbolisch der alte Mensch starb und ein neuer geboren wurde. Auch sie müssen ja hier in der Nähe einen Kultplatz gehabt haben. Huldigten sie auf

Kap Finisterre – »Ende der Welt«.

Unter steilen Felsenklippen nur noch endloses, wogendes Meer! Diese Küste mit ihrer oft stürmischen, windgepeitschten See ist unter dem Namen »Costa da morte« – Todesküste – bekannt. Zu Recht, denn gefährliche Strömungen, zerklüftete Riffe unter dem Wasser und häufig tobende Stürme werden den Schiffen auch heute noch gefährlich. Nie ist es still hier, bei schlechtem Wetter macht das ohrenbetäubende Nebelhorn der heulenden See Konkurrenz, an den seltenen Tagen mit ruhigem Wasser kann man stundenlang auf den Klippen sitzen und sich von den klagenden Tönen des vor sich hin seufzenden Wassers einlullen lassen.

Hierher, in den äußersten Westen Spaniens, wo die Sonne im Meer versinkt, waren viele der mittelalterlichen Pilger der Sternenstraße von Ost nach West gefolgt, wie aus einer der letzten Strophen des Wallfahrerlieds aus dem 14. Jahrhundert hervorgeht: »Den Finstern Stern wollen wir lan stahn – und

der Bergkuppe des Monte do Facho ihrem Sonnengott Lug? Der französische Journalist und Autor Louis Charpentier hat nachgeforscht, was es denn mit der Sternenstraße auf sich haben könnte, die im Zusammenhang mit dem Jakobsweg immer wieder auftaucht, und er begann seine Suche in Santiago de Compostela und anderen Orten mit dem Wort »Stern« im Namen. Dabei stellte er fest, dass sich auf einer Länge von etwa tausend Kilometern der Jakobsweg genau auf dem 42. Breitengrad nach Westen zieht, vom Roussillon in den Ostpyrenäen – noch ein Grund für die Erkundung der alten Pilgerwege dort – bis zur galicischen Westküste. Charpentier zieht daraus den Schluss, dass das unmöglich Zufall sein konnte, sondern dass der Weg bewusst entlang vorchristlicher Heiligtümer angelegt war. Wieder ein Hinweis darauf, dass unsere Sternenstraße bereits aus vorgeschichtlicher Zeit stammt, was ihrer Beliebtheit sicherlich keinen Abbruch tut.

Heute macht ein großer Wegweiser-Stein mit einer Muschel darauf aufmerksam, dass es nicht mehr weitergeht: »0,00 K.M.« Welch wichtiger Hinweis im Angesicht des Meeres! Hinter dem großen Leuchtturm schlängelt sich ein kleiner Pfad abwärts zu den großen Fels-

brocken, zwischen denen die Pilger abends ihre Kleider verbrennen. Andere Steine sind regelrecht »dekoriert«: ein paar einsame Wanderschuhe träumen ins Meer, die hineingesteckten Blümchen welken still vor sich hin, auf dem Sockel eines Steinkreuzes ist ein zurückgelassenes T-Shirt ausgebreitet. Die Pilger scheinen das Bedürfnis zu haben, hier etwas von sich zurückzulassen. Stets sind die Plätze auf den Felsen von Pilgern besetzt, die ihre nachdenklichen Gesichter der untergehenden Sonne zuwenden. Sie strahlen Zufriedenheit und Traurigkeit zugleich aus, ihre Blicke verlieren sich in der Unendlichkeit des Wassers. Ein Zustand, in dem sich die meisten Pilger am Ende ihrer Pilgerreise befinden.

Wir alle kommen aus dem Meer. Als Menschen haben wir einen langen Weg hinter uns, bis wir zu unserer heutigen Gestalt gefunden haben. Zumindest äußerlich. Ob das auch für unsere Seelen gilt? Haben auch sie sich verändert oder bleiben sie immer die gleichen? Ist in ihnen womöglich alles Wissen gespeichert, das wir brauchen, sodass wir immer daraus schöpfen könnten, wenn wir nur auf unsere »Innere Stimme« hören würden? Hat also jeder von uns Zugriff auf das Wissen der großen

»Weltenseele« oder wie immer wir das nennen wollen? Oder besitzt jeder Einzelne nur einen Teil davon? Brauchen wir uns deshalb gegenseitig und tut uns die abendliche Gemeinschaft der Pilger so gut, weil wir zusammen mehr erlebt und erfahren haben, als jeder für sich allein? Und deshalb im Austausch der Gedanken zusammen leichter der Wahrheit näher kommen? – Wie der Same einer Blume, der nicht nur Erde, sondern Licht, Wasser und Luft benötigt, um zu wachsen und zu blühen, also auch nicht alles aus sich selbst heraus kann?

Der fantastische Anblick des beim Sonnenuntergang in vielen Farben schillernden Meeres ist noch einmal dazu angetan, den Jakobsweg und die Erlebnisse, die er schenkt, Revue passieren zu lassen und sich zu fragen, ob uns der lange Weg verändert hat und wir reif und würdig genug sind, hier als »neue Menschen« wiedergeboren zu werden.

Die Zukunft wird zeigen, wie gut wir unsere Erfahrungen und Erkenntnisse umsetzen – und ein geläutertes, sinnvolles Leben führen können. In Gelassenheit und Liebe.

Pilger mit spirituellen Motiven oder Menschen ohne Religionszugehörigkeit fühlen sich erst am Meer in Finisterre wirklich angekommen. Für gläubige Pilger endet der Jakobsweg zumindest innerlich bereits in Santiago. Allerdings gibt es einen Tagesmarsch nördlich von Finisterre noch eine interessante letzte Station: Muxia, das landschaftlich eindrucksvoller ist als Finisterre. Ein salzumsprühtes romanisches Kirchlein auf einem Felsen am Meer macht deutlich, dass auch dieser Küstenabschnitt zur Todesküste gehört. Es ist der »Jungfrau von der Barke« geweiht. Wie viele Frauen und Mütter mögen hier schon inbrünstig gebetet haben für ihre Männer und Söhne, die draußen mit der stürmischen See kämpften? Außerdem gibt es hier einen »pedra de abalar«, einen Wackelstein. Und für Jakobspilger eine schöne Legende: »An der Stelle, wo heute die Kirche steht, landete einst die heilige Jungfrau Maria in einer Barke an, um den Apostel Santiago zu trösten und zu unterstützen. Dieser war deprimiert, weil er in Spanien noch niemanden missioniert hatte. Da erschien ihm die Jungfrau und sagte ihm: »Du musst weiterwandern und ausdauernd sein, dann wirst du noch viele Menschen missionieren.« Das gilt wohl über seinen Tod hinaus. Jedes Jahr am 8. September strömen Tausende von Pilgern in diese Kirche, knien vor der Jungfrau nieder,

beten und ziehen nach der Andacht hinaus vor die Kirche zum berühmten Wackelstein, um zu versuchen, ihn zu bewegen. Der Legende nach ist er das Segel des Schiffes, mit dem die Jungfrau übers Meer kam, und er bewegt sich nur, wenn ihn Unschuldige berühren.

Mit der Legende von der heiligen Jungfrau von der Barke schließt sich der Kreis der Legenden um Jakobus und führt zurück an ihren Anfang, der mit seiner Missionierung in Spanien begann. Für viele Jakobspilger ist sie die allerletzte Station der langen Pilgerreise durch halb Europa, auf der sie viel Zeit zum Nachdenken hatten, vieles Neue erlebt und erfahren haben, Freundschaften fürs Leben schlossen und mit sich ins Reine gekommen sind.

Vom Wanderer zum Pilger

Es gibt Sekunden, in denen unser Geist
die Lichtjahrfernen überwinden wird,
vor deren Abgrund er erschrickt.
Ihm stehen unerhörte Fahrten noch bevor.
Die Abenteuer dieser Erde
sind nur Symbole des letzten größten ...

Ernst Jünger

In der St. Jakobskapelle in Neuhaus, Schweiz

»Es gibt Orte, wo der Hauch des Geistes weht« – so steht es auf einer Tafel am Kleinen Sankt-Bernhard-Pass. Auf diesem alten Pilgerweg meint man tatsächlich etwas vom Geist der Menschen zu spüren, die bereits vor über tausend Jahren ihre Füße auf die grasdurchsetzten Pflastersteine setzten. Pilger, Gelehrte, Könige, hoch zu Ross, alle benutzten diesen alten Übergang.

Die Fülle von Eindrücken und Erlebnissen war damals genauso wie heute schier unerschöpflich. Die vielen Begegnungen, das Eintauchen in Kultur und Geschichte des Pilgerweges und unseres alten Europas und nicht zuletzt die Ankunft in Santiago brennen sich tief in die Seelen ein. Verändern und Wandeln. Ganz allmählich vollzieht sich diese Wandlung vom Wanderer zum Pilger, anfangs kaum merklich, dann mit jedem Tag stärker. Ist es die Aneinanderreihung heiliger Stätten, die besondere Ausstrahlung des Jakobsweges oder das lange Unterwegssein in der Natur, das einen Weg zu sich selbst wie ganz natürlich erschließt? Jedenfalls erscheint es uns so, als sei man am Jakobsweg dem Himmel näher als anderswo, im religiösen Sinn eine Voraussetzung für Wallfahrten: Man pilgert an einen Ort, wo göttliche Hilfe sicherer zu erlangen scheint als woanders.

Bei längerem Unterwegssein stoßen wir langsam eine Tür auf, die nach innen führt. Sie ist zwar nicht wirklich verschlossen, aber durch vermeintlich unverzichtbare Dinge des Alltags häufig verstellt. Und durch die Zeit, die der Weg dem Pilger schenkt, wendet er sich beim Gehen nach innen, beschäftigt sich auch mit religiösem und spirituellem Gedankengut. Gelingt es, die hierbei gewonnenen Einsichten in den Alltag hinüberzuretten und die Tür offenzuhalten, beginnt zu Hause wirklich ein neuer Lebensabschnitt. Der Weg hat uns geprägt, die Einstellung zum Leben verändert, uns ruhiger und gelassener werden lassen. Wir werden nicht nur die Erinnerung an den Jakobsweg pflegen, sondern auch versuchen, den einmal begonnenen Weg weiterzugehen und, wo nötig, etwas im eigenen Leben zu ändern.

Vielleicht verspüren deshalb viele Pilger nach einiger Zeit den Wunsch, wieder aufzubrechen, das Erlebnis auf

einem der Jakobswege zu erneuern oder Orte aufzusuchen, für die beim ersten Mal keine Zeit blieb. Bei der »Nachlese« zu Hause, beim Reflektieren und nochmaligen Verarbeiten der Erfahrungen und Begegnungen wird einem bewusst, dass der Stoff des Jakobswegs vielschichtiger ist und seine Spiritualität tiefer reicht, als man beim ersten Mal erfassen kann.

Neben den biblischen Geschichten aus dem Alten und Neuen Testament und den vielen Legenden, die den Jakobsweg säumen, begegnen uns in Andalusien der Bischof und Kirchenlehrer Isidor von Sevilla, der arabische Philosoph Averroës und sein jüdischer Kollege Moses Maimonides, die zurück zu Aristoteles – und weiter zum christlichen Philosophen und Mystiker Meister Eckhart und zum Kirchenlehrer Thomas von Aquin führen. Die wunderbar ruhigen Wege auf der Via de la Plata sind gut dazu angetan, sich völlig ungestört in deren Gedankengut einzuspinnen und die gewonnenen Erkenntnisse damit abzugleichen und zu vertiefen.

Auch für die in allen Religionen enthaltene Spiritualität ist man auf einer Pilgerreise zugänglicher. Definiert wird sie als »geistig, übersinnlich«, im Christentum auch als »Atem des Lebens« und beruht vor allem auf der Nachfolge Jesu. Beispiele finden sich in der Bibel, Abraham oder die Jünger vernahmen den »Ruf«, ließen alles hinter sich und folgten ihm nach. Die Quelle des Christseins ist also die Weggemeinschaft mit Christus und sie schließt Frömmigkeit, Askese und Mystik mit ein.

Die von Thomas von Aquin im 13. Jahrhundert entwickelte katholische Lehrmeinung hing an einem seidenen Faden. Er hatte sie auch auf die Basis der Philosophie des Aristoteles gestellt, die ihm auf dem Umweg über Averroës und seiner Kommentare zugänglich wurde. Zu seiner Zeit wurden jedoch Teile der aristotelischen Philosophie als Irrlehre angegriffen. Thomas von Aquin versuchte, Aristoteles von Averroës zu trennen, ordnete Letzterem die kritischen Thesen zu und verurteilte ihn dafür. So gelang es ihm, Aristoteles für die christliche Lehre zu »retten«. Ebenso wurden Teile der Philosophie des Mystikers Meister Eckhart, der das Heil in der Erkenntnis sah und der buddhistischen Spiritualität sehr nahe kam, als ketzerisch verurteilt.

Beim Beschäftigen mit dem Jakobsweg, seiner Entstehung und den dafür relevanten Orten Spaniens stößt man fast zwangsläufig auch auf die alten Philosophen, Mystiker und Kirchenlehrer und es wird einem allmählich bewusst, wie stark sich das Christentum bereits im ersten halben Jahrtausend seiner Entstehung veränderte und wie häufig die Ausprägung der Lehrmeinung von einzelnen Persönlichkeiten abhängig war, die für ihre Durchsetzung sorgten oder dafür, welche Teile das Neue Testament beinhaltet und welche nicht. Die Lehre der Kirche wurde also im Laufe der Jahrhunderte immer wieder angepasst und muss deshalb nicht zwangsläufig voll mit dem übereinstimmen, was Jesus predigte und lehrte.

In der Stille der Landschaft deutlicher als vorher drängt sich die Frage auf, warum wir es trotz des Gebotes der Liebe in allen Religionen nicht geschafft haben, uns zu besseren Menschen zu entwickeln. Weder die Religionen noch der Humanismus noch der Kommunismus oder andere Weltanschauungen haben uns wirklich ändern können. Wir beklagen zu Recht den Verlust der christlichen Werte als Phänomen der Moderne. Doch wieso konnten sich in einer vermeintlich noch stärker von religiösen Werten geprägten Zeit Menschen wie Stalin oder Hitler entfalten? Liegt es daran, dass uns Werte wie Liebe, Achtung vor anderen, Demut oder Frieden zwar »gelehrt« oder angelernt werden, wir sie jedoch nicht

verinnerlichen? Weil der Mensch mehr durch Nachahmung lernt als durch theoretisch vermitteltes Wissen? Dann brauchen wir mehr menschliche Vorbilder, die leben, was sie lehren! Wurden die Anführer der Kreuzzüge und diejenigen, die Kinder in den Krieg schickten, zu Vorbildern? Und warum schaffen wir immer wieder neue Feindbilder? Wohin das Feindbild der Juden im Dritten Reich geführt hat, wissen wir. Und wie steht es mit unseren Vorurteilen? Warum fürchten wir alle gläubigen Muslime, obwohl nur eine geringe Minderheit extremistisch ist? Haben wir nicht alle schon erlebt, wie weh es tut, wenn sich Ausländer von uns nur deshalb abwenden, weil wir Deutsche sind?

Hoffen wir darauf, dass unsere Zeit wieder mehr gute Vorbilder hervorbringt, die ihre Überzeugung vorleben.

In unserem Innersten verspüren wir alle eine tiefe Sehnsucht danach, zu lieben. Dieses Gebot der Liebe findet sich in allen Religionen. Aber müssen wir immer recht haben? Haben es die Glaubensgemeinschaften wirklich nötig, nur die eigene Religion als den einzig wahren Weg zu Gott darzustellen? Ist das im Sinne von Jesus, der uns alle seine Brüder und Schwestern nannte und sich in seiner Liebe auch Aus-

sätzigen, Huren und Söldnern zuwandte? Hat er gefragt, ob sie das Richtige glauben? Er hat uns vorgelebt, was er sich auch von uns erhoffte.

Sollten wir als Eltern, Lehrer, Priester und Politiker nicht auch dieses »Vorleben« anstreben, wenn wir etwas Gutes für unsere Kinder tun wollen? Möglicherweise gibt es nur diesen einzigen Weg zur wirklichen Erlösung und Vervollkommnung, nämlich die Liebe zu Gott und den Menschen.

Liegt bei den vielen vergeblichen Erziehungsversuchen nicht der Verdacht nahe, dass wir uns weder durch Vorschriften noch durch Strafe oder Belohnung ändern, sondern nur durch die Kraft der Einsicht von innen heraus? Wenn wir erkennen, dass wir glücklicher sind, wenn wir lieben anstatt zu hassen.

Die Sehnsucht nach Glück und Vollkommenheit tragen wir alle in uns, aber Glück kommt von innen, nicht von außen. Verspüren wir nicht alle auf einer Pilgerwanderung etwas von diesem Glück? Obwohl wir die materiellen Bedürfnisse einschränken müssen. Weil wir uns im Jetzt erfahren und Zeit dafür finden, die Sinne zu schärfen und dadurch vieles transparenter wird, empfinden wir Dankbarkeit und Glück.

Versuchen wir, dieses innere Glück mit nach Hause zu tragen und zu lernen, auf die »innere Stimme« zu hören. Sie ist zwar in der Stille der Landschaft deutlicher vernehmbar als im Alltag, aber das ist eine Frage der Übung. Wir wissen mehr, als wir uns manchmal eingestehen wollen!

Nehmen wir das Zusammengehörigkeitsgefühl und die Liebe zu den Menschen, die wir auf dem Pilgerweg empfinden, mit zurück in unseren Alltag; seien wir so mutig, der inneren Stimme zu vertrauen und danach zu handeln; öffnen wir uns, nicht nur nach innen, sondern auch nach außen; senden wir positive Signale aus und versuchen, Vorbilder zu werden; setzen wir gemeinsam eine Welle der Liebe in Bewegung!

Dann hat sich der Pilgerweg, der ja auch ein Symbol für den Lebensweg ist, wahrlich gelohnt.

305

Heimkehr

Ich habe die ganze Welt
auf der Suche nach Gott durchwandert
und ihn nirgendwo gefunden.
Als ich wieder nach Hause kam,
sah ich ihn an der Tür meines Herzens
stehen und er sprach:
»Hier warte ich auf dich seit Ewigkeiten …«
Da bin ich mit ihm ins Haus gegangen.

Dschalal ad-Din Muhammad Rumi

Zurückgelassene Pilgerschuhe
am Ende der Welt in Finisterre

mens für ewig festhalten. Doch so wenig man nach dem Ersteigen eines Berges auf dem Gipfel bleiben kann oder nach einem sternenklaren Nachthimmel in der Wüste, so wenig kann man auch in Santiago bleiben. Irgendwann müssen wir die Heimreise antreten, das »Abenteuer des Herzens« geht zu Ende.

Wenn wir die Rückkehr mit dem Flugzeug gewählt haben, werden wir, sobald wir uns dem Boden nähern, mit der Realität konfrontiert. Die eben noch so klaren Bilder von oben verlieren sich im Nebel, die Landung erweist sich als schwierig, unbestimmte Ängste erfassen uns und ein unsanfter Plumps in die Wirklichkeit des Alltags erscheint wahrscheinlich. Was hat sich verändert, während wir weggewesen sind, in der Familie, im Berufsleben, in unserer unmittelbaren Umgebung, werden wir den Faden gut wieder aufnehmen – und unsere Vorsätze auch umsetzen können? Das einfache Pilgerleben unterwegs mit seinen überschaubaren Tätigkeiten an jedem Tag – schlafen, waschen, anziehen, gehen, rasten, essen, gehen, ankommen, essen, plaudern, schlafen … ist vorbei. Die vielfältigen Aufgaben unseres modernen Lebens, die wir für Wochen oder Monate hinter uns ließen, warten auf uns, fächern sich vor un-

»Bitte stellen Sie Ihre Rückenlehnen gerade und schließen Sie die Sitzgurte. Wir befinden uns im Landeanflug auf München. Dort hat es 17 Grad Celsius, es herrscht leichter Bodennebel …«

Mit diesem schnellsten aller möglichen Rückwege endet für viele Pilger das Abenteuer Jakobsweg. Und »über den Wolken«, von »10.000 Fuß aus« betrachtet, liegen die Erkenntnisse, die wir unterwegs gewonnen haben, noch völlig eindeutig und klar vor uns. Wir wissen jetzt, dass wir alles überwinden können, wenn wir nur wollen: Hitze und Kälte, Erschöpfung, Frust und Mutlosigkeit. Alles, was wir uns für die Zukunft vorgenommen haben, was wir tun oder ändern wollen, steht zweifelsfrei vor unseren Augen … Auch das unbeschreibliche Glücksgefühl der Ankunft in Santiago ist noch präsent. Wir haben unser Ziel erreicht, sind bei Jakobus und bei uns selbst angekommen. Stolz und glücklich darüber wollen wir am liebsten dableiben und das Glück des Ankom-

serem inneren Auge zu ihrem vollen Spektrum auf … Schon jetzt müssen wir achtgeben, nicht in ein Loch zu fallen und statt der eben noch vorhandenen Klarheit plötzlich mit Orientierungslosigkeit oder Mutlosigkeit zu kämpfen. Körperlich sind wir auch mit Auto oder Bahn sehr schnell – zu schnell – wieder zu Hause, mit den gleichen Nachwirkungen wie beim Fliegen.

Für die Pilger im Mittelalter stellte die Ankunft in Santiago nur die Hälfte der Pilgerreise dar. Sie wussten, dass sie die Strecke wieder zu Fuß zurückgehen mussten, wenn sie angekommen waren, und dass damit nur die halbe Arbeit geschafft war. Und der Heimweg war schon ein Teil der Alltagsbewältigung und stand im Verbund von Körper und Seele. Heutige Menschen haben es viel leichter. Wir können mit dem Auto oder dem Zug zurückfahren und dabei die vertrauten Landschaften des Jakobswegs nochmals an uns vorbeiziehen lassen. Zu Hause begrüßen uns Verwandte und Freunde und wir freuen uns, sie wiederzusehen, ihre Fragen zu beantworten und aus übervollem Herzen von den Erlebnissen und Erfahrungen auf dem Jakobsweg zu erzählen. Das hilft uns über die ersten Tage hinweg, vielleicht vermissen wir das abendliche

Wäschewaschen, aber schon nach kürzester Zeit bedienen wir uns gerne wieder aus dem vollen Kleiderschrank. Nur morgens beim Aufwachen ertappen wir uns hin und wieder dabei, zu überlegen, welche Strecke wir heute zu gehen haben. Körperlich sind wir also wieder anwesend, doch die Rückkehr der Seele gestaltet sich als schwieriger. Sie ist den neuen Geschwindigkeiten nicht gewachsen, kann sich nur im Rhythmus des Gehens bewegen und benötigt für den Rückweg ebenso lang wie für den Hinweg. Wohl daher entpuppt sich das Heimkommen als verwirrender und schwieriger als das Weggehen. Wir müssen Geduld mit uns aufbringen, bis unsere Seele nachkommt und wir die auf dem Weg gewonnen Erkenntnisse auch umsetzen können.

Wie können wir das Neue im Herzen, das wir unterwegs als für uns richtig und gut erkannt haben, in den Alltag hinüberretten? Wenn ich eine andere geworden bin, mich erneuert habe, werde ich versuchen, mit Erfahrung, Weisheit und neuen Impulsen zurück in die eigene Gemeinschaft zu gehen.

Und der Rückweg wird ein »Weg der Liebe« sein. Und die Erlebnisse auf dem Jakobsweg bleiben als Erinnerung der Seele in jedem Pilger erhalten.

Die meisten Jakobspilger erfahren unterwegs von den Menschen am und auf dem Weg so viel Hilfe und Gutes, dass sie nach der Rückkehr das Bedürfnis verspüren, etwas davon zurückgeben zu wollen. Manche arbeiten ehrenamtlich für einige Wochen des Jahres in den Herbergen entlang des Weges mit, andere kümmern sich um die wieder auflebenden Jakobswege in Deutschland und um die Pilger. Der Jakobsweg rüttelt wohl etwas in uns wach, das verdrängt war, über das wir vorher nicht bewusst nachgedacht haben ...

Auch das Beschäftigen mit der Literatur des Jakobsweges, die von Legenden rund um Jakobus und die Heiligen des Weges über mittelalterliche Reiseführer bis zu den Tagebüchern und Interneteinträgen moderner Pilger reicht, hilft mit, die Erlebnisse zu verarbeiten und das Leben neu zu gestalten.

Wenn wir uns mit der Entstehung des Jakobsweges und damit zwangsläufig mit der Geschichte und Kultur Europas aus einer etwas anderen Sicht als nur die der Deutschen beschäftigen, bekommen wir auch ein besseres Verständnis für die Entstehung des christlichen Abendlandes und die Wurzeln unseres Glaubens. Wir lernen in einer Zeit, in der in Europa alles von Technik und Wissen-

schaft geprägt ist und in der nur zählt, was wir sehen und beweisen können, etwas von uns Menschen als geistigen Wesen und von unserer Seele. Von Dingen, die uns anziehen und beschäftigen, ohne dass wir wissen oder ahnen, warum das so ist. Etwas von unserem innersten Menschen und seinem Verhältnis zum Übernatürlichen, das wir nicht beweisen, sondern nur glauben oder ahnen können. Auf dem langen und – wenn wir das wollen – auch stillen Weg beginnen wir wieder, unsere innere Stimme wahrzunehmen und auf sie zu hören, und stellen fest, dass wir dadurch mehr mit uns und anderen Menschen im Einklang stehen und uns glücklicher und zufriedener fühlen.

Wenn der aktuelle Boom »Jakobsweg« mithelfen würde, dieses indirekte Ziel des Jakobsweges mehr Menschen zu erschließen, wäre das ein kleiner Beitrag hin zu einer friedlicheren und gerechteren Welt.

Könnte dies nicht auch bereits das Ziel der Baumeister und Architekten der Kirchen und Kathedralen gewesen sein, als sie ihre herrlichen Kunstwerke entlang des Jakobsweges errichteten? Ist es möglich, dass das, was sie mit ihrem ungeheuren Wissen »hineinbauten«, immer noch ausstrahlt und seine

Wirkung auf die Menschen bis heute nicht verfehlt? Sodass alle, die den Weg bewusst unter die Füße nehmen, mit ähnlichen Gedanken und Gefühlen nach Hause zurückkehren? Auch mit der wichtigen Einsicht, dass wir nur uns selbst ändern können, nicht die anderen, dass wir für unser Leben verantwortlich sind und jeder Weg bei uns selbst beginnt. Um diese und andere Erkenntnisse des Jakobswegs in unserem Leben auch umzusetzen, bedarf es allerdings auch weiterhin der Mithilfe und Fürsprache des heiligen Jakobus, die wir unterwegs so deutlich wahrgenommen haben.

> Aufbruch und Heimkehr –
> zwei Seiten einer Medaille,
> was liegt dazwischen?
> Was hat uns geprägt,
> ist uns wichtig geworden,
> was hat an Bedeutung verloren?
> Vielleicht sollten wir uns
> von Zeit zu Zeit
> kleine Pausen schaffen,
> kleine Fluchten,
> in denen wir wieder
> in die Stille eintauchen
> und alles überdenken,
> bevor wir weitergehen
> auf dem Weg des Lebens.

Der Virus Jakobsweg

Der Jakobsvirus ist gefährlich,
nistet sich in der Seele ein.
Im Frühling lockt er uns alljährlich,
weckt Sehnsucht, unterwegs zu sein.

Wegstein vor Santiago

Ich muss Sie ernstlich warnen: Der »Virus Jakobsweg« ist ziemlich ansteckend, äußerst widerstandsfähig und man wird ihn kaum mehr los. Der »Menschenfischer« Jakobus versteht sich auf seine Arbeit, er hat viel dazugelernt, seit er in Spanien missioniert hat. Sich unbefangen auf ein erstes Teilstück des Jakobswegs einzulassen, bedeutet in vielen Fällen jahrelanges »Hängenbleiben« und Pilgern auf Jakobswegen. Am besten erzähle ich Ihnen unsere eigene Geschichte.

Die Inkubationszeit ...
Wann es wohl passiert ist? Ob wir erst unterwegs auf dem Camino de Santiago mit dem »Jakobsvirus« infiziert wurden? Oder schon beim Lesen der Lektüre über den Jakobsweg? Oder hatte uns Jakobus bereits lange vorher an die Hand genommen? Vielleicht vor zwanzig Jahren, als wir uns von Bergsteigern, die möglichst hohe Gipfel »sammelten« und die Welt am liebsten von »oben aus« betrachteten, zu Weitwanderern wandelten? Als

sich auf der Alpenüberquerung von München nach Venedig allmählich die Ruhe in der Natur auf uns übertrug und wir nicht nur den süßen Blumenduft, sondern auch den Geruch von klarem Wasser wahrnehmen konnten? Und uns Quellwasser besser zu schmecken begann als alle anderen Getränke? Schon damals hatte ich mich gefragt, was uns auf dem Traumpfad über die Berge so faszinierte. Ob es die wunderschönen Landschaften und die herrliche Bergwelt waren, durch die wir wanderten, oder das einfache, unbeschwerte In-den-Tag-hinein-Leben, das freie Leben inmitten der Natur? Wir hatten gespürt, wie gut es uns tut, Zeit zum Nachdenken über »Gott und die Welt« zu haben, und waren fast traurig, als wir uns Venedig näherten.

Die Wirkung wochenlangen Gehens machte sich also schon damals bemerkbar, als wir uns im Schlafsack einer Berghütte wohler zu fühlen begannen als im Fünf-Sterne-Hotel. Von nun an beteiligten wir uns auch an den modern gewordenen Diskussionen darüber, ob der Weg das Ziel sei. Wir hatten ja festgestellt, dass das Nachdenken und Zur-Ruhe-Kommen auf einem längeren Weg unterwegs einsetzt und nicht erst beim Ankommen. Doch wären wir, ohne ein Ziel vor Augen

zu haben, wirklich so weit gegangen? Einfach nur so? Vermutlich nicht! Wir hatten Lust, weiter darüber nachzudenken. Auf einem möglichst langen Weg. Der ähnlich schön wäre wie der über die Berge und uns ähnlich gut tun würde ...

Der Ausbruch des Virus ...
Der Zufall – oder Jakobus – wollten es, dass wir ein Buch über den Jakobsweg geschenkt bekamen, der uns bis dahin völlig unbekannt war. 2700 km von München aus! Zuerst über die Berge, die wir liebten, dann durch altes europäisches Kulturland, das uns schon immer interessiert hatte. Jakobus schien uns bereits fest im Griff zu haben – denn schnell entschlossen brachen wir auf. Und die Antworten auf viele Fragen ergaben sich ganz allmählich auf dem Weg nach Santiago de Compostela und veränderten uns und unsere Einstellung zum Leben. Abermals hatten wir uns unterwegs gewandelt – waren als Weitwanderer aufgebrochen und als Pilger am Ziel angekommen.

Voller Begeisterung kehrten wir nach Hause zurück. Die wunderschönen und vielfältigen Landschaften Europas, die herrlichen Kulturdenkmäler entlang des tausendjährigen Pilgerweges und vor allem die intensiven menschlichen Begegnungen hatten uns total überwältigt. Noch ahnten wir nicht, welche Auswirkungen der Jakobsweg auf uns haben würde, wussten nur, dass wir glücklich waren und voller neuer Impulse und Ideen steckten.

Unterwegs hatte uns die Hilfsbereitschaft und uneigennützige menschliche Zuneigung, die wir erfuhren, überrascht: Die Herbergseltern, die sich liebevoll um uns kümmerten, wenn wir müde nach einem Bett fragten. Die Priester, die sich mit Pilgerliedern und Gebeten um unsere Seelen kümmerten. Die Einheimischen am Weg, die uns mit Wasser versorgten, zum Essen einluden oder uns wieder auf den richtigen Weg zurückbrachten, wenn wir uns verlaufen hatten. Und nicht zuletzt die vielen Mitpilger, mit denen wir abends in den Herbergen plauderten oder auch tiefgründige Gespräche führten und dabei erkannten, dass sich viele Menschen mit ganz ähnlich gearteten Fragen auseinandersetzen und dass man im gemeinsamen Nachdenken und Gedankenaustausch vieles auch zusammen lösen kann. Und dass Besitz und Geld sehr viel weniger bedeuten als menschliches Miteinander. Auch die Antwort auf die Frage, ob der Weg das Ziel sei, beantwortete sich beinahe von selbst.

315

Wir leben davon, anzukommen. Auch und gerade den Jakobsweg möchte man zu einem guten Ende bringen. Santiago, die Stadt des Apostels, zieht seit Jahrhunderten die Pilger an. Auch wir haben diese Stadt in uns geahnt, von ihr geträumt, diese Vision hatte sich nun erfüllt, wir waren bei Jakobus angekommen.

Am meisten passiert zwar unterwegs: das Nachdenken, die Sinnsuche, das Läutern und »im Gehen sich wandeln«, aber man muss ein Ziel vor Augen haben, um den Aufbruch und den Weg zu wagen und auch dann weiterzugehen, wenn es einmal schwerfällt. Hat man das Ziel geschafft, ist man stolz und glücklich darüber und findet auch den Mut für Veränderungen oder zum notwendigen Neubeginn.

Nach der großen Freude, die wir in Santiago erlebten, und unserer Rückkehr nach Hause verspürten wir das starke Bedürfnis, etwas von dem vielen Guten, das uns unterwegs widerfahren war, zurückzugeben. Wir hatten festgestellt, dass der Jakobsweg nach Santiago ab der Schweiz durchgängig markiert war. Nur für die Etappe von München zum Bodensee mussten wir unseren eigenen Weg suchen. Deshalb schlossen wir uns mit Münchner Pilger-

freunden zusammen, recherchierten und entwickelten eine sinnvolle Wegführung bis nach Bregenz, die auch historisch plausibel ist – der »Münchner Jakobsweg« entstand. Die Gemeinden am Weg nahmen die Beschilderung vor. Und wir waren überrascht, wie gut der Weg angenommen wurde. Viele Pilger sind ihn seitdem gegangen.

Außerdem freuen wir uns, zusammen mit dem evangelischen spirituellen Zentrum St. Martin in München regelmäßige jährliche Pilgertreffen veranstalten zu können. Pilger, die schon in Santiago waren, treffen sich dabei mit interessierten Menschen, die auf dem Jakobsweg pilgern wollen, und tauschen ihr Wissen und ihre Erfahrungen aus. Die häufigsten Aussagen der Pilger nach der Rückkehr aus Santiago lauten: »Ich habe mich erneuert, bin viel ruhiger, anders geworden ... vorher wichtige Dinge sind mir unwichtig geworden, dafür unwichtige wichtig ... ich habe vor allem Ruhe, Liebe und Dank in mir«. Sie inspirieren uns und andere, machen Freude und geben den nötigen Schwung zum Weitermachen. Auf diese Weise bleiben wir mit dem Jakobsweg und vor allem mit den Pilgern innig verbunden.

Und die Spätfolgen ...

Zehn Jahre sind nun vergangen seit dem Start unserer ersten Pilgerreise zu Fuß von München nach Santiago de Compostela. Seither waren wir immer wieder auf Jakobswegen unterwegs, erwanderten lieb gewonnene Teilstücke erneut, ließen uns Zeit für Umwege zu interessanten Stätten in der Nähe der Pilgerwege, die uns wichtig erschienen. Zehn Jahre, in denen uns der Jakobsweg nie mehr ganz losgelassen hat. Beim Beschäftigen mit dem Weg und durch viele Gespräche mit Mitpilgern begannen uns die Entstehungsgeschichte des Weges und die vielen Legenden, die sich um ihn ranken, mehr und mehr zu interessieren: Warum pilgern Menschen aus ganz Europa mit unterschiedlichen Kulturen und aus allen sozialen Schichten schon seit dem Mittelalter nach Santiago?

Was hat die starke Pilgerbewegung ausgelöst, wie sind die Jakobswege entstanden?

Warum sagte Goethe einst: »Europa ist aus der Pilgerschaft geboren und das Christentum ist seine Muttersprache«, was konnte er damit gemeint haben?

Was ist wahr an den Legenden um den heiligen Jakobus als Pilger und als Maurentöter, warum verläuft der Weg gerade durch Spanien, was passierte dort in jener Zeit?

All diese und mehr Fragen beschäftigen uns seither und bringen uns immer wieder dazu, nach Spanien zu wandern. Sie führen uns jedoch nicht nur auf direkten und ausgeschilderten Jakobswegen nach Santiago de Compostela oder Finisterre am Ende der Alten Welt, sondern auf Umwegen in viele Regionen und Orte, in denen die Erinnerung an die mit dem Jakobsweg verwobene Geschichte Europas noch lebendig ist und bewahrt wird: von den Kelten, Phöniziern und Römern über die Westgoten und Mauren bis zur Reconquista, von den Ritterburgen der Templer zum Heiligen Gral und zu den letzten Rückzugsorten der Katharer bis hin zu den vielfältigen Zeugnissen der Entstehung unseres christlichen Abendlandes.

Sollte Ihnen also der »Virus Jakobsweg« begegnen, lassen Sie es geschehen. Es ist der einzige Virus, gegen den man keine Abwehrmechanismen benötigt. Er schenkt nur Freude!

Literatur

Arminger, Margarita: Maria Magdalena Die verbotene Göttin des Christentums. München 2006

Auberger, J.-B: Vézelay. Paris 2006

Aué, Michèle: Das Land der Katharer. Vic-en-Bigorre Cedex 1998

Baumann, Bruno: Kailash. München 2002

Barret, Pierre; Gurgand, Jean-Noël: Auf dem Weg nach Santiago. Freiburg 2000

Bronisch, Pierre: Reconquista und Heiliger Krieg. Münster 1998

Burmeister, Hans-Peter: Andalusien. Köln 2004

Burmeister, Hans-Peter: Zentralspanien. Ostfildern 2006

Burstein, Dan; Keijzer, Arne de: Das Geheimnis der Maria Magdalena. München 2006

Cid, Aurelio: Die Alhambra aus der Nähe betrachtet. Grananda 2001

Cramer, Friedrich; Kaempfer, Wolfgang: Die Natur der Schönheit. Frankfurt 1992

Cervantes, Miguel: Don Quijote. München 2005

Charpentier, Louis: Der Pilgerweg nach Compostela. München 1993

Claude, Dietrich: Geschichte der Westgoten. Stuttgart 1970

Coelho, Paulo: Auf dem Jakobsweg. Zürich 1999

Delmas, Claire; Fau, Jean-Claude: Conques. Millau 1989

Demandt, Alexander: Die Kelten. München 1998

Domke, Helmut: Spaniens Norden. München 1999

Domke, Helmut: Aquitanien. München 1993

Devoucoux du Buysson, Philippe: La Sainte Baume, Hochstätte der Provence. Marseille 1992

Evola, Julius: Das Mysterium des Grals. München 1955

Fenzl, Fritz: Wunderwege in Bayern. München 2002

Fiebag, Peter; Fiebag, Johannes: Das Gralsgeheimnis. München 2006

Flasch, Kurt: Meister Eckhart. München 2006

Gall, Cécile: Le Puy-en-Veley. Vic-en-Bigorre Cedex 2000

Gombrich, Ernst H.: Die Geschichte der Kunst. Stuttgart 1992

Hanna, Monika: Der Münchner Jakobsweg. LangenMüller 2006

Hanna, Monika: Der fränkische Jakobsweg. LangenMüller 2006

Hauf, Monika: Der Jakobsweg. Langen-Müller 2002

Hauf, Monika: Die geheimen Botschaften, Manuskripte und Schätze der Templer in Rennes-le-Château. Leipzig 2004

Herbers, Klaus; Plötz, Robert: Die Strass zu Sankt Jakob. Osterfildern 2004

Herbers, Klaus; Plötz, Robert: Nach Santiago zogen sie. München 1996

Horchler, Michael: Wolfram von Eschenbach und der Jakobsweg. Göppingen 2004.

Jäger, Willigis: Die Welle ist das Meer. Freiburg 2000

Jünger, Ernst: Gärten und Straßen. München 1988

Ledwig, Ferdinand. Auf dem Jakobsweg. Darmstadt 2004

Legler, Rolf: Sternenstraße und Pilgerweg. Bergisch Gladbach 1999

Lincoln, Henry; Baigent, Michael; Leigh, Richard: Der heilige Gral und seine Erben. Bergisch Gladbach 2004

Löw, Alfred: Unterwegs nach Santiago. Werl 1998

Lozano, Millán Bravo: Praktischer Pilgerführer. Der Jakobsweg. León 1998

Lücke, Hans-K. und Susanne: Die Götter der Griechen und Römer. Wiesbaden 2007

Noteboom, Cees: Der Umweg nach Santiago. Frankfurt 1992

Reichle, Verena: Die Grundgedanken des Buddhismus. Frankfurt 2007

Ritter, Thomas: Rennes-le-Chateau Rätsel in den Pyrenäen. Lübeck 2002

Roquebert, Michel: Die Religion der Katharer. Portet sur Garonne 1993

Rohrbach, Carmen: Spanien. München 1994

Terhart, Franjo: Der Schatz der Tempelritter. Bergisch Gladbach 2002

Trojanow, Ilija: Zu den heiligen Quellen des Islam. München 2004

Vincenot, Henri: Die Sterne von Compostela. Freiburg 2000

Wegner, Ulrich: Der Spanische Jakobsweg. Köln 1992.

Weidinger, Erich: Die Apokryphen. Verborgene Bücher der Bibel. Augsburg 2006

Die Autorin

Monika Hanna, 1946 in Franken geboren, ist seit 1996 mit ihrem Mann Reinhold immer wieder auf dem Jakobswegen unterwegs. Von 1996 bis 2000 sind sie in Etappen 2700 Kilometer von München nach Santiago de Compostela gepilgert. Von 2002 bis 2003 waren sie an der Wegfindung und Ausschilderung des Münchner Jakobsweges beteiligt, der im Mai 2003 eingeweiht wurde. Seither sind sie auf diversen Pilgerwegen in Deutschland, Frankreich und Spanien unterwegs, vor allem auch auf den weniger begangenen Seitenrouten des Jakobsweges. Die kulturelle Vielfalt und die interessante Historie entlang der Wege animierten Monika Hanna, die Hintergründe des *camino* zu recherchieren.

2004 erschien ihr Buch »Der Münchner Jakobsweg«, 2006 »Der fränkische Jakobsweg«.